THE POWER OF THE BLOOD OF JESUS

십자가의 보혈

예수의 보혈의 능력

KB192088

세계
기독교
고전

◀ 29 ▶

THE POWER OF THE BLOOD OF JESUS

십자가의 보혈

예수의 보혈의 능력

앤드류 머레이 | 원광연 옮김

CH북스
크리스천
다이제스트

세계 기독교 고전을 발행하면서

한국에 기독교가 전해진 지 벌써 100년이 넘었습니다. 그동안 수많은 기독교 서적들이 간행되어 한국의 교회와 성도들에게 많은 공헌을 해 왔습니다. 그러나 기독교 역사 100년을 넘어선 우리의 교회와 성도들에게 더 큰 영적 성숙과 진정한 신앙을 심어주기 위해서는 가치있는 기독교 서적들이 많이 나와야 한다고 생각합니다. 그리하여 영혼의 양식이 될 수 있는 훌륭한 기독교 서적들이 모든 성도들의 가정뿐만 아니라 믿지 아니하는 가정에도 흘러 넘쳐야만 합니다.

믿는 성도들은 신앙의 성장과 영적 유익을 위해서 끊임없이 좋은 신앙 서적들을 읽고 명상해야 하며, 친구와 이웃 사람들의 구원을 위하여 신앙 서적 선물하기를 즐기고 읽도록 권해야 합니다. 이것은 하나님의 백성으로서 살기 원하는 사람의 의무입니다.

존 웨슬리는 "성도들이 책을 읽지 않는다면 은총의 사업은 한 세대도 못 가서 사라져 버릴 것이다. 책을 읽는 그리스도인만이 진리를 아는 그리스도인이다."라고 말했습니다. 우리는 이제 한국에서 최초로 세계의 기독교 고전들을 총망라하여 한국의 교회와 성도들에게 소개하고자 합니다. 전세계의 기독교 고전은 모든 기독교인들에게 영원한 보물이며, 신앙의 성숙과 영혼의 구원을 위하여 이보다 더 귀한 것은 없을 것입니다.

이러한 취지로 어언 2천여 년의 세월이 지나는 동안 세계 각국에서 저술된 가장 뛰어난 신앙의 글과 영속적 가치가 있는 위대한 신앙의 글만을 모아서 세계 기독교 고전 전집으로 편찬하고자 합니다.

우리는 이 세계 기독교 고전 전집을 알차고, 품위있게 제작하여 오늘날 한국의 교회와 성도들에게 제공하고 후손들에게도 물려줄 기획을 하고 있습니다. 우리는 다시 한번 다니엘 웹스터가 한 말을 깊이 생각해 보아야 할 것입니다.

"만약 신앙 서적들이 우리 나라 대중들에게 광범위하게 유포되지 않고, 사람들이 신앙적으로 되지 않는다면, 우리나라가 어떤 나라가 될지 걱정스럽다 … 만약 진리가 확산되지 않는다면, 오류가 지배할 것이요, 하나님과 그의 말씀이 전파되고 인정받지 못한다면, 마귀와 그의 궤계가 우세할 것이요, 복음의 서적들이 모든 집에 들어가지 못한다면, 타락하고 음란한 서적들이 거기에 있을 것이요, 우리나라에서 복음의 능력이 나타나지 못한다면, 혼란과 무질서와 부패와 어둠이 끝없이 지배할 것이다."

독자들의 성원과 지도 편달을 바라마지 않습니다.

CH북스
발행인 박명곤

차 례

제1권

예수의 보혈의 능력

제2권

십자가의 보혈

제 1 권
예수의 보혈의 능력

THE POWER OF THE BLOOD OF JESUS

서문

본서는 나의 아버님이신 고(故) 앤드류 머레이 목사님이 "예수님의 보혈의 능력"이라는 주제에 대하여 행하신 강좌 시리즈의 일부로서 지금까지 화란어로만 출간되어 있던 것을 번역한 것이다.

본서를 번역한 윌리엄 더글라스 목사(Rev. William Douglas)는 여러 해 동안 아버님의 친밀한 친구였고 남아프리카 케직 사경회 운동(South Africans Keswick Convention Movement)과 관련하여 아버님을 보좌했던 분이다. 아버님은 살아 계실 때에 더글라스 목사께서 자신의 "기도 생활"을 번역하도록 허락하셨으며, 아버님이 세상을 떠나신 후 그가 내 아버님의 전기 작가가 되었다.

나도 원고를 읽어 보았는데, 번역이 매우 탁월하다고 생각된다. 내 아버님의 사상을 정확하게 재현한 것이다.

기도로 또한 사려 깊은 생각으로 본서를 읽으면 많은 축복을 누리리라 확신하여 마지 않는다.

우리 주님이시요 구주이신 예수 그리스도의 그 보배로운 보혈의 능력의 가치를 깨닫고 또한 그 능력을 몸소 체험하는 삶을 살게 되리라 믿으며,

복되신 주님을 섬기는 종,
M. E. 머레이.
"클레보"
웰링턴, 남 아프리카.

제 1 장
피에 대한 성경의 가르침

———❦———

"피 없이" – 히 9:7, 18.

하나님께서는 성경에서 여러 부분과 여러 모양으로 우리에게 말씀하셨습니다. 그러나 그 목소리는 언제나 똑같고, 언제나 동일하신 하나님의 말씀입니다.

그러므로 성경을 하나의 전체로 대하고, 특정한 명확한 진리들에 대해서 거기에 여러 부분으로 나타나 있는 증거를 전체적으로 대하는 것이 매우 중요합니다. 그렇게 해야 그 진리들이 실제로 계시에서, 아니 하나님의 마음에서 차지하는 위치를 제대로 깨달을 수가 있는 것입니다. 그렇게 하면 또한 성경에 나타난 다른 진리들보다 주목을 요하는 근본 진리들이 무엇인지를 발견하게 됩니다. 하나님의 계시가 새로이 나올 때마다 언제나 두드러지게 서 있고, 경륜이 바뀌어도 여전히 변하지 않고 있는 데서 그 중요성을 가늠하게 되는 것입니다.

이 서론 격인 장 다음에 계속 이어지는 장들에서 저는 예수님의 보혈의 영광스러운 능력과, 또한 그 보혈로 말미암아 우리에게 주어진 놀라운 축복들에 대해서 성경이 가르치는 바를 보여 드리고자 합니다. 예수님의 보혈이 구속의 능력으로서 지닌 그 엄청난 영광에 대해서 해명하고 증거를 제시하는 길로서는, 성경을 그대로 따라가면서, 하나님께서 자기 자신을 사람에게 계시하신 기록된 성경이 처음부터 마지막까지 피에 대해서 어떠한 특별한 위치를 부여하고 있는지를 살펴보는 것보다 더 좋은 길은 없을 것입니다.

창세기부터 계시록까지 성경에서 "피"라는 말로 표현되어 있는 그것보다 더 지속적으로 나타나고, 더 두드러지게 나타나는 사상은 없다는 것이 분명해질 것입니다.

그러므로, 피에 대해서 성경이 무엇을 가르치는지를 살펴보려고 합니다.

첫째, 구약에서.

둘째, 우리 주 예수님 자신의 가르침에서.

셋째, 사도들의 가르침에서.

마지막 넷째, 계시록에 나타난 사도 요한의 가르침에서.

1. 피에 대한 구약 성경의 가르침

피에 대한 구약 성경의 기록은 에덴 동산의 입구에서부터 시작되고 있습니다. 에덴에 대한 계시되지 않은 신비에 대해서는 다루지 않겠습니다.

그러나 아벨의 희생과 관련해서는 모든 것이 분명합니다. 그는 여호와께 "양의 첫 새끼"로 제사를 드렸고, 그리하여 성경에 기록된 첫 예배 행위와 관련하여 피를 흘린 사실이 나타나고 있습니다. 우리는 히브리서에서(11:4) 아벨이 "믿음으로" 하나님이 받으실 만한 제사를 드렸음을 배울 수 있습니다. 그러므로 그의 이름은 성경에 "신자"로 기록된 첫 사람이라 하겠습니다. 그는 하나님을 기쁘시게 했다는 증거를 받았습니다. 그의 믿음이, 그리고 하나님께서 그를 기뻐하신 사실이 희생 제물의 피와 밀접한 연관을 갖고 있는 것입니다.

나중에 나타나는 계시에 비추어 볼 때에, 인류 역사의 시초에 주어진 이러한 증거는 매우 깊은 의미를 갖습니다. 곧, 피가 없이는 하나님께 나아갈 수가 없고, 믿음으로 하나님과의 교제를 나눌 수도 없고, 하나님의 은혜를 누릴 수도 없다는 것을 보여 주는 것입니다.

성경은 그 이후 열여섯 세기를 지극히 짧게 언급하고 지나갑니다. 그 다음에 홍수 사건이 나타납니다만, 이는 인류의 세상을 멸함으로써 죄를 벌하는 하나님의 심판이었습니다.

그러나 하나님은 그 끔찍한 물세례를 통해서 새로운 땅을 주신 것입니다.

그러나, 그 새로운 땅도 피로써 세례를 받아야 했습니다. 그리하여 방주에서 나온 노아가 행한 최초의 일은 하나님께 번제를 드린 것이었습니다. 아벨과 마찬가지로, 노아의 경우도 새로운 시작의 시점에서 피가 개입되었던 것입니다.

죄가 다시 한 번 가득 차게 되었고, 하나님께서는 이 땅에 그의 나라를 이루시기 위하여 전연 새로운 기초를 세우셨습니다.

아브라함을 부르시고, 또한 이삭을 이적적으로 출생하게 하심으로써 하나님께서는 그를 섬기는 백성을 형성시키시는 일을 이루셨습니다. 그러나 이러한 목적은 피를 흘림이 없이는 이루어지지 않는 것이었습니다. 이러한 사실은 아브라함의 삶의 가장 엄숙한 순간에서 잘 드러납니다.

하나님께서는 이미 아브라함과 언약의 관계 속에 들어가 계셨고, 그의 믿음도 이미 극심한 시험을 거쳐서 그 진실성이 확인되었습니다. 그리하여 하나님은 그 믿음을 아브라함에게 의로 간주하셨습니다. 그러나 그는 약속의 아들이요 전적으로 하나님께 속한 이삭을 하나님께 진정으로 바치는 길은 오직 죽음으로써만 되는 것임을 배워야 했습니다.

이삭이 반드시 죽어야 했습니다. 아브라함으로서는 ― 이삭도 마찬가지입니다만 ― 오직 죽음으로써만 자기 중심의 삶에서 자유를 얻을 수가 있었던 것입니다.

아브라함은 이삭을 제물로 드려야 했습니다.

그러나 그것은 하나님께서 임의로 주신 명령이 아니었습니다. 신적인 진리의 계시는, 바로 오직 죽음을 통해서만 생명을 하나님께 거룩하게 드리는 일이 가능하다는 것이었습니다. 그러나 이삭으로서는 죽었다가 다시 살아나는 것이 불가능했습니다. 죄 때문에 죽음이 그를 붙잡고 놓아주지 않을 것이기 때문이었습니다. 그리하여 모리아 산에서 흘린 피로써 그의 생명이 보존되었습니다. 이삭과 또한 그에게서 나온 사람들은 피를 흘린 자들로서 하나님 앞에서 사는 것입니다. 그러나 그 피로 말미암아 그는 상징적으로 죽은 자 가운데서 다시 살아난 것입니다. 여기서 대치(代置: substitution)의 위대한 가르침이 분명히 나타나고 있는 것입니다.

이삭은 그로부터 사백 년이 지난 후 애굽의 이스라엘 백성이 되었습니다. 애굽의 노예 상태에서 구원을 받아서 이스라엘은 열방 중에 하나님의 만물로 인정을 받아야 했습니다. 여기서 또다시 "피 없이"는 안 된다는 원리가 나타나고 있습니다. 하나님의 선택의 은혜도, 아브라함과 맺으신 그의 언약도, 그의 전능하심을 시행하시는 일도 피가 반드시 있어야 한다는 원리는 무시할 수가 없었습니다.

모리아 산에서 한 민족의 아버지였던 한 사람을 위하여 피를 흘린 일을 이제는 그 민족이 몸소 체험해야 하게 되었습니다. 이스라엘 사람들의 문설주에 유월절 어린 양의 피를 바름으로써, 유월절을 대대로 이어지는 하나의 절기로 제정하심으로써, 이스라엘 백성들은 생명을 얻기 위해서는 반드시 대속물의 죽음을 통해야만 된다는 것을 배웠습니다. 오직 자기들을 대신하여 다른 대속물이 피를 흘리고 그 피를 뿌림으로써만 생명을 얻을 수가 있다는 것을 배운 것입니다.

오십 일 후에 이스라엘이 시내 산에 이르렀을 때에, 이러한 교훈이 아주 충격적인 방식으로 다시 한 번 주어졌습니다. 하나님께서 그의 언약의 기초로서 그의 율법을 주신 것입니다. 언약이 세워져야 했습니다만, 히브리서 9:7에서 분명히 진술하는 대로 "피 없이는 아니"하는 것이었습니다. 곧, 희생 제물의 피가 먼저 언약의 당사자인 하나님을 대표하는 제단과 언약의 책 위에 뿌려져야 했고, 그 다음에 백성들 위에 뿌려져야 했습니다. 그 언약은 과연 "피로 세운 언약"이었던 것입니다(출 24장).

그 언약은 바로 그 뿌려진 피 속에 그 기초와 효력을 두는 것이었습니다. 하나님과 사람이 언약에 기초한 교제 속으로 들어가는 길은 오직 피를 통한 길밖에는 없습니다. 에덴 동산의 입구에서, 아라랏 산에서, 모리아 산에서, 그리고 애굽에서 미리 그림자로 보여졌던 그것이 이제 시내 산 기슭에서 지극히 엄숙하게 확인되고 있었던 것입니다. 피 없이는 죄악된 인간이 거룩하신 하나님께로 나아갈 수가 없는 것입니다.

그러나 전자의 경우들과 후자의 경우들에서 피를 적용시키는 방식에 상당한 차이가 나타납니다. 모리아 산에서는 피를 흘림으로써 생명이 속해졌습니다. 애굽에서는 집집마다 문설주에 피가 뿌려졌습니다. 그러나 시내 산에서는 사람들 자신에게 피가 뿌려졌던 것입니다. 접촉이 더 긴밀하고, 적용이 더욱 강력해진 것입니다.

언약을 세운 직후, 하나님께서는 "내가 그들 중에 거할 성소를 그들을 시켜 나를 위하여 지으라"(출 25:8)는 명령을 주셨습니다. 그들은 언약의 하나님께서 그들 가운데 친히 거하시는 충만한 축복을 누리게 되어 있었습니다. 하나님의 은혜로 말미암아 그들이 그를 찾을 수 있고, 그의 집에서 그를 섬길 수 있게 된 것입니다.

하나님께서는 친히 그 집의 구조와 양식, 그리고 그 집에서 섬기는 예에 대해서 아주 구체적으로 세세하게 지침을 주셨습니다. 그러나 여기서 피가 이 모든 것의 중심이요 이유가 된다는 점을 주목하시기 바랍니다. 천상의 왕

되신 하나님의 지상의 성전 현관에 가까이 나아가면 거기서 처음 눈에 띄는 것이 번제단입니다. 바로 거기서 피를 뿌리는 일이 아침부터 저녁까지 끊임없이 계속되는 것입니다.

성소에 들어가면 가장 두드러지는 것이 금으로 된 향단인데, 휘장과 함께 이것에도 피가 항상 뿌려져 있습니다. 성소 안에는 무엇이 있느냐고 물으면, 바로 하나님께서 거하시는 지성소가 있다는 대답을 듣게 될 것입니다. 하나님께서 거기 어떻게 거하시며, 어떻게 그에게 가까이 나아가느냐고 물으면, "피 없이 아니하느니라"는 대답을 듣게 될 것입니다. 하나님의 영광이 비치는 황금 보좌 역시도 일 년에 한 차례씩 대제사장이 피를 가지고 들어가 그 피를 뿌려서 하나님께 예배하도록 되어 있습니다. 그 예배에 있어서 최고의 행위가 바로 피를 뿌리는 것입니다.

계속해서 더 물어보아도, 언제나, 모든 일에나 피가 반드시 필요하다는 대답을 듣게 될 것입니다. 그 집을 거룩하게 구별할 때나, 제사장을 구별하여 거룩하게 세울 때나, 어린아이가 출생할 때나, 죄 때문에 깊은 회한이 있을 때나, 극도로 즐거운 절기 때나, 언제든지, 그리고 모든 일에서, 하나님과 교제를 갖는 길은 오직 피를 통하는 길인 것입니다.

이것이 천오백 년 동안 계속되었습니다. 시내 산에서, 광야에서, 실로에서, 모리아 산의 성전에서 계속되었습니다. 그러다가 드디어 우리 주님께서 오셔서 모든 그림자들을 종식시키시고 실체를 드러내셨습니다. 그리고 거룩하신 하나님과 영과 진리로 나누는 교제를 세우신 것입니다.

2. 피에 대하여 우리 주 예수께서 친히 가르치신 교훈

그의 오심으로 옛것이 지나가고 모든 것이 새것이 되었습니다. 그는 하늘 아버지께로부터 오셨고, 따라서 그분이야말로 그 아버지께로 가는 길에 대해서 신적인 권위의 말씀으로 제시해 줄 수 있는 분이신 것입니다.

"피 없이는 아니하나니"라는 말씀은 구약에 속하는 것이라는 말을 종종 듣습니다. 그러나 우리 주 예수 그리스도께서는 이에 대해서 무어라고 말씀하십니까? 첫째로, 세례 요한은 주님의 오심을 선언할 때에, 그를 이중적인 직분을 담당하실 분으로 말씀했습니다. 곧, "세상 죄를 지고 가는 하나님의 어린 양"으로, 또한 "성령으로 세례를 베푸실 분"으로 말입니다. 하나님의 어린 양의 피가 뿌려져야만 비로소 성령의 부으심이 베풀어질 수 있는 것이었습니다. 피에 대하여 구약 성경이 가르친 모든 내용들이 전부 성취되어야만 비로소 성령의 경륜이 시작될 수 있는 것이었습니다.

주 예수 그리스도께서는 친히 십자가에서 죽으시는 일이 그가 세상에 오신 목적임을 분명히 선언하셨습니다. 그것이야말로 그가 이루고자 오신 구속과 생명의 필수적인 조건이었던 것입니다. 그는 그의 죽음과 관련하여 그의 피를 흘리는 일이 필수적임을 분명히 진술하셨습니다.

가버나움의 회당에서 주님은 자기 자신에 대해서 "그 생명의 떡"이라고 말씀하셨고, 자신의 육체에 대해서는 "세상의 생명을 위한" 것이라고 말씀하셨습니다. 네 차례나 그는 아주 강조하여 말씀하셨습니다: "너희가 … 인자의 피를 마시지 아니하면 너희 속에 생명이 없느니라," "내 피를 마시는 자는 영생을 가졌고," "내 피는 참된 음료로다," "내 피를 마시는 자는 내 안에 거하고 나도 그 안에 거하나니"(요 6장). 이렇게 해서 우리 주님은 자기 자신이 아버지의 아들로서 우리의 잃어버린 생명을 우리에게 회복시키기 위하여 오셨으며, 오직 우리를 위하여 죽으심으로써, 우리를 위하여 자기 피를 흘리시고 그리하여 우리를 그의 권능에 참여한 자들로 만드심으로써 그 일을 이룰 수 있다는 근본적인 사실을 천명하신 것입니다.

우리 주님은 구약 성경의 제사에 대한 가르침을 확인하셨습니다. 곧, 사람이 다른 생물의 죽음을 통해서만 살 수가 있고, 부활을 통해서 영원한 생명을 얻을 수 있다는 원리 말입니다.

그러나 그리스도께서 친히 피를 흘리시고 우리로 하여금 그 피를 마시게 하지 않고서는 우리를 영생을 얻은 자들로 삼을 수가 없는 것입니다. 이 얼마나 놀라운 사실입니까! 그리스도의 피로써 우리가 영생을 얻을 수 있는 것입니다.

이와 똑같이 놀라운 것은 그의 지상 생애의 마지막 밤에 동일한 진리를 선포하셨다는 것입니다. 주님은 그의 목숨을 "많은 사람들의 대속물"로 주시는 위대한 역사를 이루시기 전에, 성찬을 제정하시면서 이렇게 말씀하셨습니다: "너희가 다 이것을 마시라. 이것은 죄 사함을 얻게 하려고 많은 사람을 위하여 흘리는 바 나의 피 곧 언약의 피니라"(마 26:28). "피 흘림이 없은즉 사함이 없느니라"(히 9:22). 죄 사함이 없이는 생명도 있을 수가 없습니다. 주님은 그의 피를 흘리심으로써 우리를 위하여 새 생명을 얻으셨습니다. "그의 피를 마심으로" 우리는 주님의 생명을 함께 나누게 됩니다. 속죄를 위하여 흘린 피가 우리를 죄의 책임에서와 죽음과 죄의 형벌에서 자유롭게 해 주며, 믿음으로 마시는 그의 피가 우리에게 주님의 생명을 가져다주는 것입니다. 그가 흘리신 피는 먼저 우리를 위하여 흘리신 것이요, 그 다음에 우리에게 주어지는 것입니다.

3. 성령의 영감을 받은 사도들의 교훈

주님의 부활과 승천 이후, 사도들은 주님을 "육체대로" 알지 않게 되었습니다. 상징적인 모든 것이 지나갔고, 상징을 통해서 표현된 깊은 영적 진리들이 이제 환히 드러난 것입니다.

그러나 피에 대해서는 가리운 것을 걷어내는 일이 없습니다. 피는 여전히 두드러진 자리를 차지하고 있는 것입니다.

우선 히브리서로 돌아가 봅시다. 히브리서는 성전의 예배가 무익하게 되었으며 이제 그리스도께서 오셨으므로 하나님께서 그것을 지나가도록 의도하셨다는 사실을 보여 줄 목적으로 기록된 것입니다.

성령께서 하나님의 목적의 참된 영적 본질을 강조하려 하신다면 바로 이 서신서에서 그렇게 하실 텐데, 바로 여기서 예수님의 피가 오히려 더 새롭게 강조되어 표현되고 있습니다. 새로운 가치를 지닌 것으로 말입니다.

우리 주님에 대해서 우리는 다음과 같은 사실들을 읽을 수 있습니다:

"오직 자기 피로 영원한 속죄를 이루사 단번에 성소에 들어가셨느니라"(히 9:12).

"그리스도의 피가 어찌 너희 양심으로 … 깨끗하게 … 못하겠느냐"(히 9:14).

"그러므로 형제들아 우리가 예수의 피를 힘입어 성소에 들어갈 담력을 얻었나니"(히 10:19).

"새 언약의 중보자이신 예수와 및 아벨의 피보다 더 낫게 말하는 뿌린 피니라"(히 12:24).

"그러므로 예수도 자기 피로써 백성을 거룩하게 하려고 성문 밖에서 고난을 받으셨느니라"(히 13:12).

"양의 큰 목자이신 우리 주 예수를 영원한 언약의 피로 죽은 자 가운데서 이끌어 내신 평강의 하나님"(13:20).

이런 말씀들을 통해서 성령께서는 그리스도의 피가 우리의 구속 전체의 중심이 된다는 사실을 가르쳐 주십니다. "피 없이는 아니하나니"라는 원리는 구약에서 뿐 아니라 신약에서도 그대로 적용되는 것입니다.

오직 그리스도의 피만이, 예수께서 죄를 위하여 죽으시면서 흘리신 그의 피만이, 하나님의 편에서 죄를 덮어줄 수 있고 우리 편에서 죄를 제거할 수가 있는 것입니다.

사도들의 서신서에서도 동일한 가르침을 볼 수 있습니다. 사도 바울은, "그리스도 예수 안에 있는 속량으로 말미암아 하나님의 은혜로 값 없이 의롭다 하심을 얻은 자 되었느니라. 이 예수를 하나님이 그의 피로써 믿음으로 말미암는 화목 제물로 세우셨으니"라고 말씀하며(롬 3:24, 25), 또한 "우리가 그 피로 말미암아 의롭다 하심을 얻었다"고 말씀합니다(롬 5:9).

그리고 고린도전서에서는 "우리가 축복하는 바 축복의 잔은 그리스도의 피에 참여함이 아니며"라고 합니다(고전 10:16).

갈라디아서에서는 "십자가"라는 단어를 사용하여 동일한 의미를 전달하며, 골로새서에서는 두 단어를 서로 연관시켜서 "그의 십자가의 피"라는 표현을 사용합니다(갈 6:14; 골 1:20).

에베소 교인들에게 그는 "우리가 그리스도 안에서 그의 은혜의 풍성함을 따라 그의 피로 말미암아 속량 곧 죄 사함을 받았으며," "그리스도의 피로 가까워졌음"을 상기시켜 줍니다(엡 1:7; 2:13).

베드로는 독자들에게 그들이 "순종함과 예수 그리스도의 피 뿌림을 얻기 위하여 택하심을 입은 자들"임을 상기시키며(벧전 1:2), 또한 그들이 "그리스도의 보배로운 피로" 구속 받았음을 말씀하고 있습니다(벧전 1:19).

사도 요한은 성도들에게 "그 아들 예수의 피가 우리를 모든 죄에서 깨끗하게 하심"을 확신시켜 줍니다(요일 1:7). 아들은 "물과 피로 임하신 자니 곧 예수 그리스도"이십니다(요일 5:6).

이 모든 말씀들이 모두 피를 언급하고 있고, 피를 그리스도로 말미암는 영원한 구속을 충만히 이루게 하는 능력으로서 찬양하며, 또한 성령으로 말미암아 그 능력이 적용된다는 사실을 말씀하고 있는 것입니다.

그러나 이것은 그저 이 땅의 언어인지도 모릅니다. 그렇다면 하늘은 무어라고 말씀할까요?

4. 요한 계시록에서는 미래의 영광과 피에 대해서 무엇을 배울 수 있습니까?

하나님께서 계시록에서 하나님의 보좌의 영광에 대해서와 그 보좌를 둘러싼 자들의 복된 상태에 대해 주신 계시에 피가 여전히 두드러진 위치를 점하고 있다는 사실은 정말로 중요한 일이 아닐 수 없습니다.

요한은 보좌 위에서 "일찍 죽임을 당한 어린 양"을 보았습니다(계 5:6). 장로들이 어린 양 앞에 엎드려서, "일찍 죽임을 당하사 … 사람들을 피로 사서 하나님께 드리셨도다"라고 새 노래로 찬양하고 있었습니다(계 5:8, 9).

그리고 나중에는 셀 수 없을 만큼 큰 무리를 보고서, 그들이 누구냐고 질문을 했는데, "이는 큰 환난에서 나오는 자들인데 어린 양의 피에 그 옷을 씻어 희게 하였느니라"라는 대답을 듣습니다(계 7:14).

그리고 다시 사탄의 패배에 대하여 승리의 노래가 울려 퍼지는 것을 듣는데, 그 노래의 내용은 바로 "어린 양의 피로 그를 이겼도다"라는 것이었습니다(계 12:11).

요한이 바라본 하늘의 영광 가운데서는 "어린 양의 피"가 없이는 하나님의 위대한 목적들도, 하나님의 아들의 놀라운 사랑도, 그의 구속의 능력도, 그리고 구속받은 자들의 기쁨과 감사도 표현될 수가 없는 것입니다. 성경의 처음부터 마지막까지, 에덴의 문이 닫히는 때로부터 하늘의 시온의 문이 열리기까지 성경 전체를 하나의 황금 실(線)이 관통하고 있습니다. 그것은 바로 "피"입니다. 처음부터 마지막까지를 연합시키며 죄가 무너뜨린 것을 영광스럽게 회복시키는 것입니다.

피가 성경에서 그렇게 두드러진 위치를 차지한다는 사실에서 주께서 우리에게 가르쳐 주시는 교훈을 쉽게 깨달을 수가 있습니다.

1) 하나님께는 피를 통해서가 아니면 죄나 죄인을 다룰 다른 길이 없으십니다.

죄를 이기고 죄인을 구원하기 위한 길로서, 하나님께서는 "그리스도의 피" 이외에는 다른 수단이 없으십니다. 그렇습니다. 이 사실은 그야말로 모든 이해를 뛰어넘는 것입니다.

은혜의 모든 놀라운 사실들이 여기서 초점 맞추어지고 있습니다. 그리스도께서 친히 우리 인간의 육체와 피를 취하신 성육신, 자신을 죽기까지 내어주신 그 사랑, 형벌이 이루어지기까지는 죄를 용서할 수 없는 의(義), 의로우신 분께서 불의한 우리를 대신하여 죽으심으로 속죄와 죄인의 칭의를 가능하게 한 대속(代贖), 새로워진 하나님과의 교제, 또한 그 교제를 누리기에 합당하도록 우리를 깨끗하게 하시고 거룩하게 하시는 역사, 주 예수께서 자기의 피를 주셔서 마시게 하심으로써 그와 진정으로 연합한 삶을 누리게 하시는 역사, "주께서 우리를 구속하셨도다"는 찬송을 영원토록 즐거워하는 일 등, 이 모든 일들은 과연 "예수님의 보배로운 피"로 말미암아 우리에게 비추어진 놀라운 빛의 광채들인 것입니다.

2) 피가 우리의 마음속에서 하나님과 동일한 위치를 점해야 합니다.

하나님께서 사람을 처음 다루기 시작하신 때부터, 아니 세상이 생기기 전부터, 하나님은 마음으로 그 피를 즐거워하셨습니다. 우리의 마음도 그 피의 능력 가운데서 행하고 그것을 자랑하기를 배우기 전에는 절대로 안식도 구원도 찾을 수가 없을 것입니다.

그 피의 값어치를 알고 인정하는 것은 비단 죄 사함을 바라는 회개하는 죄인만이 아닙니다. 아닙니다! 하나님의 성전의 은혜의 보좌에 앉으신 하나님께서 언제나 그 피를 증거로 바라보시듯이, 구속함을 받은 성도들 역시 그리스도의 피만큼 우리의 마음을 하나님께로 가까이 이끄는 것이 없으며, 그 피를 항상 영적인 눈으로 바라보며 사는 것처럼 하나님의 사랑과 기쁨과 영광으로 가득 채워 주는 것이 없는 것입니다.

3) 그 피의 충만한 축복과 능력을 배우기를 힘쓰도록 합시다.

예수님의 피야말로 가장 큰 영원한 신비요, 하나님의 지혜의 가장 깊은 신비입니다. 우리가 그 의미를 쉽게 파악할 수 있다는 상상일랑 해서는 안될 것입니다. 하나님께서는 사람들을 그것에 합당하도록 준비시키는 데 4,000년이 필요하다고 여기셨습니다. 그러니 우리로서도 그 피의 능력을 올바로 깨닫기 위해서는 시간이 필요한 것입니다.

다른 것을 희생시키는 명확한 사실이 없이 그저 시간만 보내는 것으로는 소용이 없습니다. 희생의 피는 언제나 생명을 드리는 것을 의미했습니다. 이스라엘 사람들은 자기에게 속한 짐승의 생명을 희생 제물로 드리지 않고서는 자기의 죄를 용서받을 수 있는 피를 얻을 수가 없었습니다. 주 예수께서는 우리들의 삶을 희생시키지 않아도 괜찮도록 하기 위해서 자기의 생명을 드리시고 자기의 피를 흘리신 것이 아니었습니다. 절대로 그렇지 않습니다! 오히려 우리의 삶을 희생 제물로 드리는 일을 가능하게 하고 그 일을 원하게 되도록 만들기 위해서 피를 흘리신 것입니다.

그리스도의 피의 감추어진 가치는 바로 자기 희생의 정신입니다. 그러므로 그리스도의 피가 정말 마음을 변화시키면 그 마음속에서 그와 유사한 자기 희생의 정신이 생겨나기 마련인 것입니다. 우리는 우리 자신과 우리의 삶을 포기하기를 배웁니다. 그리하여 그리스도의 피로 말미암아 베풀어진 새로운 생명의 충만한 능력을 실감하게 되는 것입니다.

우리가 시간을 들이는 것은 하나님의 말씀이 제시하는 이런 일들을 깨닫기 위함입니다. 죄와 세상적인 사고 방식과 나 자신의 의지에서 나 자신을 분리시킴으로써 그리스도의 피의 능력이 방해받지 않도록 해야 합니다. 왜냐하면 그리스도께서는 바로 그런 것들을 제거하시기 위하여 피를 흘리셨기 때문입니다.

우리는 기도와 믿음으로 우리 자신을 전적으로 하나님께 굴복시킵니다. 그리하여 우리 자신의 생각을 하지 않고 우리 자신의 삶을 마치 상(賞)인양 붙잡지 않으며, 그리스도께서 베푸시는 것 이외에는 아무것도 소유하지 않는 것입니다. 그러면 그리스도께서 그의 피로 말미암아 예비하신 그 영광스럽고 복된 삶을 우리에게 드러내시는 것입니다.

4) 주 예수를 의지하면 그가 그의 피의 능력을 우리에게 드러내십니다.

그리스도의 피로 말미암아 얻은 축복은 바로 이러한 주님에 대한 신뢰로 말미암아 우리의 것이 됩니다. 그리스도의 피와, 그 피를 흘리시고 언제나 사셔서 그 피를 적용시키시는 대제사장을 절대로 서로 분리해서는 안됩니다.

자신의 피를 우리를 위해서 주신 그분께서는, 오! 매순간마다 확실하게 그 효능을 부여하실 것입니다. 그가 그렇게 하신다는 것을 신뢰하십시오. 그가 여러분의 눈을 뜨게 하셔서 더 깊은 영적 통찰을 주신다는 것을 신뢰하시기 바랍니다. 그 피에 대해서 하나님과 동일한 생각을 하도록 하나님께서 여러분을 가르치신다는 것을 신뢰하시기 바랍니다. 그가 여러분으로 하여금 보게 하신 그 모든 것을 실제로 여러분에게 베푸시고 여러분 속에서 효력을 발휘하도록 하신다는 것을 신뢰하시기 바랍니다.

그리고 무엇보다, 그의 영원하신 대제사장직의 능력이 여러분 속에서 끊임없이 그리스도의 피로 이룬 충만한 공적들을 이루어 가셔서 여러분의 삶 전체가 하나님께서 방해받지 않으시고 임재하시는 성소가 될 수 있도록 하신다는 것을 신뢰하시기 바랍니다.

신자 여러분, 그 보배로운 피를 알게 되신 여러분, 여러분의 주님의 초청에 귀를 기울이십시오. 가까이 나아오십시오. 주님께서 여러분을 가르치시도록 하십시오. 그로 하여금 여러분을 복주시게 하십시오. 그가 그의 피로 하여금 여러분에게 영과 생명과 능력과 진리가 되게 하시도록 하시기를 바랍니다.

이제 즉시 믿음으로 여러분의 영혼의 문을 여십시오. 그리하여 그 보배로운 피의 충만한 강력한 하늘의 효과들을 받으십시오. 지금까지 경험한 그 어떠한 것보다 더 영광스럽게 말입니다. 그리스도께서 친히 여러분의 삶 속에서 이 일을 이루실 것입니다.

제2장
피로 말미암는 구속

"너희가 알거니와 … 헛된 행실에서 대속함을 받은 것은 … 오직 흠 없고 점 없는
어린 양 같은 그리스도의 보배로운 피로 한 것이니라" – 벧전 1:18, 19.

피를 흘리신 일은 우리 주님의 고난의 절정이었습니다. 그리스도의 고난의 속죄의 효능이 바로 그 흘리신 피 속에 있었습니다. 그러므로 신자로서는 그 피로 말미암아 대속함을 받았다는 복된 진리를 그저 받아들이는 것으로 만족해서는 안 되고, 그 진술로써 의미하는 바가 무엇인지를 더 충실하게 알고, 또한 그 피가 신자의 영혼 속에서 행하고자 하는 바가 무엇인지를 배우는 데 힘써야 하는 것이 매우 중요한 것입니다.

그 피의 효과는 여러 가지입니다. 성경에서 우리는 다음과 같은 피의 효과를 보게 됩니다:

피로 말미암는 화목;

피로 말미암아 깨끗이 씻음;

피로 말미암는 성화;

피로 말미암는 하나님과의 연합;

피로 말미암는 사탄에 대한 승리;

피로 말미암는 삶.

이것들이 각각 별개의 축복들입니다만, 이 모든 것들이 피로 말미암는 구속이라는 한 마디 말 속에 포함되어 있습니다:

이 축복들이 무엇이며 어떤 수단을 통해서 그 축복들이 내 것이 되는지를 이해할 때에 비로소 신자는 구속의 충만한 능력을 체험할 수가 있습니다.

이 여러 가지 축복들을 상세히 살펴보기 전에, 먼저 좀 더 개략적으로 예수님의 피의 능력에 대해서 살펴보기로 합시다.

첫째, 그 피의 능력이 어디에 있는가?

둘째, 그 능력이 무엇을 이루었는가?

셋째, 그 능력의 효과를 우리가 어떻게 체험할 수 있는가?

1. 그 피의 능력이 어디에 있는가? 아니면 예수님의 피에 그런 능력을 주는 것이 무엇인가?

다른 어떠한 것도 소유하지 못하는 그 큰 능력을 오직 그 피가 지니고 있는데, 어떻게 해서 그렇게 되었을까요?

이 질문에 대한 대답이 레위기 17:11, 14에 나타나 있습니다. 곧, "육체의 생명은 피에 있음이라 내가 이 피를 너희에게 주어 단에 뿌려 너희의 생명을 위하여 속하게 하였나니 생명이 피에 있으므로 피가 죄를 속하느니라"라는 말씀이 그 대답입니다.

영혼, 혹은 생명이 피에 있기 때문입니다. 그리고 그 피를 단에 뿌려 하나님께 드리기 때문에 그 피에 구속의 능력이 있는 것입니다.

1) 영혼 혹은 생명이 피에 있으므로 피의 가치는 바로 생명의 가치와 같습니다.

양이나 염소의 생명은 송아지의 생명보다 가치가 덜합니다. 그러므로 양의 피나 염소의 피는 제사에서 송아지의 피보다 가치가 덜합니다(레 4:3, 14, 27). 사람의 생명은 여러 마리의 양이나 송아지의 생명보다 훨씬 더 가치가 있습니다.

그렇다면, 예수님의 피의 가치나 능력은 과연 누가 가늠할 수 있겠습니까? 그 피에는 거룩하신 하나님의 아들의 생명이 거하고 있으니 말입니다.

신격의 영원한 생명이 그 피 속에 있습니다(행 20:28).

그 피의 여러 가지 다양한 효과 속에 나타나는 능력은 바로 다름 아닌 하나님 자신의 영원한 능력입니다. 그 피의 충만한 능력을 체험하기를 원하는 이들에게 이것이야말로 얼마나 영광스러운 사실인지 모릅니다!

2) 그러나 그 피의 능력은 다른 무엇보다도 구속을 위하여 제단 위에서 하나님께 드려진다는 사실에 있습니다.

흘린 피를 생각하면 곧바로 죽음을 생각합니다. 피나 영혼이 쏟아 부어지면 죽음이 뒤따르는 것입니다. 죽음은 또한 죄를 생각하게 만듭니다. 왜냐하면 죽음은 죄에 대한 형벌이기 때문입니다. 하나님은 이스라엘에게 단 위에 피를 뿌리게 하셨습니다. 죄를 속하거나 아니면 죄를 가리기 위한 것입니다. 이것은 곧, 범법자의 죄들이 희생물에게 전가되었음을 의미하고, 그 희생물의 죽음이 거기에 전가된 죄들의 죽음 또는 형벌로 간주된다는 것을 의미했습니다.

그리하여 그 피가 하나님의 율법을 만족시키기 위하여 또한 하나님의 명령에 순종하여 죽음에 내어준 바 된 생명이 된 것입니다. 죄가 완전히 덮어졌고, 속해졌습니다. 그러므로 더 이상 그것이 범법자의 것으로 간주되지를 않았습니다. 그가 용서를 받은 것입니다.

그러나 이런 모든 희생 제사들은 주 예수께서 오시기까지 그저 모형과 그림자에 불과했습니다. 그리스도의 피가 이 모든 모형들이 가리키는 실체였던 것입니다.

그리스도의 피는 그 자체로 무한한 가치를 지녔습니다. 왜냐하면 그것이 그리스도의 영혼 또는 생명을 지니고 있었기 때문입니다. 그러나 그의 피의 속죄의 가치 역시 무한한 것이었습니다. 그 이유는 그 피를 흘리신 방식 때문입니다. 아버지의 뜻에 대한 거룩한 순종으로 그리스도는 자기 자신을 어긴 율법의 형벌에 복속시키셨고 죽음에 이르기까지 그의 영혼을 쏟아 부으셨습니다.

그리스도께서는 그러한 죽음으로 말미암아 형벌을 지신 것은 물론이요, 율법을 만족시키셨고, 아버지를 영화롭게 하셨습니다. 그의 피가 죄를 속하였고, 그리하여 죄를 무능력하게 만드셨습니다. 그 피는 죄를 없애는 놀라운 능력을 지니고 있고, 죄인을 위하여 하늘을 여는 능력을 지니고 있습니다. 그 피가 죄인을 깨끗하게 씻으며, 거룩하게 하고, 하늘에 합당한 존재로 만들어 주는 것입니다.

예수님의 피가 그렇게 놀라운 능력을 지니고 있는 것은 바로 그 피를 흘리신 그 놀라우신 분 때문이요, 또한 그 피가 하나님의 율법의 의로운 요구를 만족시키셔서 율법을 성취시키도록 그렇게 놀라운 방식으로 흘려졌기 때문인 것입니다. 그 피는 과연 속죄의 피입니다. 그러므로 그 피는 구속의 효능을 지니고 있어서, 구원에 필요한 모든 것을 죄인을 위하여, 또한 죄인 속에서, 이루는 것입니다.

2. 그 능력이 무엇을 이루었는가?

그 능력이 이룬 기이한 것들을 볼 때에, 그것이 우리를 위하여도 똑같은 것을 할 수 있다는 믿음을 갖게 됩니다. 여기서 예수님의 피의 능력을 통해서 일어난 큰 일들에 대해서 성경이 어떻게 자랑스럽게 말씀하는지를 주목해 보기로 합시다.

1) 예수님의 피가 무덤을 열어 놓았습니다.

히브리서 13:20에서 우리는, "양의 큰 목자이신 우리 주 예수를 영원한 언약의 피로 죽은 자 가운데서 이끌어 내신 평강의 하나님"이라는 말씀을 보게 됩니다. 바로, 하나님께서 예수님을 죽은 자 가운데서 일으키신 것이 바로 그 피의 덕택이라는 것입니다. 그 피가 아니었다면 하나님의 전능하신 능력이 예수님을 죽은 자 가운데서 일으키도록 발휘되지를 않았다는 말입니다.

그는 인류의 죄를 지는 자로서, 죄를 담보하는 자로서 이 땅에 오셨습니다. 그러므로 그가 인간으로서 다시 살고 부활을 통해서 영생을 취하실 권리를 가지시기 위해서는 반드시 그의 피를 흘리셔야만 되었습니다. 그의 피가 하나님의 율법과 의를 만족시킨 것입니다. 그렇게 하심으로써, 주님은 죄의 권세를 이기셨고 죄를 무(無)로 만드셨습니다. 그리하여 사망이 패배를 당했고, 사망의 쏘는 것이 제거되었고, 사망의 권세를 가진 마귀 역시 패배를 당하였고, 이제 그에 대해서와 우리에 대해서 모든 권리를 상실하였습니다. 그리스도의 피가 사망과 마귀와 지옥의 권세를 무너뜨린 것입니다.

예수님의 피가 무덤을 열어 놓은 것입니다.

이 사실을 진정으로 믿는 사람은 그리스도의 피와 하나님의 전능하신 능력 사이에 존재하는 밀접한 연관을 깨닫습니다. 하나님께서는 죄악된 인간을 다루실 때에 오직 그리스도의 피를 통해서만 그의 전능하신 능력을 발휘하시는 것입니다. 그 피가 있는 곳에 바로 하나님의 부활의 능력이 영생으로 들어가는 문을 열어 놓는 것입니다. 그 피가 사망과 지옥의 모든 권세를 완전무결하게 종식시켰으므로, 그 효과는 인간의 생각을 완전히 초월하는 것입니다.

2) 예수님의 피가 하늘을 열어 놓았습니다.

히브리서 9:12은 그리스도께서 "오직 자기 피로 영원한 속죄를 이루사 단번에 성소에 들어가셨다"고 말씀합니다.

구약 성경의 성막에서는 하나님의 임재가 휘장 내부에 있었습니다. 사람의 능력으로는 그 휘장을 걷어낼 수가 없었습니다. 대제사장만이 그리로 들어갈 수 있었습니다만, 그것도 피를 가지고서야 들어갈 수 있었습니다. 그렇지 못하면 목숨을 잃을 수밖에 없었습니다. 그것은 육체에 역사하는 죄의 권세를, 곧 사람을 하나님에게서 분리시키는 죄의 권세를 그려 주고 있습니다. 하나님의 영원하신 의가 지성소의 입구를 지키고 있어서 그 어떠한 육체라도 그에게 접근할 수 없도록 막고 있었던 것입니다.

그런데 이제 우리 주님께서 나타나십니다. 그것도 이 땅의 손으로 지은 성전이 아니라 참된 성전에 말입니다. 대제사장으로서 또한 그 백성의 대표자로서, 주님은 자기 자신을 위하여, 아담의 죄악된 자손들을 위하여, 거룩하신 하나님의 임재 속으로 들어가기를 구하시는 것입니다. "내가 있는 곳에 그들도 있게 하옵소서"가 그의 요구 사항입니다. 그는 그를 믿는 사람 하나하나를 위하여, 심지어 극악한 죄인을 위하여도, 하늘이 열리기를 구하시는 것입니다. 그런데 그의 요구가 받아들여집니다. 어떻게 그런 일이 이루어집니까? 바로 피를 통해서입니다. 그리스도는 자기 피로 들어가셨습니다. 예수님의 피가 하늘을 열어 놓은 것입니다.

그러므로 언제나 그리스도의 피로 말미암아 은혜의 보좌가 하늘에 좌정하고 있는 것입니다. 하늘의 일곱 가지 위대한 것들 가운데(히 12:22—24) 성령께서는 "뿌린 피"를 만유의 심판주이신 하나님께와 중보자이신 예수님의 가장 가까이에 자리하게 하시는 것입니다.

그 피가 끊임없이 말을 하기 때문에 하늘이 죄인들을 위하여 계속 열려 있어서 이 땅으로 축복을 내려 보내는 것입니다. 중보자이신 예수님께서 끊임없이 그의 중보자의 사역을 감당하시는 것도 바로 그 피를 통해서 되는 일입니다. 은혜의 보좌는 언제나 그 피의 능력 덕분에 존재하는 것입니다.

오, 그리스도의 피의 능력이 얼마나 놀라운지요! 그것이 지옥의 무덤의 문을 깨뜨려 활짝 열어서 예수님을 나오시게 했고 또한 그와 함께 우리까지도 나오게 했듯이, 천국의 문도 그를 위하여, 또한 그와 함께 우리를 위하여, 열어 놓아서 들어가게 한 것입니다. 그리스도의 피는 어둠의 나라와 그 밑의 지옥에 대해 전능한 능력을 발휘하며, 또한 위로 천국과 그 영광에 대해서도 전능한 능력을 발휘하는 것입니다.

3) 예수님의 피는 인간의 마음속에서 전능합니다.

그 피가 하나님과 함께, 또한 사탄에 대하여 그렇게 능력을 발휘한다면, 사람에 대해서는 얼마나 더 능력을 발휘하겠습니까? 실제로 사람을 위하여 그 피가 흘려졌으니 말입니다. 이에 대해서 우리는 확신할 수가 있습니다.

그 피의 놀라운 능력은 특히 이 땅의 죄인들을 대신하는 데서 나타납니다. 우리의 본문 이외에도 성경 도처에서 이 사실이 강조되고 있습니다. "너희가 알거니와 너희 조상이 물려 준 헛된 행실에서 대속함을 받은 것은 … 오직 흠 없고 점 없는 어린 양 같은 그리스도의 보배로운 피로 한 것이니라"(벧전 1:18-19).

"대속함을 받은"이라는 단어는 의미가 매우 깊습니다. 그것은 주인이 해방시켜 주든지 혹은 값을 주고 구매함으로써 노예의 상태에서 구원받는 것을 구체적으로 지칭하는 말입니다. 죄인이 사탄의 적대적인 권세 아래, 율법과 죄의 저주 아래 종 노릇 하고 있습니다. 그런데 "너희가 그리스도의 보배로운 피로 구속되었다," 즉 죄의 빚을 갚았고, 사탄과 저주와 죄의 권세를 무너뜨렸다고 선언하고 있는 것입니다.

이러한 선언을 듣고 받아들이면, 구속이 시작됩니다. 죄의 삶으로부터, 망령된 행실에서부터의 진정한 구원이 시작됩니다. "구속"이라는 단어에는 죄 사함으로부터 시작하여 하나님께서 죄인을 위해 행하시는 모든 것이 다 포함되어 있습니다. 죄 사함으로부터 시작하여(엡 1:14; 4:30) 부활로 말미암아 완전한 몸의 구원에 이르기까지(롬 8:23, 24) 모든 것이 거기에 다 포함되어 있는 것입니다.

베드로의 편지를 받는 수신자들(벧전 1:2)은 "예수 그리스도의 피 뿌림을 얻기 위하여 택하심을 입은 자들"이었습니다. 보배로운 피에 대한 선언이 그들의 마음을 사로잡았고 그들에게 회개를 불러일으켰고, 그들 속에 믿음을 일깨웠으며, 그들의 영혼을 생명과 기쁨으로 가득 채웠습니다. 신자는 누구든지 그 피의 놀라운 능력을 보여 주는 실례였던 것입니다.

더 나아가서, 베드로는 그들에게 거룩에 대해 말씀하면서도 여전히 보배로운 피에 호소합니다. 그들로 하여금 그 피에 시선을 고정시키도록 하려고 있는 것을 보게 됩니다.

스스로 의롭다는 사고에 가득 차서 그리스도를 미워하는 유대인들에게는, 또한 불신앙 가운데 있는 이방인들에게는 죄의 권세로부터 구원받을 수 있는 방도는 오직 하나밖에 없었습니다. 그리고 죄인들을 위하여 날마다 구원을 이루는 능력도 여전히 한 가지뿐입니다. 어떻게 그렇지 않을 수 있겠습니까? 하늘에서, 그리고 지옥에 대해서 그렇게 능력을 발휘한 그 피가 죄인의 마음속에서도 역시 전능한 능력을 발휘하는 것입니다. 예수님의 피의 능력을 아무리 높게 생각해도, 그 능력에게서 아무리 많은 기대를 가져도 지나칠 수가 없는 것입니다.

3. 이 능력이 어떻게 역사하는가?

이것이 우리의 세 번째 질문입니다. 어떤 조건에서, 어떠한 상황 속에서 그 능력이 우리 속에서 방해받지 않고 안전하게 역사하여 의도한 확실한 결과를 낼 수 있습니까?

그 첫째 대답은 바로, 하나님 나라에서는 언제나 그렇듯이 **믿음을 통해서** 그렇게 된다는 것입니다. 그러나 믿음은 주로 지식에 의존합니다. 그리스도의 피가 성취할 수 있는 사실에 대한 지식이 불완전하면 믿음도 거의 아무것도 기대하지 않게 되고, 따라서 그리스도의 피의 한층 능력적인 효력이 발휘될 수가 없습니다. 많은 그리스도인들은 지금 그리스도의 피를 믿는 믿음으로 말미암아 죄 사함에 대한 확신을 받았으면 그 피의 효력에 대해서 이미 충분한 지식을 갖고 있는 것이라는 식으로 생각하고 있습니다.

그러나 그들은 하나님의 말씀들이 하나님 자신처럼 다함이 없어서 모든 지각을 뛰어넘는 풍성한 의미와 축복을 지니고 있다는 생각을 전혀 하지를 않고 있는 것입니다.

성령께서 피로 말미암아 깨끗이 씻음에 대해 말씀하실 때에 그 말씀들은 그 피가 생명을 주는 하늘의 능력을 말할 수 없이 영광스러운 방식으로 영혼에게 드러낼 그 효과와 체험들의 불완전한 인간적인 표현에 불과하다는 것을 그들은 기억하지 못하고 있는 것입니다.

그 피의 능력을 이처럼 희미하게 알고 있으면 더 깊고 더 완전한 그 피의 효과가 드러날 수가 없습니다.

성경이 그리스도의 피에 대해 가르치는 내용을 찾으려 할 때에, 우리는 그 피를 믿는 믿음이 현재 우리가 이해하고 있는 그런 수준에서라도, 우리가 알지 못하는 더 큰 결과들을 만들어 낼 수 있으며, 또한 미래에는 끊임없는 축복이 우리의 것이 될 수가 있습니다.

그리스도의 피가 이미 성취한 사실을 주목함으로써 우리의 믿음이 강건하게 될 수 있습니다. 천국과 지옥이 그것을 증거해 줍니다. 하나님의 약속들의 그 깊고 깊은 충만함에 대해 신뢰를 하면 믿음이 자라날 것입니다. 우리가 그 샘 속으로 더욱 깊이 들어감에 따라서, 그 깨끗하게 씻는 능력과 생명을 주는 능력이 더욱 복되게 드러나리라는 것을 마음속 깊이 기대합시다.

목욕을 할 때에 우리는 물과 가장 친밀한 관계 속으로 들어가서 우리 자신을 물의 깨끗이 씻는 효과에 내어 맡기게 됩니다. 예수님의 피를 가리켜 성경은 "죄와 더러움을 씻는 샘"(슥 13:1)이라고 묘사하고 있습니다. 성령의 능력으로 말미암아 그 샘물이 하늘의 성전을 통하여 흐르고 있습니다. 믿음으로 나는 이 하늘의 샘물과 가장 친밀하게 접촉하게 되고, 나 자신을 거기에 맡기며, 그것이 나를 감싸도록 하며 나를 변화시키도록 합니다. 나는 그 샘에 목욕을 하는 것입니다. 그 깨끗이 씻는 능력과 강건하게 하는 능력을 도저히 막을 길이 없습니다. 나는 그저 단순한 믿음으로, 눈에 보이는 것에서 돌아서서 구주의 피인 그 영적 샘 속으로 들어가는 것입니다. 그러면 그 샘의 복된 능력이 반드시 내 속에서 드러나게 될 것입니다.

그러므로 어린아이 같은 믿음으로, 인내하며 기대하는 믿음으로 우리의 영혼의 문을 열어서 그 피의 놀라운 능력을 더욱더 체험해야 하겠습니다.

두 번째 대답은 그리스도의 피가 그 능력을 드러낼 것이라는 것입니다.

성경은 그리스도의 피를 성령과 아주 밀접하게 연관시키고 있습니다. 성령께서 역사하셔야만 비로소 그 피의 능력이 드러나리라는 것입니다.

성령과 그리스도의 피

요한 서신에서 우리는 "증언하는 이가 셋이니 성령과 물과 피라 또한 이 셋은 합하여 하나이니라"(요일 5:7, 8)는 말씀을 봅니다. 여기서 물은 죄를 제거하는 회개의 세례를 뜻합니다. 피는 그리스도 안에 있는 구속을 증거합니다. 성령은 물과 피에 능력을 공급하는 분이십니다. 그러므로 히브리서 9:14에서도 성령과 피가 서로 연관되어 나타납니다: "하물며 영원하신 성령으로 말미암아 흠 없는 자기를 하나님께 드린 그리스도의 피가 어찌 너희 양심으로 죽은 행실에서 깨끗하게 하고 살아 계신 하나님을 섬기게 못하겠느냐." 그리스도의 피가 그 가치와 능력을 지닌 것은 바로 우리 주님의 영원하신 성령으로 말미암은 것이었습니다.

하늘에서나 사람의 마음에서나 그리스도의 피가 살아서 역사하는 것은 언제나 성령으로 말미암아서 되는 것입니다.

피와 성령이 언제나 함께 증언합니다. 믿음으로나 설교로 그리스도의 피를 존귀하게 하는 곳에는 성령께서 반드시 역사하십니다. 그리고 성령께서 역사하시면 그는 언제나 영혼들을 그리스도의 피에게로 인도하는 것입니다. 그리스도께서 피를 흘리시기까지는 성령께서 베풀어지실 수가 없었습니다. 성령과 그리스도의 피의 이러한 살아 있는 연관성은 절대로 깨어질 수가 없는 것입니다.

여기서 진지하게 주목해야 할 것은 만일 그리스도의 피가 우리의 영혼 속에서 그 충만한 능력을 드러낸다면, 우리는 반드시 우리 자신을 성령의 가르치심 아래 두어야 한다는 것입니다.

우리는 성령께서 우리 안에 계셔서 우리 마음속에서 그의 일을 진행하고 계신다는 사실을 확실히 믿어야 하겠습니다. 우리는 하나님의 성령께서 생명의 씨로서 진정으로 속에 거하고 계시며, 또한 그가 그리스도의 피의 감추어진 능력 있는 효과를 완전하게 하시리라는 것을 분명히 아는 자로서 살아야 마땅할 것입니다. 그가 우리를 인도하시도록 허용하여야 하는 것입니다.

그리스도의 피는 성령을 통하여 우리를 깨끗이 씻으시고 거룩하게 하시며 하나님과 연합하게 하실 것입니다.

사도는 신자들로 하여금 "내가 거룩하니 너희도 거룩할지니라"라는 하나님의 음성을 듣도록 하고자 할 때에, 그들이 그리스도의 거룩하신 피로 말미암아 대속함을 받았다는 사실을 그들에게 상기시켜 준 것입니다.

필요한 지식

신자들은 자기들이 구속함을 받았다는 것을 알아야 하고, 또한 그 구속이 무슨 의미인지도 알아야 합니다만, 무엇보다도 먼저 알 것은 그들이 구속된 것이 "은이나 금같이 없어질 것으로," 생명의 능력이 없는 그런 것들로 한 것이 아니요, "그리스도의 보배로운 피로 한 것"이라는 사실입니다.

그 피가 완전한 구속의 능력으로서 갖는 보배로움이 어떤 것인지에 대해서 올바른 생각을 갖는다는 것은 신자들에게는 새롭고 거룩한 삶의 능력이 될 것입니다.

사랑하는 그리스도인 여러분, 그 진술이 우리에게도 관계가 됩니다. 우리가 그 보배로운 피로 말미암아 대속함을 받았다는 것을 우리가 알아야 합니다. 우리가 구속과 피에 대하여 알아야만 그 능력을 체험할 수가 있는 것입니다.

구속이 무엇이며 그 피의 능력과 보배로움이 무엇인지를 이해하는 만큼 그 가치를 더욱 충만히 체험하게 될 것입니다.

성령님의 학교에 우리 자신들을 맡겨서 보배로운 피로 말미암는 구속을 더욱 깊이 알게 되도록 인도함을 받아야 하겠습니다.

필요와 바람

이를 위해서 두 가지가 필요합니다.

첫째는 그 피의 필요성을 더욱 깊이 지각하는 것이요, 또한 그 피를 더 잘 이해하고자 하는 바람입니다. 죄를 제거하기 위하여 그리스도께서 피를 흘리셨습니다. 그러므로 그 피의 능력은 바로 죄의 권세를 무(無)로 만드는 데 있습니다.

그런데 우리는 안타깝게도 죄에서 구원 받는 첫 시작으로만 만족하는 경향이 있습니다.

오, 우리 속에 남아 있는 죄의 잔재를 우리가 도무지 견딜 수 없게 된다면 얼마나 좋겠습니까!

우리가 대속함을 받은 자들로서 온갖 일에서 하나님의 뜻을 거슬러 죄를 범한다는 사실을 우리 스스로가 도저히 용납하지 못하게 되기를 바랍니다.

거룩을 향한 바람이 우리 속에서 더욱 강해지기를 바랍니다. 그리스도의 피가 우리가 알고 있는 것보다 더 큰 능력이 있으며, 또한 우리가 지금까지 체험한 것보다 더 큰 일들을 우리를 위하여 행할 수 있다는 생각이 우리의 마음속에 강렬한 바람을 불러일으키도록 되어야 하지 않겠습니까? 죄에서 구원받고자 하는 바람이, 거룩하신 하나님과의 친밀한 교제와 거룩함을 향한 바람이 더 있다면, 그것이야말로 그리스도의 피가 할 수 있는 일을 더욱 더 깊이 깨닫는 데 가장 우선적으로 필요한 일일 것입니다.

기대

둘째로 필요한 것이 이어집니다.

바람은 반드시 기대를 낳습니다.

우리가 믿음으로 성경 말씀에서 그리스도의 피가 이룬 일을 살피려 할 때에, 그 피가 또한 우리 속에서 충만한 능력을 드러낼 수 있다는 사실을 분명히 알고 인정해야 합니다. 아무리 우리의 부족과 무지와 비참한 처지를 느낀다 할지라도, 그것 때문에 의심이 생겨서는 안 됩니다. 그리스도의 피가 굴복한 심령 속에서 끊임없는 생명의 능력으로 역사하기 때문입니다.

여러분 자신을 성령 하나님께 굴복시키십시오. 여러분의 마음의 눈을 그리스도의 피에 고정시키시기를 바랍니다.

여러분의 내적 존재 전체를 그리스도의 피의 능력을 향하여 활짝 열어 젖히십시오.

하늘의 은혜의 보좌의 기초가 되는 그 피가 여러분의 마음을 하나님의 성전으로, 하나님의 보좌로 만들 수 있을 것입니다.

그리스도의 피의 계속되는 뿌림 아래서 여러분 자신을 보호하십시오.

그 피가 여러분 속에서 효력을 발휘하게 해 주시기를 하나님의 어린 양께 구하십시오.

예수님의 피의 그 놀라운 능력의 역사에 비할 것이 아무것도 없다는 사실을 여러분이 반드시 체험하게 될 것입니다.

제 3 장
피로 말미암는 화목

"그리스도 예수 안에 있는 속량으로 말미암아 하나님의 은혜로 값 없이 의롭다 하심을 얻은 자
되었느니라. 이 예수를 하나님이 그의 피로써 믿음으로 말미암는 화목 제물로 세우셨으니"
－ 롬 3:24, 25.

이미 살펴본 바와 같이, 몇 가지 분명한 축복들이 예수님의 피로 말미암
아 우리에게 베풀어졌습니다만, 이 모든 축복들이 "구속"이라는 한 단어 속
에 포함되어 있습니다. 이 축복들 가운데, 화목(reconciliation)이 첫째 자리를
차지합니다. "하나님이 그의 피로써 믿음으로 말미암는 화목 제물로 세우셨
다"고 합니다. 우리 주님의 구속 사역에서, 화목이 자연히 가장 먼저 옵니다.
또한 구속에 참여한 바 되기를 소원하는 죄인들이 행해야 할 일 가운데서도
화목이 가장 우선하는 것입니다. 화목을 통해서, 구속의 다른 축복들에 참여
하는 일이 가능해지는 것입니다.

또한 이미 화목을 누리게 된 신자로서는 그 의미와 복에 대해서 더 깊고
더 신령한 생각을 가지는 일이 매우 중요합니다. 구속에서 뿌려진 그리스도
의 피의 능력이 화목에 뿌리를 두고 있다면, 화목이 무엇인지를 더욱 온전하
게 아는 것이야말로 그 피의 능력을 더욱 충만히 체험할 수 있는 가장 확실
한 길일 것입니다. 성령의 가르치심에 자신을 굴복시킨 심령은 반드시 화목
이 무엇을 의미하는지를 배우게 될 것입니다. 우리의 마음을 활짝 열고 그것
을 받아들이게 되기를 바랍니다.

그리스도의 피로 말미암는 화목이 무엇을 의미하는지를 이해하기 위해서는 다음의 내용들을 생각해야 합니다:

1. 죄가 화목을 필요하게 만들었다는 사실.
2. 하나님의 거룩하심이 화목을 미리 제정했다는 사실.
3. 예수님의 피가 화목을 이루었다는 사실.
4. 죄 용서가 화목의 결과라는 사실.

1. 죄가 화목을 필요하게 만들었다는 사실

그리스도의 모든 사역에 있어서, 그리고 무엇보다도 화목의 사역에 있어서, 하나님의 목표는 죄를 제거하고 죄를 멸하는 것입니다. 그러므로 화목을 알기 위해서는 죄를 아는 것이 필수적입니다.

여기서 우리는 죄가 어떤 것이길래 화목을 필요하게 만들며, 또한 화목이 어떻게 죄를 무력화시키는지를 살펴보기로 합시다. 화목으로 말미암아 죄가 무력화 되어야 비로소 믿음이 무언가 붙들 것이 있게 되고 그 축복을 체험하는 일이 가능해지는 것입니다.

죄는 이중으로 효과를 발휘했습니다. 하나님께도 효과를 발휘했고, 또한 사람에게도 효과를 발휘한 것입니다. 우리는 대개 사람에 대한 효과를 강조합니다만, 죄는 하나님께 더욱 끔찍하고 심각한 효과를 발휘했습니다. 그리고 죄가 하나님께 그런 효과를 발휘하고 있기 때문에 그것이 우리에게 권세를 부리는 것입니다. 만유의 주이신 하나님께서는 죄를 그냥 내버려 두실 수가 없습니다. 죄는 반드시 슬픔과 죽음을 불러일으켜야 한다는 것이 하나님의 변경할 수 없는 법입니다. 사람이 죄 속으로 타락하자, 그는 하나님의 그 법으로 말미암아 죄의 권세 아래 들어갈 수밖에 없었습니다. 그러므로 구속은 하나님의 법에서부터 시작할 수밖에 없습니다. 왜냐하면 만일 죄가 하나님을 대적하여 힘이 없고 하나님의 법이 죄에게 우리를 장악할 권세를 주지 않는다면, 죄의 권세는 없는 것입니다. 죄가 하나님 앞에서 아무 말도 하지 못한다는 것을 알면, 그것이 더 이상 우리에게 권세를 부리지 못한다는 확신을 갖게 됩니다.

그렇다면 죄가 하나님께 무슨 효과를 발휘했습니까? 하나님은 그의 신적 본성에 있어서, 불변하시고 또한 변하실 수가 없는 상태 그대로 계십니다만, 사람과의 관계에 있어서는 엄청난 변화가 초래되었습니다. 죄는 하나님의 권위에 대한 불순종이요, 모독입니다. 하나님께서 하나님과 주로서 지니신 존귀를 그에게서 빼앗으려 하는 것입니다. 죄는 거룩하신 하나님을 향한 확연한 반대입니다. 그러므로 죄는 하나님의 진노를 일깨울 수 있을 뿐 아니라 반드시 일깨우게 되어 있는 것입니다.

하나님께서는 사람과 사랑 및 교제의 관계를 계속 갖기를 바라고 계셨는데 죄로 말미암아 하나님은 어쩔 수 없이 사람을 대적하는 자가 되셨습니다. 사람을 향한 하나님의 사랑이 여전히 변함이 없었지만, 죄로 인하여 하나님께서는 사람을 자신과의 교제 속에 받아들이실 수가 없게 된 것입니다. 하나님은 죄로 인하여 사람을 향하여 그의 사랑 대신 그의 진노와 저주와 형벌을 쏟아 붓지 않으실 수가 없게 된 것입니다. 하나님과 사람의 관계에 있어서 죄가 일으킨 변화는 너무도 끔찍한 것입니다.

사람은 하나님 앞에서 죄의 책임이 있습니다. 죄책이란 부채(빚)입니다. 부채가 무엇인지 우리도 잘 압니다. 그것은 한 사람이 다른 사람에게 요구할 수 있는 권리요, 또한 그 권리는 반드시 지켜져야 하고 정리되어야 하는 것입니다.

죄를 범하면 그 이후의 효과는 겉으로 드러나지 않을 수도 있지만 그 죄의 책임은 남는 법입니다. 죄인이 죄책을 지게 되는 것입니다. 하나님께서는 죄가 형벌을 받아야 한다는 자기 자신의 요구를 물리실 수가 없습니다. 그리고 더럽혀진 하나님의 영광이 반드시 다시 높여져야 합니다. 부채를 갚거나 죄의 책임이 사라지지 않는 한, 문제의 본질상 거룩하신 하나님으로서는 죄인으로 하여금 그의 임재 속에 들어오도록 허락하실 수가 없는 것입니다.

우리는 우리가 당면한 큰 문제는 바로 어떻게 하면 우리 속에 내재한 죄의 권세에서 구원받을 수 있느냐 하는 것이라고 생각하는 일이 많습니다만, 그보다 더 중요한 문제는 바로 어떻게 하면 우리가 하나님 앞에 쌓여 있는 그 중대한 죄의 책임에서 구원받을 수 있느냐 하는 것입니다. 죄의 책임이 제거될 수 있을까? 죄가 하나님께 미친 효과가 그의 진노를 불러일으켰는데 그것이 과연 제거될 수 있을까? 하나님 앞에서 과연 죄가 완전히 도말될 수 있을까? 하는 것이 훨씬 더 중요한 문제입니다. 그렇게 될 수만 있다면, 우리 속에서도 죄의 권세가 깨어질 것입니다. 그런데 죄의 책임이 제거되는 일은 오직 화목을 통해서만 가능한 것입니다.

"화목"이라고 번역된 단어는 실제로 "덮는다"(to cover)는 의미입니다. 이교도들에게도 이와 유사한 사상이 있습니다. 그러나 이스라엘 백성에게 하나님은 죄의 책임을 진정으로 덮고 제거할 수 있는 그런 화목을 계시하셨습니다. 그리하여 그 화목을 통하여 하나님과 사람 사이의 본래의 관계가 온전하게 회복될 수 있도록 하신 것입니다. 참된 화목이 하는 일이 바로 그것입니다. 죄의 책임을, 즉 죄가 하나님께 미친 효과를, 온전히 제거함으로써 사람으로 하여금 하나님께 가까이 나아갈 수 있게 하고, 죄에 대한 최소한의 책임도 남아 있지 않아서 더 이상 하나님과의 사이를 가로막을 것이 없도록 만들어 주는 것입니다.

2. 하나님의 거룩하심이 화목을 미리 제정했다는 사실

화목을 올바로 이해하자면, 이 사실 또한 생각해야 합니다.

하나님의 거룩하심은 그의 무한하고 영광스러운 완전하심인데, 그것이 하나님을 이끌어 언제나 자기 자신에게서와 다른 존재에게서 선한 것을 바라시도록 하는 것입니다. 하나님은 다른 존재들에게 선한 것을 베푸시고 이루시며, 또한 선한 것을 대적하는 모든 것들을 미워하시고 정죄하시는 것입니다.

하나님의 거룩하심 안에 하나님의 사랑과 진노가 함께 연합되어 있습니다. 자신을 내어주는 그의 사랑과, 의로운 하나님 자신의 법에 따라서 악한 것을 내어쫓고 소멸시키는 그의 진노가 하나님의 거룩하심 안에 연합되어 있는 것입니다.

하나님께서는 거룩한 자로서 이스라엘 백성 중에 화목을 제정하셨고 속죄소 위에 그의 거처를 취하셨습니다.

하나님께서는 거룩한 자로서 신약 시대의 기대에 따라 스스로 "나는 너희의 구속자요 이스라엘의 거룩한 자니라"고 자주 말씀하셨습니다.

하나님께서는 거룩한 자로서 그리스도 안에서 화목에 대한 그의 경륜을 실행시키셨습니다.

이러한 경륜의 놀라움은 하나님의 거룩한 사랑과 그의 거룩한 진노가 동시에 거기에서 만족을 찾는다는 데 있습니다. 하나님의 사랑과 진노는 겉으로 보기에는 서로 도저히 하나로 조화시킬 수 없도록 갈등 관계에 있는 것 같습니다. 하나님의 거룩한 사랑은 사람들을 그냥 내버려 두기를 원하지 않았습니다. 사람의 모든 죄에도 불구하고 그 사랑은 사람을 포기할 수가 없었습니다. 반드시 그가 구속을 받아야 했습니다.

그런데 반대로 하나님의 진노는 그 요구 사항을 절대로 물릴 수가 없었습니다. 하나님의 법이 멸시를 당했고, 하나님께서 모욕을 당하셨습니다. 그러므로 하나님의 권리가 다시 세워져야 했습니다. 하나님의 법이 만족하지 않는 한 죄인을 방면한다는 것은 생각조차 할 수 없는 일이었습니다. 하늘에 — 하나님께 — 생겨난 죄의 끔찍한 효과가 반드시 소멸되어야 했고, 죄의 책임이 제거되어야 했습니다. 그렇지 않으면 절대로 죄인이 구원받을 수가 없었습니다. 그러므로 가능한 유일한 해결책은 바로 화목이었던 것입니다.

앞에서 말씀드렸습니다만 **화목은 덮어 주는 것을** 의미합니다. 다른 무언가가 죄가 서 있는 자리를 대신 취하여서 하나님께서 더 이상 죄를 보실 수 없도록 만드는 것을 의미합니다.

그러나 하나님이 거룩한 자시요 그의 눈이 불꽃처럼 빛나기 때문에 죄를 덮은 그 무엇이 죄가 행한 악을 정말로 제거하는 성질을 가져야 하고 또한 하나님 앞에서 죄를 완전히 소멸시켜서 죄가 정말로 멸해져서 보이지 않게 되도록 만드는 그런 것이 아니면 안 됩니다.

죄에 대한 화목은 오직 만족을 통해서만 이루어질 수 있습니다. 만족이 곧 화목입니다. 만족이란 대체물을 통해서 얻는 것이므로, 대체물을 통해서 죄가 형벌을 받을 수 있고, 그리하여 죄인이 구원 받을 수가 있습니다. 하나님의 거룩하심이 또한 영광을 받으시고 그 요구가 채워짐은 물론, 하나님의 사랑의 요구가 죄인의 구속을 통해서 이루어지고, 그의 의(義)의 요구가 또한 하나님과 그의 법의 영광을 유지하는 것으로 채워지는 것입니다.

우리는 이 원리가 구약의 제사법에 제시되어 있는 것을 알고 있습니다. 흠 없는 짐승이 죄된 사람을 대신하였습니다. 사람의 죄가 고백에 의해서 그 짐승의 머리에 얹어졌고, 그 짐승은 자기의 목숨을 죽이도록 내어 줌으로써 형벌을 당했습니다. 그러면, 형벌을 짐으로써 죄의 책임에서 자유를 얻은 깨끗한 생명을 상징하는 피가 하나님의 임재 속으로 들어갈 수 있게 됩니다.

피 또는 짐승의 생명이 죄인을 대신해서 형벌을 당한 것입니다. 곧, 그 피가 화목을 이루었고, 죄인과 그의 죄를 덮어 준 셈입니다. 왜냐하면 그 피가 그의 자리를 대신했고, 그의 죄를 속한 것이기 때문입니다.

피 속에 화목이 있었습니다.

그러나 그것은 실체가 아니었습니다. 소나 양이나 염소의 피는 절대로 죄를 속할 수가 없었습니다. 그것은 진짜 화목의 그저 그림자요, 그림에 불과했습니다.

죄의 책임을 효과적으로 덮어 주기 위해서는 그런 것과는 본질적으로 전혀 다른 피가 필요했습니다. 거룩하신 하나님의 경륜에 따르면, 하나님의 친아들의 피로써 진정한 화목이 이루어질 수 있었습니다. "그리스도 예수 안에 있는 속량으로 말미암아 하나님의 은혜로 값 없이 의롭다 하심을 얻은 자되었느니라. 이 예수를 하나님이 그의 피로써 믿음으로 말미암는 화목 제물로 세우셨으니."

3. 예수님의 피가 화목을 이루었다는 사실

화목은 반드시 하나님의 거룩한 법의 요구를 만족시키는 것일 수밖에 없습니다.

주 예수께서 바로 그것을 성취하셨습니다. 기꺼운 완전한 순종으로 말미암아 예수님은 스스로 율법 아래 들어가시고 그 율법을 이루셨습니다. 또한 자신의 의지를 완전히 아버지께 굴복시키심으로써, 율법이 죄에 대하여 선언한 저주를 몸소 지셨습니다. 그는 충만한 순종으로 형벌을 받으심으로써 하나님의 율법이 요구할 수 있는 모든 것을 다 갚으셨습니다. 율법이 그리스도에게서 완전히 만족을 얻은 것입니다.

그렇지만, 그가 율법의 요구를 성취하신 사실이 어떻게 해서 다른 사람들의 죄를 위한 화목이 될 수 있습니까? 창조에 있어서나 아버지께서 그와 맺으신 거룩하신 은혜의 언약에 있어서 그리스도는 인류의 머리로 인정되셨습니다. 이 사실로 말미암아서 그는 육체를 입으사 둘째 아담이 되실 수 있었습니다. 말씀이신 그가 육체를 입으셨을 때에, 그는 죄의 권세 아래 있는 우리 인생들과의 진정한 관계 속으로 자신을 집어넣으셨고, 그 죄가 하나님을 대적하여 범한 모든 책임들을 그 자신의 책임으로 여기셨습니다. 그의 순종과 완전함은 그저 여러 사람들 가운데 한 사람의 순종과 완전이 아니었습니다. 자기 자신을 다른 모든 사람들과의 관계 속에 집어넣으시고 그들의 죄를 스스로 지신 그분의 순종이요 완전하심이었던 것입니다.

창조를 통한 인류의 머리로서, 그들의 언약적 대표자로서 그는 그들의 보증(surety)이 되셨습니다. 그가 피를 흘리심으로 율법의 요구가 완전히 만족됨으로써, 화목이 이루어졌습니다. 곧, 우리의 죄가 덮어졌다는 뜻입니다.

무엇보다도 우리로서는 그가 하나님이셨다는 사실을 절대로 잊지 말아야 합니다. 이 사실이 그로 하여금 자기 자신을 자기의 피조물들과 연합시키며 또한 그들을 자기 자신에게로 취하여 들이도록 신적인 능력을 그에게 베풀어 주었습니다. 그가 하나님이시라는 사실이 그의 고난에 무한한 거룩함과 능력의 덕을 베풀어 주었습니다. 그로 인하여 그의 피흘리심의 공적이 인류의 죄에 대한 모든 책임을 처리하고도 남을 만큼 된 것입니다. 이로 인하여 그의 피가 진정한 화목이 되었고, 죄를 완전히 덮어서 하나님의 거룩하심이 그것을 보지 못하도록 만들었습니다. 사실상 죄가 완전히 도말된 것입니다. 하나님의 아들이신 예수님의 피가 진실로 완전하고도 영원한 화목을 이룬 것입니다.

이것이 무슨 뜻입니까?

우리는 지금까지 죄가 하나님의 편에 끼친 끔찍한 결과에 대해서, 죄로 말미암아 하늘에 생겨난 처절한 변화에 대해서 말씀했습니다. 하늘로부터 하나님의 자비와 사랑과 축복과 생명이 하늘로부터 임하기는커녕, 사람은 오로지 진노와 저주와 죽음과 형벌밖에는 아무것도 기대할 것이 없게 되고 말았습니다. 하나님을 생각할 때에도 소망과 사랑이 없이 오로지 두려움과 공포만이 엄습할 수밖에 없게 되었습니다. 죄가 끊임없이 복수를 불러일으키고, 죄에 대한 책임이 완전히 이행되어야 했던 것입니다.

그런데 보십시오! 하나님의 아들 예수님께서 피를 흘리셨습니다. 속죄가 이루어졌습니다. 평화가 회복되었습니다. 다시 변화가 일어났습니다. 죄로 인하여 생겨난 변화만큼 실제적이고 보편적인 변화가 일어난 것입니다. 화목을 받아들이는 자들에게는 죄가 무(無)가 된 것입니다. 하나님의 진노가 하나님의 깊고 깊은 사랑 속에 그 모습을 숨긴 것입니다.

하나님의 의가 더 이상 사람을 두려움에 떨게 하지 않습니다. 하나님의 의가 사람을 친구로 만나며, 완전한 칭의(稱義)를 베풉니다. 회개하는 죄인이 하나님께 가까이 나아올 때에 하나님의 얼굴이 기쁨과 용납으로 빛이 납니다. 하나님께서 죄인을 친밀한 교제 속으로 인도하십니다. 사람을 하나님에게서 분리시킬 수 있는 것이 이제는 아무것도 없는 것입니다.

예수님의 피로 말미암는 화목이 그의 죄를 이미 덮었고, 그리하여 그의 죄들이 더 이상 하나님 앞에 나타나지 않게 된 것입니다. 그는 더 이상 죄를 전가시키지 않으십니다. 화목이 완전하고도 영원한 구속을 이루었기 때문입니다.

오! 이 보배로운 피의 가치를 과연 누가 가늠할 수 있겠습니까?

구속함을 받은 자들의 노래 속에서 그리스도의 피가 영원토록 찬양을 받을 것이요, 하늘이 존재하는 한 영원토록 그 피에 대한 찬양이 계속 울려퍼질 것입니다. "주께서 죽임 당하사 주의 피로 우리를 구속하사 하나님께로 나아가게 하셨도다."

그러나 여기에 이상야릇한 현실이 있습니다. 이 땅의 구속함을 받은 백성들이 그 노래에 마음을 다하여 합류하지 않는다는 것이 놀라움이요, 그리스도의 피의 능력이 이룬 화목을 풍성히 찬양하지 않는다는 것이 과연 경이(驚異)입니다.

4. 죄 용서가 화목의 결과라는 사실

그리스도의 피가 죄를 위하여 화목을 이루어 그것을 덮었다는 사실이나, 그 사실의 결과로 천상의 세계에서 엄청난 놀라운 변화가 일어났다는 사실도, 우리가 거기에 개별적으로 참여하지 않으면 우리에게 아무런 소용이 없습니다.

우리가 개별적으로 거기에 참여하는 일은 바로 죄 용서를 통해서 일어납니다. 하나님께서는 우리의 모든 죄와 죄에 대한 책임에서 우리를 완전히 사면시키셨습니다. 이제 죄에 대하여 화목이 이루어졌으므로, 우리는 하나님께 화목된 것입니다. "하나님께서 그리스도 안에 계시사 세상을 자기와 화목하게 하시며 그들의 죄를 그들에게 돌리지 아니하시고"(고후 5:19). 이 화목의 말씀에 이어서, "너희는 하나님과 화목하라"라는 초청이 이어집니다. 죄를 위한 화목을 받아들이는 자마다 하나님과 화목을 이루는 것입니다. 자기의 모든 죄들이 용서함 받았음을 스스로 아는 것입니다.

성경은 이런저런 실례들을 사용하여 죄 용서의 완전함을 강조하며, 또한 죄인의 두려워하는 마음으로 하여금 그리스도의 피로 말미암아 자기의 죄가 정말 사라졌다는 사실을 확실히 알도록 확신을 주고 있습니다. "내가 네 허물을 빽빽한 구름 같이, 네 죄를 안개 같이 없이하였으니"(사 44:22), "주께서 내 영혼을 사랑하사 멸망의 구덩이에서 건지셨고 내 모든 죄를 주의 등

뒤에 던지셨나이다"(사 38:17). "우리의 죄악을 발로 밟으시고 우리의 모든 죄를 깊은 바다에 던지시리이다"(미 7:19). "그 날 그 때에는 이스라엘의 죄악을 찾을지라도 없겠고 유다의 죄를 찾을지라도 못하리니 이는 내가 남긴 자를 용서할 것임이니라"(렘 50:20).

이것이 바로 신약 성경이 말씀하는 의롭다 하심(청의)입니다. 롬 3:23—26은 이렇게 말씀합니다: "모든 사람이 죄를 범하였으매 … 그리스도 예수 안에 있는 속량으로 말미암아 하나님의 은혜로 값 없이 의롭다 하심을 얻은 자 되었느니라 이 예수를 하나님이 그의 피로써 믿음으로 말미암는 화목 제물로 세우셨으니 이는 하나님께서 … 자기의 의로우심을 나타내려 하심이니 곧 이 때에 자기의 의로우심을 나타내사 자기도 의로우시며 또한 예수 믿는 자를 의롭다 하려 하심이니라."

화목이 너무도 완전하며 또한 죄가 정말로 덮어졌고 없어졌으므로, 하나님께서는 그리스도를 믿는 자를 전적으로 의로운 자로 바라보시고 그렇게 대하시는 것입니다. 하나님께로부터 받은 사면(赦免)이 완전하여, 그로 하여금 완전히 자유롭게 하나님께로 나아가지 못하도록 가로막는 것이 아무것도 ― 절대로 아무것도 ― 없는 것입니다.

이러한 축복을 누리기 위해서는 그 피를 믿는 믿음 이외에는 아무것도 필요하지 않습니다. 그리스도의 피가 모든 것을 이루었기 때문입니다.

죄에서 돌이켜 하나님께로 나아오는 회개하는 죄인에게는 오직 그리스도의 피를 믿는 믿음밖에는 필요한 것이 없습니다. 곧, 그 피의 능력을 믿는 믿음 말입니다. 그 피가 진정으로 죄를 속하였으며 자기를 위하여 정말로 속죄를 이루었다는 사실을 믿는 믿음 말입니다. 그 믿음을 통해서 그는 자기가 하나님과 충만하게 화목되었으며, 또한 하나님께서 그에게 충만한 사랑과 축복을 부어 주시지 못하도록 방해할 것이 조금도 없다는 것을 아는 것입니다.

전에는 하늘을 올려다 보면, 하나님의 진노와 장차 다가올 끔찍한 심판으로 시커멓게 구름이 끼여 있었는데, 이제는 구름이 완전히 사라지고 하나님의 얼굴의 환한 빛으로, 하나님의 사랑의 빛으로 모든 것이 환하게 개어 있는 것입니다. 그 피를 믿는 믿음이 하늘에서 역사하는 그 피의 능력과 동일한 능력을 그의 마음속에서 발휘하는 것입니다. 그 피를 믿는 믿음으로 말미암아 이제 그는 그리스도의 피가 하나님께로부터 그를 위하여 얻어 놓은 모든 축복에 참여하는 자가 되는 것입니다.

형제된 신자 여러분, 성령께서 예수님의 피로 말미암아 여러분의 것이 된 이 화목과 죄 용서의 영광을 여러분에게 드러내 주시기를 진지하게 기도하시기 바랍니다. 여러분을 참소하고 정죄하는 죄의 권세가 완전하게 제거되었다는 것과 또한 하나님께서 그의 사랑과 선하신 기쁨의 충만하심으로 여러분을 향하여 돌이키셨다는 사실을 바라보는 일깨워진 마음을 달라고 기도하시기 바랍니다. 성령을 향하여 마음 문을 열어서 그가 그리스도의 피로 말미암아 하늘에서 일어난 그 영광스러운 효과들을 여러분 속에 드러내시도록 하시기를 바랍니다.

하나님께서는 예수 그리스도 자신을 그의 피를 믿는 믿음으로 말미암는 화목으로 세우셨습니다. 그분이야말로 우리 죄를 위한 화목이십니다. 그를 의지하십시오. 그가 여러분의 죄를 하나님 앞에서 덮으셨기 때문입니다. 여러분과 여러분의 죄 사이에 그를 세우십시오. 그러면 그가 이루신 구속이 얼마나 완전하며, 또한 그의 피를 믿는 믿음으로 말미암는 화목이 얼마나 강력한지를 체험하게 될 것입니다.

그렇게 하면, 살아 계신 그리스도로 말미암아, 그 피가 하늘에서 이룬 그 강력한 효과들이 여러분의 마음속에 점점 더 분명하게 드러날 것이며, 그리하여 성령의 은혜로 말미암아 죄 용서를 충만히 누리며 행한다는 것이 무엇인지를 알게 될 것입니다.

아직 죄 용서함을 받지 못한 사람이 있다면, 이 말씀이 여러분에게 그리스도의 피를 믿는 믿음을 가져야 할 시급한 요청으로 다가오지 않습니까?

하나님께서 죄인인 여러분을 위하여 행하신 일에 감동을 받고 변화를 받도록 되지 않으시렵니까? "사랑은 여기 있으니 우리가 하나님을 사랑한 것이 아니요 오직 하나님이 우리를 사랑하사 우리 죄를 속하기 위하여 화목제물로 그 아들을 보내셨음이라"(요일 4:10).

고귀한 하나님의 아들의 피가 흘려져서, 화목이 완성되었습니다. "너희는 하나님과 화목하라"는 메시지가 여러분에게 다가오고 있습니다.

여러분의 죄를 회개하고 죄의 권세와 속박에서 구원받기를 원하시면, 그리스도의 피를 믿는 믿음을 발휘하십시오. 여러분의 마음을 열고 하나님께서 여러분에게 주시는 말씀의 능력을 받아들이십시오. 그리스도의 피가 여러분을 구원할 수 있다는 메시지를 마음을 열고 받아들이십시오. 그 피가 지금 이 순간 여러분을 구원할 수 있습니다. 그저 믿기만 하십시오. "그 피가 내게도 역사하리라"고 말하십시오. 죄의 책임을 진 자로서, 잃어버린 죄인으로서, 죄 용서를 갈망하며 나아오면, 이미 완전한 화목을 이루신 그분의 피가 즉시 여러분의 죄를 덮고 여러분을 회복시켜서 하나님의 자비와 사랑으로 나아가도록 하리라는 확신을 가질 수가 있는 것입니다.

그러므로 여러분, 그리스도의 피를 믿는 믿음을 가지십시오. 지금 이 시간 하나님 앞에 머리를 조아리고 여러분 자신의 영혼을 위하여 흘린 그 피의 능력을 믿는다고 말씀드리십시오. 그리고 나서 그 피의 능력을 붙드십시오. 그 피를 믿는 믿음으로 말미암아, 예수 그리스도께서 **화목**이 되사 여러분의 죄를 덮으실 것입니다.

제 4 장
피로써 깨끗하게 씻으심

"그가 빛 가운데 계신 것 같이 우리도 빛 가운데 행하면 우리가 서로 사귐이 있고
그 아들 예수의 피가 우리를 모든 죄에서 깨끗하게 하실 것이요" – 요일 1:7.

우리는 그리스도의 피의 가장 중요한 효과가 바로 죄에 대한 화목이라는 사실을 이미 살펴보았습니다.

화목에 대한 지식, 그리고 화목에 대한 믿음의 열매는 바로 죄 용서입니다. 용서란 **죄인**을 위하여 이미 하늘에서 일어난 일에 대한 선언이며, 또한 죄인이 그것을 마음으로 받아들이는 것입니다.

이것이 그리스도의 피의 첫 효과입니다만, 효과는 이것만이 아닙니다. 영혼이 믿음으로 말미암아 하나님의 성령께 자기 자신을 의탁하여 화목의 충만한 능력을 깨닫고 누리는 만큼, 그리스도의 피가 더욱 능력을 발휘하여 성경이 말씀하는 피의 다른 축복들이 베풀어지게 되는 것입니다.

화목의 첫째 효과 가운데 하나는 죄에서 **깨끗이 씻는** 것입니다. 하나님의 말씀이 이에 대해서 무엇을 말씀하는지를 살펴보도록 합시다. 깨끗이 씻는다는 것이 그저 죄를 용서하는 것이나 아니면 죄에 대한 책임을 씻어 없애는 것 정도로만 생각하는 경우가 많습니다. 그러나 사실은 그렇지가 않습니다. 성경은 죄의 **책임**에서 깨끗이 씻김을 받는다는 것을 말씀하지 않습니다. 죄에서 깨끗이 씻는다는 것은 죄의 책임에서 벗어나게 한다는 뜻이 아니라, 죄의 **오염**(pollution)에서 구해낸다는 뜻입니다. 죄의 책임은 하나님과 우리의 관계

에 관한 것이요 또한 우리의 잘못된 행실을 올바로 돌릴 책임을, 혹은 우리의 잘못된 행실에 대한 형벌을 지는 것을 의미하는 것입니다. 그러나 반면에 죄의 오염은 죄가 우리의 내적 존재에 가해 놓은 더러움과 불결함에 대한 지각이요, 깨끗이 씻는 일이 바로 이 문제를 해결하는 것입니다.

하나님께서 모든 신자에게 예비해 두신 충만한 구원을 누리기를 소원하는 사람에게 있어서 참으로 중대한 일은 바로 이 깨끗이 씻는 일에 대해서 성경이 말씀하는 사실을 올바로 깨닫는 일일 것입니다.

다음의 사실들을 살펴봅시다:

1. 구약 성경에 나타난 깨끗이 씻는다는 단어의 의미.

2. 신약 성경에서 그 단어가 시사하는 축복.

3. 어떻게 하면 이 축복을 충만히 누릴 수 있을까?

1. 구약 성경에 나타난 깨끗이 씻음

모세의 손으로 이스라엘을 위하여 제정된 하나님을 섬기는 법에는 하나님의 백성이 하나님께 나아가기 전에 준비 단계로 시행해야 할 두 가지 의식이 있었습니다. 그 하나는 제물, 혹은 희생 제사였고, 또 하나는 깨끗이 씻음 혹은 정결 예식이었습니다. 이 두 가지는 서로 전혀 다른 방식으로 시행되는 것이었습니다. 두 가지 모두 사람들에게 그 자신이 얼마나 죄악되며 거룩하신 하나님께 가까이 나아가기에 얼마나 모자라는 존재인가를 상기시켜 주고자 하는 의도가 있었습니다. 두 가지 모두 주 예수 그리스도께서 하나님과의 교제를 회복시키려 행하신 구속을 예표하는 것들이었습니다. 대개는 그리스도로 말미암은 구속을 예표하는 것으로 인식되는 것은 제물뿐이었습니다. 그러나 히브리서는 깨끗이 씻음이 미래에 있을 구속의 그림자라는 점을 아주 강조하여 언급하고 있습니다: "여러 가지 씻는 것과 함께 … 개혁할 때까지 [임시로] 맡겨둔 것이니라"(히 9:9, 10).

이스라엘 사람의 삶을 생각해 보면, 제물 못지않게 깨끗이 씻는 일을 통해서도 죄에 대한 의식과 구속의 필요성에 대한 각성이 일깨워졌으리라는 것을 능히 이해하게 될 것입니다.

여기서 우리는 또한 예수님의 피의 능력이 실제로 어떤 것인지를 배우게 됩니다.

한 가지 중요한 깨끗이 씻음의 실례를 들어보기로 합시다. 어떤 사람이 만일 죽은 시체가 누워 있는 헛간이나 집에 있었다거나 혹은 그 시체나 뼈를 만졌을 경우에는 그 사람은 칠일 동안 부정(不淨)하였습니다. 죽음이 죄의 형벌로서 자신과 결부된 모든 것을 부정하게 만들기 때문이었습니다. 민수기 19장에 묘사되어 있는 대로, 깨끗이 씻는 정결 의식은 암송아지를 불에 태워 그 재를 사용하여 행하도록 되어 있었습니다(참조. 히 9:13-14). 이 재를 물에 타서 우슬초로 부정한 자에게 뿌린 다음 물에 목욕하고 나면, 그 사람은 의식적으로 다시 정결하게 되도록 되어 있던 것입니다.

"부정하다", "정결하게 하다", "정결하다", "깨끗하게 씻다" 등의 단어들은 나병을 치유하는 일에도 사용되었습니다. 나병은 살아 있는 죽음이라고도 할 수 있는 질병이었습니다. 레위기 13장과 14장에도 깨끗이 씻음 받을 사람은 물에 목욕해야 했습니다. 먼저 제물로 드린 새의 피를 물에 섞은 다음 그 물을 뿌려야 했습니다. 그리고 칠일이 지난 후 다시 희생 제물의 피로 그 사람에게 뿌린 것입니다.

깨끗이 씻는 정결 예식에 관한 율법을 조심스럽게 생각해 보면, **깨끗이 씻는 일**과 **제물**은 두 가지 점에서 서로 차이가 있음을 알 수 있습니다. 첫째로, 제물은 화목으로 해결해야 할 과실(transgression)의 사실을 명확하게 지칭한다는 점입니다. 그러나 깨끗이 씻는 일은 오히려 그 자체로는 죄악되지 않으나 죄의 결과로 일어난 상태와 더 관련되어 있습니다. 그러므로 하나님의 거룩한 백성은 그런 상태를 부정한 상태로 인정할 수밖에 없는 것입니다. 둘째로, 제물의 경우에는 **제물을 드리는 사람 자신에게는 아무 일도 행해지지 않습니다.** 제단에 피가 뿌려지는 것이나, 혹은 피가 성소 안으로 들어가는 것을 볼 따름입니다. 그 사람으로서는 이 예식이 하나님 앞에서 화목을 이루는 것임을 그저 믿을 뿐입니다. 그러나 자기 자신에게는 아무 일도 행해지지 않는 것입니다. 그러나 깨끗이 씻는 일의 경우는 **그 사람 자신에게 행해지는 일이** 가장 중요합니다. 내적인 질병이나 외적인 접촉을 통해서 부정(不淨)이 그 사람에게 닥쳐왔습니다. 그러므로 그 사람을 물로 씻든지, 뿌리든지 하도록 하나님께서 정하신 것입니다.

깨끗이 씻음은 그 사람 자신이 느끼고 경험할 수 있는 것이었습니다. 그것은 그 사람과 하나님의 관계뿐 아니라 그 사람 자신의 상태에도 변화를 일으킨 것입니다. 제물의 경우는 그 사람을 위하여 어떤 일이 행해졌습니다만, 깨끗이 씻는 일의 경우는 그 사람 속에서 어떤 일이 행해진 것입니다. 제물의 경우는 그의 죄의 책임의 문제를 해결하는 것이었습니다만, 깨끗이 씻는 일의 경우는 죄의 오염을 처리하는 것이었습니다.

"정결하다", "정결하게 하다" 등의 단어의 동일한 의미가 구약 성경의 다른 곳에서도 나타납니다. 다윗은 시편 51편에서 기도하기를, "나의 죄악을 말갛게 씻기시며 나의 죄를 깨끗이 제하소서", "우슬초로 나를 정결하게 하소서 내가 정하리이다 나를 씻기소서 내가 눈보다 희리이다"라고 합니다. 여기서 다윗이 사용한 단어는, 죽은 사람의 시체와 접촉한 사람을 **깨끗이 씻는** 일을 지칭하는 뜻으로 가장 빈번하게 사용되는 단어입니다. 그런 경우 우슬초를 사용하여 정결하게 했습니다. 여기서 다윗은 그저 죄의 용서만을 구한 것이 아닙니다. 그는 자기 자신이 "죄악 중에 출생하였고" 그리하여 자기의 본성 자체가 죄악되다는 것을 고백했습니다. 그는 자기 자신의 속이 정결하게 되기를 기도한 것입니다. "내 모든 죄악에서 나를 깨끗이 씻으소서"가 바로 그의 기도였습니다. 그는 나중에도 동일한 단어를 사용하여 기도하고 있습니다: "하나님이여 내 속에 **정한** 마음을 창조하소서." 정결하게 하는 일, 혹은 깨끗이 씻는 일은 죄의 용서만이 아닌 것입니다.

이 단어는 에스겔서에서도 동일한 방식으로 사용되는데, 거기서는 변화를 받아야 할 내적인 상태를 지칭합니다. 이 점은 24:11, 13에서 분명히 드러납니다. 거기서 하나님께서는 더러운 것을 녹여 소멸하게 하는 일을 말씀하면서, "내가 너를 정하게 하나 네가 정하여지지 아니하니"라고 하십니다. 그리고 나중에 가서는 새 언약을 말씀하시면서(36:26), "맑은 물을 너희에게 뿌려서 너희로 **정결**하게 **하되** 곧 너희 모든 더러운 것에서와 모든 우상 숭배에서 너희를 **정결**하게 할 것이며"라고 하십니다.

말라기 선지자 역시 동일한 단어를 불(火)과 연결시켜 사용하고 있습니다: "그가 은을 연단하여 깨끗하게 하는 자 같이 앉아서 레위 자손을 깨끗하게 하되 금, 은 같이 그들을 연단하리니 그들이 공의로운 제물을 나 여호와께 드릴 것이라"(말 3:3).

물로나 피로나 불로 깨끗이 씻는다는 것, 혹은 정결하게 한다는 것은 모두 새 언약 아래서 일어날 깨끗이 씻음 ─ 내적인 의미의 깨끗이 씻음과 죄의 얼룩에서 구원하는 역사 ─ 을 예표하는 것입니다.

2. 깨끗이 씻음이 신약 성경에서 시사하는 축복

신약 성경에서 깨끗한 마음 혹은 정결한 마음을 언급하는 경우가 많습니다. 우리 주님은 "마음이 청결한 자는 복이 있나니"라고 말씀하셨고(마 5:8), 사도 바울은 "청결한 마음과 선한 양심과 거짓이 없는 믿음으로 나는 사랑"에 대해서 언급하고 있고(딤전 1:5), 또한 "정결한 양심"을 거론하기도 합니다.

베드로 사도는 그의 편지를 읽는 독자들에게 "무엇보다도 [정결한 마음으로] 뜨겁게 서로 사랑할지니 사랑은 허다한 죄를 덮느니라"(벧전 4:8)라고 말씀합니다. 역시 "깨끗하게 하다"라는 단어를 사용하고 있습니다.

또한 하나님께서 믿음으로 마음을 **깨끗하게 하신** 하나님의 백성으로 묘사되는 사람들에 대한 언급도 나타납니다(행 15:9).

또한 주 예수님께서 자기 백성들을 향하여 가지신 목적이 "우리를 **깨끗하게 하사** 선한 일을 열심히 하는 자기 백성이 되게 하려 하심"이라고 말씀합니다(딛 2:14).

우리 자신에 대해서는 "하나님을 두려워하는 가운데서 거룩함을 온전히 이루어 육과 영의 온갖 더러운 것에서 자신을 깨끗하게 하자"라고 말씀합니다(고후 7:1).

이 모든 구절들은 깨끗이 씻는 일이 마음속에서 행해지는 내적인 역사요, 또한 죄 용서 다음에 이어진다는 사실을 가르쳐 줍니다.

요한일서 1:7에서는 "그 아들 예수의 피가 우리를 모든 죄에서 **깨끗하게 하실 것이요**"라고 말씀합니다. 여기서 깨끗하게 하실 것이라는 단어는 회심 때에 받는 죄 사함의 은혜를 가리키는 것이 아니라, 빛 가운데 행하는 하나님의 자녀들 안에서 역사하는 은혜의 효과를 가리키는 것입니다. "그가 빛 가운데 계신 것 같이 우리도 빛 가운데 행하면 … 그 아들 예수의 피가 우리 모든 죄를 깨끗하게 하실 것이요"라고 말씀하지 않습니까? 이것이 그저 죄 사함만을 가리키는 것이 아니라는 사실은 9절에 이어지는 내용에서도 분명히 드러납니다: "그는 미쁘시고 의로우사 우리 죄를 사하시며 모든 불의에서 우리를 깨끗하게 하실 것이요." 깨끗하게 하는 일은 죄 사함 이후에 그 결과로 오는 것으로, 예수님의 피의 능력을 신자가 마음으로 내적 체험으로 받음으로써 이루어지는 것입니다.

이 일은 말씀에 따라서 일어납니다. 곧 먼저는 **양심을 깨끗이 씻는 일**이 일어납니다. "하물며 영원하신 성령으로 말미암아 흠 없는 자기를 하나님께 드린 그리스도의 피가 어찌 너희 양심을 죽은 행실에서 깨끗하게 하고 살아 계신 하나님을 섬기게 하지 못하겠느냐"(히 9:14). 암송아지의 재를 부정한 자에게 뿌리는 일을 앞에서 언급했습니다만 그것은 그리스도의 보배로운 피를 개인적으로 체험하는 것을 예표하는 것입니다.

양심은 우리의 행동을 판단하는 심판자일 뿐 아니라 우리의 하나님과의 관계, 혹은 하나님의 우리와의 관계를 증거해 주는 내적인 음성입니다. 그런데 그 양심이 깨끗이 씻겨지게 되면, 그 양심은 우리가 하나님께서 기뻐하시는 존재들이라는 것을 증언해 주는 것입니다. 히브리서 10:2에는 이렇게 기록되어 있습니다: "그렇지 아니하면 섬기는 자들이 단번에 정결하게 되어 다시 죄를 깨닫는 일이 없으리니 어찌 제사드리는 일을 그치지 아니하였으리요."

성령으로 말미암아 우리는 그리스도의 피가 우리를 죄의 책임과 능력에서 온전히 구원하였으므로 중생한 본성을 지닌 우리로서는 죄의 권세에서 완전히 벗어나 있는 것이라는 사실을 내적인 체험으로 받는 것입니다. 죄가 여전히 우리 육체 가운데 거하고 있어서 우리를 유혹하지만 우리를 다스릴 능력을 이미 상실하였습니다. 양심이 깨끗이 씻겨져서 하나님과 우리 사이를 갈라 놓는 어두운 그림자가 조금도 없습니다. 우리는 구속의 충만한 능력 속에서 하나님을 바라보는 것입니다. 그리스도의 피로 말미암아 **깨끗하게 씻음 받은** 양심은 다름이 아니라 완전한 구속을, 하나님의 선하신 기쁨의 충만함을 증언하는 것입니다.

또한 양심이 깨끗이 씻음 받는다면, 양심이 중심에 자리잡고 있는 **마음도**

마찬가지입니다. 히브리서 기자는 마음이 온갖 악한 양심에서 깨끗이 씻음을 받은 사실을 말씀하고 있습니다(10:22). 양심이 깨끗이 씻음을 받아야 하며 동시에 마음이 또한 깨끗이 씻음을 받아야 합니다. 지성과 의지와 우리의 모든 생각과 욕망을 포함해서 말입니다. 그리스도께서 피를 흘리심으로 자기 자신을 죽음에 내어 주셨고, 또한 그로 말미암아 하늘에 다시 올라가셨는데, 그 피로 말미암아 그리스도의 죽으심과 부활이 끊임없이 효력을 발생하는 것입니다. 그의 죽으심과 부활의 이러한 능력으로 말미암아 죄악된 욕심과 기질들이 죽임을 당하는 것입니다.

"예수의 피가 우리를 모든 죄에서 깨끗하게 하실 것이요"라고 말씀합니다. 원죄에서 뿐 아니라 모든 실질적인 죄에서 깨끗하게 하시리라는 뜻입니다. 그리스도의 피가 영혼 속에서 그 영적 천상적 능력을 발휘하는 것입니다. 그리스도의 피가 삶 속에서 충만히 효력을 발휘하는 그런 신자는 자기의 옛 사람이 그 힘을 드러내지 못하도록 저지를 당하는 것을 경험합니다. 그리스도의 피로 말미암아 그 육욕과 욕심이 억눌림을 당하고 죽임을 당하여 모든 것이 깨끗하게 씻음을 받음으로써 성령께서 그의 영광스러운 열매를 드러내실 수 있게 되는 것입니다. 지극히 작은 넘어짐이 있을 때에도 즉각적인 깨끗이 씻음과 회복의 역사를 영혼이 체험하게 됩니다. 심지어 의식하지 못하는 죄들까지도 그리스도의 피의 효능을 통하여 무기력하게 되어 버리는 것입니다.

우리는 앞에서 죄의 **책임**과 죄의 **오염**이 서로 다른 것임을 살펴보았습니다. 문제를 분명히 이해하기 위해서는 이것이 매우 중요합니다. 그러나 실제의 삶의 경우는 그것들이 그렇게 서로 분명하게 구분되지를 않는다는 것을 항상 기억해야 합니다. 하나님께서는 그리스도의 피로 말미암아 **죄 전체**를 처리하십니다. 그리스도의 피가 진정으로 작용하면 그 능력이 죄의 **책임**과 죄의 **오염**에 동시에 역사합니다. 화목과 깨끗이 씻는 일이 언제나 함께 이루어지며, 또한 그리스도의 피가 끊임없이 거기에 역사하는 것입니다.

그리스도의 피가 저기 있으니, 만일 우리가 다시 죄를 지으면, 그 피로 다시 돌아가서 깨끗이 씻음을 받을 수 있으리라는 식으로 생각하는 사람들이 많은 것 같습니다. 그러나 그렇지가 않습니다. 마치 샘이 언제나 끊임없이 흘러나와서 그 닿는 곳곳을 깨끗이 씻어내듯이, 죄와 더러움을 씻는 이 샘(슥 13:1)도 마찬가지입니다. 영원하신 성령의 영원한 생명의 능력이 그 피를 통하여 역사합니다. 그리스도로 말미암아 그의 피의 끊임없이 깨끗이 씻는 역사 속에 마음이 늘 거할 수가 있는 것입니다.

구약 성경에서는 죄 하나하나마다 깨끗이 씻는 일이 필요했습니다. 그러나 신약 성경의 경우는 깨끗이 씻는 일이 언제나 살아서 중보하시는 그 분을 의지하여 이루어집니다. 믿음이 이러한 사실을 보고 바라고 붙들 때에, 매순간마다 마음이 그 피의 보호하며 깨끗이 씻기는 능력 아래 거할 수 있는 것입니다.

3. 어떻게 하면 이 축복을 충만히 누릴 수 있을까?

믿음으로 말미암아 그리스도의 피의 속죄의 역사에 참여하는 사람은 누구나 또한 그 피의 깨끗이 씻는 효능에도 참여하는 것입니다. 그러나 안타깝게도 몇 가지 이유로 인해서 그처럼 깨끗이 씻는 능력을 체험하는 일이 매우 불완전한 것이 현실입니다. 그러므로 이러한 영광스러운 축복을 충만히 누리는 데 필요한 조건이 무엇인지를 깨닫는 것이 너무나도 중요한 것입니다.

1. 무엇보다 먼저 지식(knowledge)이 필요합니다.

우리가 그리스도의 피를 통해서 받는 것이 죄의 용서가 전부라고 생각하는 사람들이 많습니다. 그러므로 그 이상 더 구하지도 않고 그러므로 얻지도 못하는 것입니다.

그러나 하나님의 성령께서 성경에서 피의 효과들에 관하여 묘사하면서 특별한 목적으로 서로 다른 단어들을 사용하셨다는 사실을 깨닫는다는 것이야말로 참으로 복된 일입니다. 그것을 깨닫게 되면 그 특별한 의미가 무엇인지를 궁구하기 시작합니다. 깨끗이 씻으심이라는 이 한 단어로 주께서 우리에게 가르쳐 주기를 원하시는 바가 무엇인지 진정으로 알기를 사모하는 사람들은 성경에서 그 단어가 사용되는 곳과 깨끗이 씻는 일이 언급되는 모든 곳을 주의 깊게 비교해 보기를 바랍니다.

그러면 신자에게 죄의 책임을 제거하는 것 이상이 약속되어 있다는 느낌을 곧바로 받게 될 것입니다. 그리고 깨끗이 씻음을 통해서 얼룩이 제거될 수 있다는 것을 깨닫기 시작할 것이며, 비록 그런 일이 어떤 식으로 일어나는지를 충실하게 설명할 수는 없지만, 그럼에도 불구하고 그리스도의 피로써 죄의 효과들을 깨끗이 씻어내는 복된 내적인 역사를 기대할 수 있다는 것을 납득하게 될 것입니다. 이러한 사실에 대한 지식이 바로 그것을 체험하는 첫째 조건인 것입니다.

2. 둘째로 소원(desire)이 있어야 합니다.

우리 주님께서 우리의 지상 생활을 위하여 의도하신 팔복 — "마음이 청결한 자는 복이 있나니 그들이 하나님을 볼 것임이요" — 을 체험하는 일을 미래로 미룰 수 없을 만큼 우리의 기독교가 너무나 기쁘고 좋기만 한 것이 아닌가 하는 두려움이 있습니다.

마음이 청결한 것이 하나님의 모든 자녀 하나하나의 특징이라는 점을 충분히 인정하지를 않습니다. 그것이야말로 하나님과 교제를 나누며 하나님의 구원을 누리는 필수적인 조건인데 말입니다. 언제나 모든 일에서 하나님을 기쁘시게 하고자 하는 내적인 소원이 너무나 적습니다. 죄와 죄의 얼룩에 대해서도 별로 개의치를 않습니다.

하나님의 말씀은 축복의 약속과 함께 우리에게 다가옵니다. 그래서 우리의 모든 소원을 일깨우고 있습니다. 예수님의 피가 모든 죄에서 우리를 깨끗이 씻는다는 것을 믿으시기 바랍니다. 그 피의 역사에 여러분 자신을 온전히 드리는 법을 배우게 되면, 여러분 속에서 놀라운 일들이 일어날 수가 있습니다. 매 시간마다 그 영광스러운 정결하게 하는 효능을 체험하기를 소원해야 하지 않겠습니까? 여러분의 타락한 본성에도 불구하고 여러분의 양심이 끊임없이 대적하여 외치는 바 여러 가지 죄의 얼룩들에서 보존함을 받아야 하지 않겠습니까?

여러분에게서 소원이 생겨나서 이러한 축복을 사모하게 되기를 바랍니다. 하나님께서 신실하신 분으로서 약속하신 바를 — 모든 불의에서 깨끗이 씻으시겠다는 약속을 — 여러분 속에서 과연 이루어 가시는지 시험해 보시기 바랍니다.

3. 셋째 조건은 부정한 모든 것들로부터 기꺼이 여러분 자신을 분리시키고자 하는 마음이 있어야 한다는 것입니다.

죄로 말미암아 우리의 본성에 속한 모든 것과 세상에 있는 모든 것이 더러워졌습니다. 부정한 모든 것으로부터 전적으로 분리되며 그 모든 것을 포기하는 일을 **깨끗이 씻는** 역사가 대신할 수는 없습니다. 하나님께서는 그의 택한 자들에게 "부정한 것을 만지지 말라"고 명령하십니다. 내 주위의 모든 것들이 전부 부정하다는 것을 인식해야 하는 것입니다.

친구들이나, 나의 모든 소유물이나, 나의 정신까지도 모두 굴복시켜서 내가 그 보배로운 피로써 모든 관계에서 깨끗이 씻음을 받도록 되어야 합니다. 그리고 나의 영혼의 모든 활동들이 깨끗이 씻음을 철저하게 체험하도록 되어야 합니다.

그러나 아무리 작은 것이라도 뒤로 남겨두는 사람은 그 충만한 축복을 받을 수가 없습니다. 자신의 존재 전체가 그리스도의 피로 세례를 받도록 기꺼이 충만한 값을 치르고자 하는 사람은 예수의 피가 우리를 모든 죄에서 깨끗하게 하신다는 이 말씀의 의미를 충만히 깨닫는 방향으로 전진하고 있는 것입니다.

4. 마지막 넷째 조건은 그리스도의 피의 능력 가운데서 믿음을 발휘하는 것입니다.

우리가 우리의 믿음으로 그리스도의 피에 효능을 불어넣는 것은 아닙니다. 절대로 그렇지 않습니다. 그리스도의 피 자체가 능력과 효능을 항상 지니고 있습니다. 그러나 우리의 불신앙이 우리의 마음을 닫고 그 피의 역사를 방해합니다. 믿음은 그저 그 장애거리를 제거하고 우리의 마음을 열어서 살아 계신 주께서 신적인 능력을 그의 피에 부여하시도록 하는 것입니다.

그렇습니다. 그리스도의 피로 말미암는 깨끗이 씻음이 있다는 사실을 믿으십시다.

풀밭 속에서 샘이 솟아나는 것을 본 일이 있을 것입니다. 사람들이 많이 다니는 길가 풀밭에서 샘이 흘러나와서 풀 위의 흙들을 끊임없이 길가로 밀어내면서 샘물이 계속해서 흘러나옵니다. 거기에는 흙먼지가 없습니다. 모든 것이 신선하고 푸르릅니다. 마찬가지로 그리스도의 보배로운 피도 믿음으로 거기에 동참한 신자의 영혼 속에서 그 복된 역사를 쉬지 않고 행하는 것입니다. 믿음으로 자기 자신을 주께 맡겨드리고, 이 일이 일어날 수 있고 또한 일어나리라는 것을 믿는 사람에게는 반드시 그 일이 주어질 것입니다.

그리스도의 피의 영적인 효과를 매순간마다 진정으로 체험할 수가 있습니다. 그 능력은 너무나도 커서 내가 언제나 그 샘물가에 거하며 언제나 나의 주님의 상처 가운데 거할 수가 있는 것입니다.

신자 여러분, 부디 바라기는, 오셔서 예수 그리스도의 피가 여러분의 마음을 모든 죄에서 깨끗이 씻을 수 있다는 사실을 친히 확증하시기 바랍니다.

신선한 샘물을 발견하고 거기에 목욕한다는 것이 피곤한 나그네에게는 얼마나 기쁜 일인지 여러분도 다 아실 것입니다. 물 속에 몸을 담그고 그 시원하게 하고 깨끗이 씻어주고 힘이 솟게 하는 효과를 몸소 체험한다는 것이야말로 기분 좋은 일입니다.

여러분, 눈을 높이 들어서 믿음으로 바라보십시오. 하늘 위로부터 이 땅 아래까지 쉬지 않고 계속 흘러내리는 그 복된 샘물을 말입니다. 예수님의 피의 능력이 성령의 역사로 말미암아 이 땅의 영혼들을 향하여 흘러내립니다. 그 영혼들을 치유하고 정결하게 하는 것이야말로 복되신 성령의 역사인 것입니다.

오! 이 샘물에 몸을 담그십시오. "예수의 피가 우리를 모든 죄에서 깨끗하게 하실 것이라"는 말씀에 여러분이 상상하는 것보다 훨씬 더 깊고 넓은 신적인 의미가 있다는 것을 그저 믿으시기 바랍니다. 자신의 피로써 여러분을 깨끗이 씻으시고 그의 약속을 여러분에게서 능력으로 이루실 분이 바로 주 예수님 자신이시라는 것을 믿으시기 바랍니다. 그리고 그의 보배로운 피로 말미암아 여러분이 죄에서 깨끗하게 된다는 사실을 하나의 축복으로 여기시기를 바라고, 날마다 그 축복을 누리는 삶이 여러분에게 있기를 바랍니다.

제 5 장
피로써 거룩하게 하심

"그러므로 예수도 자기 피로써 백성을 거룩하게 하려고 성문 밖에서 고난을 받으셨느니라."
– 히 13:12.

"피로써 깨끗이 씻으심"이 앞 장의 주제였습니다.

이제는 피로써 거룩하게 하심에 대해서 주의를 기울일 때가 되었습니다.

그저 겉모양만을 보는 사람에게는 **깨끗이 씻는 일**이나 **거룩하게 하는 일**(sanctification)이나 별 차이가 없고 두 단어가 거의 동일한 의미인 것처럼 보일 것입니다. 그러나 이 두 단어는 서로 크고도 중대한 차이가 있습니다.

깨끗이 씻는 일은 주로 제거되어야 할 옛 사람과, 또한 죄의 얼룩에 관계되는 것으로 오직 예비적인 의미만 있습니다.

그러나 **거룩하게 하는 일**은 새 사람과 또한 하나님께서 그 새 사람에게 베풀어 주시는 특성에 관계되는 것입니다. **거룩하게 하는 일**이란 하나님과의 연합을 의미하는 것으로 그리스도께서 그 피로 말미암아 우리를 위하여 값주고 사신 바로 그 특별하고도 충만한 축복인 것입니다.

성경은 이 둘을 서로 분명하게 구별하고 있습니다. 사도 바울은 말씀하기를, "남편들아 아내 사랑하기를 그리스도께서 교회를 사랑하시고 그 교회를 위하여 자신을 주심 같이 하라 이는 곧 물로 씻어 말씀으로 **깨끗하게 하사 거룩하게 하시고** … "라고 하였습니다(엡 5:25–26). 먼저 깨끗하게 한 다음 거룩하게 하는 것입니다. 또한 디모데에게 보낸 편지에서는, "누구든지 이런 것에서 자기를 **깨끗하게 하면** 귀히 쓰는 그릇이 되어 **거룩하고 주인의 쓰심에 합당하며 모든 선한 일에 준비함이 되리라**"(딤후 2:21)고 말씀합니다. **거룩하게 하는 일**은 깨끗이 씻는 일 다음에 이어지는 것으로서 깨끗이 씻는 일을 훨씬 능가하는 것입니다.

이 점은 레위인과 구별하여 제사장을 성별하는 예식에서도 아주 놀랍게 드러나고 있습니다. 레위인의 경우에는 제사장보다 성소의 봉사에 있어서 더 낮은 직분을 담당하는데, 이 경우는 거룩하게 하는 일에 대한 언급이 전혀 없고 다만 깨끗이 씻는다는 뜻의 단어만 다섯 차례가 사용되고 있습니다(민 8장).

그러나 제사장을 거룩히 구별하여 세우는 일에 있어서는 "거룩하게 하다"라는 단어가 자주 사용되고 있습니다. 제사장은 레위인보다도 하나님과 더 가까운 관계에 있기 때문입니다(출 29장; 레 8장).

이 기록은 동시에 희생 제물의 피와 거룩하게 하는 일이 서로 긴밀하게 연관되어 있음을 강조합니다. 레위인을 거룩히 구별하여 세우는 일의 경우에는 죄에 대한 화목이 시행되고, 깨끗한 물을 뿌려서 그들을 깨끗이 씻습니다만, 피를 뿌리지는 않습니다. 그러나 제사장을 거룩히 세우는 일에 있어서는 반드시 피를 그들에게 뿌리도록 되어 있었습니다. 그들은 그 피를 뿌림으로써 피의 역사가 더욱더 개별적이고 친밀하게 적용되도록 되어 있었던 것입니다.

이 모든 것이 예수님의 피로 말미암아 거룩하게 되는 일을 예표하는 것이었습니다. 이제 이 사실을 살펴보기로 합시다.

1. 거룩하게 함이란 무엇인가?

2. 그리스도의 고난의 위대한 목적이 바로 그것이었다는 사실.

3. 피로 말미암아 그것을 얻을 수 있다는 사실.

1. 거룩하게 함이란 무엇인가?

구속함을 받은 백성을 거룩하게 한다는 것이 과연 무엇인지를 깨닫기 위해서는 먼저 하나님의 거룩하심이 무엇인지를 배워야 합니다. 오직 그분만이 거룩하신 자이시기 때문입니다. 피조물의 거룩함이란 오직 그분께로부터 받는 것일 수밖에 없는 것입니다.

하나님의 거룩하심을 가리켜 그것이 마치 죄를 미워하고 대적하는 데 있는 것인 것처럼 말하는 경우가 자주 있습니다만, 이것은 거룩함이 실제로 무엇인지를 전혀 설명해 주지 못합니다. 그것은 그저 부정적인 진술일 뿐입니다. 곧, 하나님의 거룩하심이 죄를 견디지 못한다는 사실을 드러내는 것뿐이라는 말입니다.

거룩함은 그것 때문에 그가 언제나 지고한 선(善)이시며, 또한 지고한 선을 뜻하시고 행하시는 그런 하나님의 속성이요, 또한 그것 때문에 그의 피조물들 안에서 지고한 선을 바라시고 또한 그들에게 베푸시는 그런 속성입니다.

성경은 하나님을 가리켜 "거룩한 자"라 칭하는데, 이는 그가 죄를 벌하시기 때문만이 아니라 그가 그 백성의 **구속주**(Redeemer)이시기 때문이기도 합니다. 그로 하여금 만유를 위하여 선한 일을 뜻하시게 하고, 또한 그를 움직여 죄인들을 구속하게 하는 것이 바로 그의 거룩하심인 것입니다. 죄를 벌하시는 하나님의 진노나, 죄인을 구속하시는 하나님의 사랑이나 모두 동일한 근원, 즉 그의 거룩하심에서 나오는 것입니다. 거룩함이란 하나님의 본성의 완전성인 것입니다.

사람의 거룩함이란 하나님의 거룩하심과 전적으로 일치하는 하나의 기질(a disposition)입니다. 곧, 모든 일을 하나님께서 뜻하시는 대로 뜻하는 것입니다. "내가 거룩하니 너희도 거룩할지어다"라는 말씀처럼 말입니다(벧전

1:16). 우리의 거룩함이란 바로 다름아닌 하나님과 하나인 것입니다. 하나님의 백성을 거룩하게 하는 일은 바로 그들에게 **하나님의 거룩하심**을 전달해 줌으로써 이루어지는 것입니다. 거룩하신 하나님께서 자신이 홀로 소유하시는 것을 베풀어 주시지 않고서는 달리 거룩하게 함을 얻을 길이 없습니다. 오직 그분만이 "거룩한 자"이십니다. 그가 바로 거룩하게 하시는 주님이신 것입니다.

성경은 거룩하게 함, 성화(聖化), "거룩하게 하다"라는 단어들에 대하여 여러 가지 다른 의미들을 결부시킴으로써 우리가 들어가게 되는 하나님과의 특정한 관계를 지칭합니다.

첫째로 **거룩하게 함**이란 단어의 가장 간단한 의미는 "**분리**"(separation)입니다. 하나님의 명령에 의하여 주변의 것들로부터 취하여 낸 바 되어 하나님 자신의 소유로서 또한 하나님을 섬기기 위하여 구별하여 세운 것 ― 그것이 거룩한 것입니다. 그러나 이것은 죄에서만 분리된 것이 아니라 세상의 모든 것들로부터, 심지어 허용 가능한 것들로부터도 온전히 분리된 것을 의미합니다. 하나님께서는 일곱째 날을 이런 식으로 거룩하게 구별하신 것입니다. 다른 날들도 부정한 것이 아니었습니다. 하나님께서는 자신이 지으신 모든 것이 "보시기에 좋았더라"고 했기 때문입니다. 그러나 오직 그 날만이 거룩했습니다. 하나님께서 그 자신의 특별한 행동을 통해서 그 날을 소유로 삼으셨기 때문입니다.

이와 마찬가지로 하나님은 이스라엘을 다른 열방으로부터 분리시키셨습니다. 그리고 이스라엘 가운데서도 제사장들을 구별시켜 하나님께 거룩하게 만드셨습니다. 이처럼 분리시켜 거룩하게 하는 일이 언제나 하나님 자신이 행하시는 일이었습니다. 그러므로 하나님의 선택의 은혜가 **거룩하게 하**는 일과 밀접하게 연관을 갖는 경우가 많은 것입니다. "너희는 내게 거룩할지어다 이는 나 여호와가 … 너희를 나의 소유로 삼으려고 너희를 만민 중에서 구별하였음이니라"(레 20:26). "여호와의 택하신 자는 거룩하게 되리라"(민 16:7). "너는 여호와 네 하나님의 성민(聖民)이라 네 하나님 여호와께서 지상 만민 중에서 너를 자기 기업의 백성으로 택하셨나니"(신 7:6).

하나님은 다른 주인들과 무엇을 함께 공유하실 수가 없습니다. 그는 홀로 소유주가 되셔야 하며, 홀로 통치자가 되셔야 합니다. 그리하여 그의 소유요 그의 통치를 받는 그 백성들에게 그가 자신의 거룩하심을 계시하시고 베풀어 주시는 것입니다.

그러나 **거룩하게 함**이라는 단어 속에 이러한 분리의 의미만 있는 것은 아닙니다. 분리는 그저 그 다음에 당연히 이어지는 상태를 위한 불가피한 조건일 뿐입니다. 일단 분리된 상태가 되면, 사람은 하나님을 섬기는 일을 위하여 거룩하게 세움을 받은 생명이 없는 여러 기물(器物)들과 모든 면에서 전혀 차이가 없는 상태로 하나님 앞에 서게 됩니다. 분리가 가치를 지니려면, 무언가 그보다 더한 일이 일어나야 합니다. 사람이 자기 자신을 기꺼이, 마음으로 이러한 분리에 굴복시켜야 하는 것입니다. 이렇게 볼 때에 **거룩하게 함** 속에는 자기 자신을 주님의 것으로서 주님께 드리는 **인격적인 헌신**(personal consecration)이 내포되어 있는 것입니다.

거룩하게 함, 곧 성화(聖化)가 우리의 개인적인 삶의 가장 깊은 곳에, 우리의 의지 속에, 우리의 사랑 속에까지 그 뿌리를 내려 그 속에 거할 때만이, 비로소 그것이 우리의 것이 될 수가 있습니다. 하나님께서는 그 어느 누구의 경우도 그 사람의 의지에 반(反)하여 그 사람을 거룩하게 하시지 않습니다. 그러므로 하나님께 인격적으로, 마음을 다하여 굴복하는 일이야말로 거룩하게 하는 일의 필수불가결한 한 부분인 것입니다.

그렇기 때문에 성경은 하나님께서 우리를 거룩하게 하시는 일을 말씀함과 동시에 **우리가** 우리 자신을 거룩하게 하여야 한다는 사실도 자주 말씀하는 것입니다.

그러나 헌신으로도, 참된 거룩하게 하는 역사가 완성되는 것이 아닙니다. 분리와 헌신이 한데 어우러지지만 이것은 하나님께서 행하실 그 영광스러운 역사 ― 곧, 하나님께서 자기의 거룩함을 영혼에 베풀어 주시는 역사 ― 를 위한 준비에 지나지 않습니다. "신성한 성품에 참여하는 것"(벧후 1:4)이야말로 성화와 관련하여 신자들에게 약속되어 있는 놀라운 축복인 것입니다. "오직 하나님은 우리의 유익을 위하여 그의 거룩하심에 참여하게 하시느니라"(히 12:10) ― 이것이야말로 하나님께서 친히 자신을 위하여 분리하시는 자들 속에서 일하시는 하나님의 역사의 영광된 목표인 것입니다. 그러나 하나님의 거룩하심을 베풀어 주신다는 것은 **하나님 자신과 분리된 어떤 것을 준다는 것이 아닙니다.** 아닙니다! 성화를 얻는 일은 하나님과의 인격적인 교제 속에서, 하나님의 신적인 생명에 참여하는 가운데 이루어지는 것입니다.

하나님은 거룩한 자로서 이스라엘 백성을 거룩하게 하시려고 그 백성 중에 거하셨습니다(출 29:45, 46). 그 하나님은 거룩하신 자로서 우리 속에 거하십니다. 거룩하게 할 수 있는 것은 오직 하나님의 임재뿐입니다. 그러나 하나님의 임재야말로 너무도 확실한 우리의 분깃이므로, 성경은 하나님께서 우리의 마음속에 거하사 능력으로 역사하셔서 우리가 "하나님의 모든 충만하심으로 충만하게 된다"는 사실을 주저하지 않고 말씀하고 있습니다. 참된 거룩하게 하는 역사는 바로 하나님과의 교제요 하나님께서 우리 속에 거하심입니다. 그러므로 하나님께서 그리스도 안에서 육체를 취하셔서 거하시는 일이 필요했고, 또한 성령께서 임하사 우리 속에 거하시는 일이 필요한 것입니다. 이것이 바로 거룩하게 함, 혹 성화의 의미인 것입니다.

그러면 이제 다음을 보십시다.

2. 거룩하게 함이야말로 그리스도께서 고난 당하신 목적이었다는 사실

이 사실은 히브리서 13:12에서 분명히 진술되고 있습니다: "예수도 자기 피로써 백성을 거룩하게 하려고 성문 밖에서 고난을 받으셨느니라." 하나님의 지혜에 있어서는 그의 거룩하심에 참여하는 것이 바로 사람의 최고의 운명입니다. 그러므로, 우리 주님 예수께서 이 땅에 오신 가장 중심이 되는 목적도 이것이었고, 무엇보다 그의 고난과 죽으심의 목적도 바로 이것이었습니다. "그 앞에 거룩하고 흠이 없게 하시려고"가 바로 그리스도의 고난과 죽으심의 목적이었던 것입니다(엡 1:4).

그리스도의 고난이 어떻게 해서 이 목적을 이루었고 결국 우리를 거룩하게 하는 일이 이루어졌느냐 하는 것은 그리스도께서 고난 당하시기 전에 아버지께 하신 말씀에서 분명히 나타납니다: "그들을 위하여 내가 나를 거룩하게 하오니 이는 그들도 진리로 거룩함을 얻게 하려 함이니이다"(요 17:19). 그의 고난과 죽으심이 그리스도 자신을 거룩하게 하는 일이었기 때문에, 그 일이 또한 우리를 거룩하게 하는 일이 될 수 있었던 것입니다.

이것이 무슨 뜻입니까? 예수님은 하나님의 거룩한 자시요, "아버지께서 거룩하게 하사 세상에 보내신 아들"이셨는데, 그가 자기 자신을 거룩하게 하셔야 한다니요? 그는 반드시 그렇게 하셔야 했습니다. 그 일은 필수불가결한 일이었습니다.

그리스도께서 소유하신 성화라고 해서 유혹의 손길이 전연 미치지 않는 것이 아니었습니다. 유혹을 받는 중에 그가 성화를 유지하셔야 했고, 그의 뜻이 얼마나 완전하게 하나님의 거룩하심에 굴복하여 있는지를 보여주셔야 했던 것입니다. 사람의 참된 거룩함이란 하나님의 뜻과 자기의 뜻이 완전한 하나를 이루는 데 있다는 것을 이미 앞에서 보았습니다.

우리 주님의 생애 전체를 통하여, 광야에서 시험 받으신 일 이후로, 주님은 계속해서 자신의 뜻을 아버지의 뜻에 굴복시키셨고 자기 자신을 하나님께 드리는 희생 제물로 헌신하셨습니다. 그러나 그 일이 가장 결정적으로 이루어진 것은 겟세마네 동산에서였습니다. 그때는 어둠의 시간이었고 어둠의 권세가 활개치고 있었습니다. 그 끔찍한 진노의 잔을 입술에서 멀리하고픈 유혹이 거의 불가항력적인 힘으로 다가왔습니다만, 그는 그 유혹을 다 거부하셨습니다. 그는 자기 자신과 자기의 뜻을 하나님의 뜻과 그의 거룩하심에 내어 맡기셨습니다.

그는 자기의 뜻을 하나님의 뜻과 완전히 일치시키심으로써 자기 자신을 거룩하게 하셨습니다. 이렇게 자기 자신을 거룩하게 하신 것이 바로 우리가 진리로 말미암아 거룩하게 될 수 있는 능력이 된 것입니다. 이는 히브리서에서 배우는 내용과 완전히 일치합니다. 히브리서 기자는 그리스도께서 사용하신 말씀들을 인용하면서 "보시옵소서 내가 하나님의 뜻을 행하러 왔나이다"라고 한 다음, 이어서 "이 뜻을 따라 예수 그리스도의 몸을 단번에 드리심으로 말미암아 우리가 거룩함을 얻었노라"라고 덧붙이고 있습니다(히 10:9, 10).

우리가 그리스도의 뜻을 따라 거룩함을 얻은 것은 바로 그리스도께서 몸을 드리신 것이 하나님의 뜻을 행하기 위하여 자기 자신을 굴복시키신 것이었기 때문입니다. 우리를 진리로 거룩하게 하시기 위하여 그가 거기서 우리를 위하여 자기 자신을 거룩하게 하신 것입니다. 주님께서 자기 자신을 굴복시키사 하나님의 거룩하신 뜻이 자기 안에서 이루어지도록 하신 그 완전한 순종은 우리의 구원을 이루는 **공로가 되는 원인**(meritorious cause)이었을 뿐 아니라 동시에 죄를 영원히 정복하는 능력이기도 했습니다. 그리스도의 완전한 순종으로 말미암아 그것과 동일한 기질이, 동일한 거룩하게 하심의 역사가 우리의 마음속에서도 창조되게 하는 것이었습니다.

히브리서의 다른 곳에서는 우리 주님과 그의 백성의 참된 관계의 특징이, 그 주요 목적이 거룩하게 함에 있다는 사실로 분명히 묘사되고 있습니다. 우리 주님의 고난 당하심이 얼마나 적절했는지를 말씀한 다음 이렇게 말씀하고 있습니다: "거룩하게 하시는 자와 거룩하게 함을 입은 자들이 다 한 근원에서 난지라"(히 2:11). 주 예수님과 그의 백성 사이의 연합은 바로 그들이 모두 한 분이신 아버지께로부터 생명을 받으며, 또한 모두 그 동일한 거룩하게 함에 참여한 바 된다는 사실에 있다는 것이 분명히 드러나는 것입니다. 예수님은 "거룩하게 하시는 자"시요 그의 백성은 "거룩하게 함을 입은 자들"입니다. 거룩하게 함이 이 둘을 연합시키는 끈인 것입니다. "그러므로 예수도 자기 피로써 백성을 거룩하게 하려고 … 고난을 받으셨느니라."

피로써 거룩하게 한다는 것이 무슨 의미인지를 진정으로 깨닫고 체험하기를 원하면, 우리로서 가장 중요한 일은 우선 거룩하게 함이야말로 우리 주님의 고난 전체의 특징이요 목적이라는 사실을 든든히 붙드는 것입니다. 그 고난의 열매가 바로 주님의 피였고, 또한 그 피가 축복을 가져오는 수단이었던 것입니다. 그가 자기를 거룩하게 하신 것이 주님의 고난의 특징이요, 바로 거기에 그 고난의 가치와 능력이 있는 것입니다. 우리를 거룩하게 하는 것이 주님의 그러한 고난의 목적입니다. 그리고 오직 그 목적을 이루기 위하여 그 고난이 완전한 축복을 우리에게 이루는 것입니다. 이 사실에 대해서 분명히 깨닫는 만큼, 주님의 고난의 진정한 의미와 축복을 그 만큼 깊이 깨닫게 될 것입니다.

하나님께서는 거룩한 자로서 구속을 작정하셨습니다. 하나님의 뜻은 죄에 대하여 승리하시는 가운데, 사람을 자신의 형상대로 거룩하게 하심으로써 자신의 거룩하심을 영화롭게 하는 것이었습니다. 우리 주님 예수께서 고난을 견디시고 이루신 것도 바로 이와 동일한 목적을 위해서였습니다. 곧,

우리가 하나님께 거룩한 자들이 되는 것 말입니다. 또한 거룩한 하나님의 영이신 성령께서 우리 속에 들어오셔서 예수 안에 있는 구속을 우리 속에서 드러내실 때에, 그 역시 바로 이것을 주 목적으로 그렇게 역사하시는 것입니다. 성령께서는 거룩하게 하시는 영이신 것입니다.

화목, 죄 용서, 그리고 죄를 깨끗이 씻음은 모두 말할 수 없는 가치를 지니고 있습니다만, 이 모든 것들은 바로 **거룩하게 하는 역사**를 지향하는 것입니다. 주님의 보배로운 피로 뿌림을 받은 자마다 그것이야말로 자신이 전적으로 하나님을 위하여 분리되었다는 것을 나타내는 신적인 표적임을, 이 피가 전적으로 하나님을 위하여 온전히 헌신된 삶을 요구하는 것임을, 그리고 이 피가 약속이며 하나님의 거룩하심에 참여하는 능력으로서 하나님께서 친히 그것을 통해서 그 사람 속에 거하시고 그의 하나님이 되신다는 것을 알게 하는 것이 하나님의 뜻인 것입니다.

오, 이 사실을 깨닫고 믿어야 하겠습니다: "예수도 자기 피로써 백성을 거룩하게 하려고 … 고난을 받으셨느니라"(히 13:12).

3. 피로써 거룩하게 함의 역사를 어떻게 하면 얻을 수 있을까?

이 질문에 대해 그저 개괄적으로 답하자면, 그 피의 공로에 참여한 자는 누구나 거룩하게 하심에 참여한 자요 또한 하나님 보시기에 거룩하게 된 사람이라고 말할 수 있을 것입니다.

그 피와 긴밀하게 지속적으로 접촉하면서 사는 만큼, 그 사람은 계속해서 그 피의 거룩하게 하는 효과들을 진하게 체험하게 됩니다. 그런 효과들이 어떤 식으로 나오는지에 대해서는 아직 거의 잘 깨닫지를 못하지만 말입니다. 먼저 모든 것을 다 이해하고 모든 것을 설명할 수 있게 되어야 비로소 믿음으로 말미암아 그리스도의 피의 거룩하게 하는 능력이 속에서 발휘되기를 기대할 수 있다는 식으로 생각하는 사람이 없기를 바랍니다. 그렇지 않습니다. 주님은 제자들의 발을 씻으시는 중에 말씀하시기를, "내가 하는 것을 네가 지금은 알지 못하나 이 후에는 알리라"고 하십니다(요 13:7). "자기 피로" 그의 백성을 거룩하게 하시는 분은 바로 주 예수 그리스도 자신이십니다. 그의 피로 값 주고 우리를 사신 어린 양께 마음을 다하여 자신을 드리고 믿음으로 경배드리며 그와 교제를 나누는 사람은 그 피로써 자기가 깨닫지 못하는 거룩하게 하시는 역사를 체험하게 될 것입니다. 주 예수께서 그를 위하여 이 일을 행하실 것이기 때문입니다.

그러나 신자는 지식에 있어서도 자라나야 합니다. 그렇게 해야만 자기를 위하여 예비된 충만한 축복 속에 들어갈 수가 있습니다. 그리스도의 피의 복된 효과와 우리의 성화의 본질적인 연관성을, 그리고 주 예수께서 그의 피로써 성화의 주요 특질들이라 확신하는 그런 일들을 우리 속에서 어떤 방식으로 이루어 가시는지를, 진지하게 궁구하는 것이 우리의 권리요 동시에 우리의 의무인 것입니다.

거룩하게 하는 모든 역사의 시작은 하나님의 전적인 소유로서 그의 처분에 맡기며 하나님께로 **분리되는 것**이라는 것을 이미 살펴보았습니다. 그런데 이것이야말로 그리스도의 피가 선포하는 바가 아닌가요? 죄의 권세가 깨어지고 우리가 그 속박에서 해방되며 이제는 더 이상 죄에게 종 노릇 하지 않고 자기의 피로 값 주고 우리의 자유를 사신 그분께 속한다는 사실 말입니다. "너희는 너희 것이 아니요, 값 주고 사신 바 되었으니" — 그 피는 이런 말로 우리가 하나님의 소유임을 선포하고 있는 것입니다. 우리를 온전히 자신을 위한 존재로 갖기를 원하시기 때문에, 주님은 우리를 택하시고 값을 주고 사셨고, 다른 것과 구별되도록 그의 피로 표시를 해 두셨습니다. 곧, 주변의 모든 것들로부터 분리되어 오직 그를 섬기기 위해서만 사는 존재로 세우신 것입니다.

분리의 사상은 우리가 자주 반복하여 암송하는 다음의 말씀 속에서 분명히 표현되어 있습니다: "예수도 자기 피로써 백성을 거룩하게 하려고 성문 밖에서 고난을 받으셨느니라 그런즉 우리도 그의 치욕을 짊어지고 영문 밖으로 그에게 나아가자"(히 13:12—13). 이 세상에 속한 모든 것들을 떠나 "밖으로" 나아가는 것이야말로 죄인들로부터 온전히 분리되신 거룩하시고 흠이 없으신 그분의 특징이었습니다. 그러므로 그를 따르는 모든 자들에게서도 그러한 특징이 있어야 마땅한 것입니다.

신자 여러분, 주 예수께서 자기 자신의 피로써 여러분을 거룩하게 하셨습니다. 그리고 주님은 여러분으로 하여금 그 피로 말미암아 이 성화의 충만한 능력을 체험하도록 만드시기를 바라고 계십니다. 그 피가 뿌려짐으로 말미암아 여러분 속에서 이미 일어난 일에 대한 분명한 체험과 감동을 얻도록 힘쓰시기를 바랍니다. 거룩하신 하나님께서는 여러분을 오직 자기 자신을 위한 존재로 만드시기를 바라십니다. 어느 누구도, 그 어떠한 것이라도 더 이상 여러분에 대해서 최소한의 권리도 주장할 수가 없게 되었습니다. 물론 여러분도 여러분 자신에 대해서 전혀 권리가 없는 것입니다.

하나님께서 여러분을 하나님 자신을 향하여 분리시키셨고, 여러분이 이를 느끼도록 하기 위하여 그의 표적을 여러분에게 찍어 놓으신 것입니다. 그 표적은 이 땅에서나 하늘에서나 가장 놀라운 것입니다. 곧, 예수님의 피가 그것입니다. 영원하신 하나님의 아들의 생명이 그 피 속에 있습니다. 은혜의 보좌, 곧 하나님의 얼굴 앞에 언제나 그 피가 있습니다. 그 피가 여러분에게 죄의 권세로부터 충만히 구속받았음을 확신시켜 줍니다. 바로 그 피가 여러분에게 뿌려졌습니다. 여러분이 하나님께 속하였다는 하나의 표적으로 말입니다.

신자 여러분, 그 피에 대하여 생각할 때마다 여러분 속에서 영광스러운 고백이 일깨워지기를 바랍니다. "자기 자신의 피로 주 예수께서 나를 거룩하게 하셨고, 하나님을 위하여 나를 완전히 소유하셨으니, 이제 나는 전적으로 하나님께 속하였도다"라는 고백 말입니다.

앞에서 우리는 거룩하게 하는 일이 비단 분리를 뜻하는 것만이 아니라는 사실을 보았습니다. 분리는 시작에 불과합니다. 또한 인격적인 헌신과 오직 하나님의 거룩하신 뜻을 위하여, 또한 그 뜻 안에서만 살겠다는 마음에서 우러나오는 기꺼운 굴복이 거룩하게 하는 역사의 일부라는 것을 보았습니다.

어떤 방식으로 그리스도의 피가 이러한 굴복을 우리 속에서 이룰 수 있으며, 또한 그러한 굴복 속에서 우리를 거룩하게 할 수가 있습니까? 이에 대한 답변은 어렵지 않습니다. 우리를 구속하며 우리를 죄에서 자유롭게 하는 그 피의 능력을 믿는 것만으로는 안 됩니다. 무엇보다 이 능력의 근원(source)을 보아야 합니다.

주 예수께서 자기 자신을 기꺼이 굴복시키셨기 때문에 그의 피에 그런 능력이 있는 것입니다. 그는 친히 피를 흘리심으로써 자기 자신을 거룩하게 하셨고 자기 자신을 전적으로 하나님과 그의 거룩하심에 드리셨습니다. 그의 피가 그렇게 거룩하며 또한 그런 거룩하게 하는 능력을 지닌 것은 바로 이 때문입니다. 그리스도의 피에서 우리는 그리스도의 철저한 자기 굴복의 모습을 감동적으로 바라봅니다. 그 피가 아버지를 향한 예수님의 헌신을 항상 이야기해 줍니다. 그러한 헌신이 죄에 대한 승리를 위하여 길을 열어 주며 또한 그런 승리를 위한 능력을 베풀어 주는 것입니다. 그 피와 가까이 접촉할수록, 그리고 그 피를 뿌린 바 되었다는 깊은 감동 가운데서 살수록, 그 피의 음성을, 곧 "하나님께 전적으로 굴복하는 것이 바로 죄에서 충만히 구속받는 길이다"라는 선언을 더욱 또렷이 듣게 될 것입니다.

그 피의 음성은 그저 우리를 가르치기 위해서나 생각을 불러일으키기 위한 것이 아닙니다. 그 피는 **생명을 주는 신적인 능력으로 말씀하는 것**입니다. 그 피는 우리 주 예수님 속에 있었던 것과 똑같은 기질을 우리 속에 이루어갑니다. 예수님은 자신의 피로써 우리를 거룩하게 하셔서 우리로 하여금 뒤로 물러서지 않고 우리의 온 마음으로 하나님의 거룩하신 뜻에 우리 자신을 굴복시키도록 하시는 것입니다.

그러나 헌신이 분리와 함께 이루어지지만 그 자체도 아직 준비에 불과합니다. 거룩하게 하는 역사는 **하나님께서 자신에게 드려진 성전을 소유하시고 그의 영광으로 가득 채우실 때에 일어나는 것**입니다. "내가 거기서 이스라엘 자손을 만나리니 내 영광을 인하여 회막이 거룩하게 될지라"(출 29:43). 실질적인 완전한 성화, 혹은 거룩하게 함은 **하나님께서 자기 자신의 거룩하심을 — 자기 자신을 — 주시는** 데 있는 것입니다.

여기서도 피가 말씀합니다. 하늘이 열리고 하늘의 생명의 권능들이 땅으로 내려오며, 모든 장애거리가 제거되어서 하나님께서 이제 사람과 함께 거하실 수 있게 되었다는 사실을 말씀하는 것입니다.

그리스도의 피로 말미암아 하나님과의 직접적인 교제와 접근이 가능해졌습니다. 자기 자신을 그 피에 남김없이 굴복시키는 신자는 하나님께서도 자기 자신을 전적으로 주실 것이요 그의 거룩하심을 자신 속에서 드러내실 것이라는 충만한 확신을 얻는 것입니다.

그런 성화의 결과가 과연 얼마나 영광스럽겠습니까! 성령으로 말미암아, 하나님께서 가까이 거하신다는 살아 있는 체험 가운데서 영혼의 교류가 이루어집니다. 그리고 죄를 대적하는 지극히 부드러운 조심스러움이 일깨워집니다. 그리고 하나님에 대한 두려움과 주의하는 마음으로 보호를 받습니다.

그러나 죄에 대하여 경계하며 산다고 해서 영혼이 만족을 얻지는 않습다. 성전은 깨끗이 씻음 받아야 하지만, 또한 반드시 하나님의 영광으로 가득 채워져야 합니다. 주 예수님에게서 나타나는 바 하나님의 거룩하심의 모든 덕목들을 구하고 찾아야 합니다. 하나님과의 교제 속에서 말입니다. 거룩하게 함, 혹은 성화란 하나님과의 연합을 의미하며, 하나님의 뜻 안에서의 교제를 의미하며, 하나님의 생명을 함께 나누고 하나님의 형상에 합하는 것을 의미합니다.

그리스도인 여러분, "예수도 자기 피로써 백성을 거룩하게 하려고 성문 밖에서 고난을 당하셨느니라. 그런즉 우리도 그 치욕을 짊어지고 영문 밖으로 그에게 나아"갑시다. 그렇습니다. 바로 주님께서 그의 백성을 거룩하게 하시는 것입니다. "그에게 나아갑시다." 주께서 우리에게 그의 피의 능력을 알게 하실 것임을 신뢰합시다. 우리 자신을 그 피의 복된 효능에 전적으로 맡기도록 합시다. 주께서 자기 자신을 거룩하게 하신 바로 그 피가 하늘로 들어가 우리를 위하여 하늘 문을 열어 놓았습니다. 그 피가 우리의 마음을 하나님의 보좌로 만들어서, 하나님의 은혜와 영광이 우리 속에 거하게 할 수 있습니다.

그렇습니다. "우리도 그 치욕을 짊어지고 영문 밖으로 그에게 나아갑시다." 예수께서 자기를 거룩하게 하시도록 모든 것을 잃어버려도 개의치 않고 모든 것에 작별을 고하는 사람은, 반드시 그 축복을 얻을 것입니다. 어떠한 희생을 치르고서라도 그 보배로운 피의 충만한 능력을 체험하고자 하는 사람은, 자신이 예수님으로 말미암아 그의 피를 통하여 거룩하게 될 것임을 확신하게 될 것입니다. "평강의 하나님이 너희를 온전히 거룩하게 하시리라." 아멘.

제 6 장
피로써 깨끗하게 되어 살아 계신 하나님을 섬김

"이제는 전에 멀리 있던 너희가 그리스도 예수 안에서 그리스도의 피로 가까워졌느니라"

– 엡 2:13.

"하물며 … 그리스도의 피가 어찌 양심을 …
깨끗하게 하고 살아 계신 하나님을 섬기게 하지 못하겠느냐?"

– 히 9:14.

그리스도의 피로 말미암는 **거룩하게 함**에 대하여 공부했으니 이제는 거룩하게 함으로 말미암아 우리가 하나님과 나누는 친밀한 **교제**가 어떤 것인지를 살펴보아야 할 때가 되었습니다.

거룩하게 함과 교제는 성경에서 아주 밀접하게 관련된 사실들입니다. 거룩하게 함이 없이는 교제도 있을 수 없습니다. 거룩하지 못한 자가 거룩하신 하나님과 어떻게 교제를 가질 수 있단 말입니까? 또한 반대로, 이러한 교제가 없이는 거룩함에서 자라날 수가 없습니다. 거룩함이란 언제나, 오로지 거룩하신 하나님과의 교제 속에서 발견될 수 있는 것입니다.

거룩하게 함과 교제 사이의 이러한 긴밀한 연관성은 나답과 아비후의 반역 사건에서 잘 드러납니다. 하나님은 이 사건을 통해서 이스라엘 백성들에게 제사장직의 독특한 본질을 아주 분명하게 천명하셨습니다. 하나님은 "나는 나를 가까이 하는 자 중에 내가 거룩하다 함을 얻겠고"(레 10:3). 또한 모세와 아론을 대적한 고라의 음모에서도 이 점이 다시 드러나고 있습니다.

모세는 하나님을 위하여 이렇게 말씀합니다: "아침에 여호와께서 자기에게 속한 자가 누구인지, 거룩한 자가 누구인지 보이시고 그 사람을 자기에게 가까이 나아오게 하시되 곧 그가 택하신 자를 자기에게 가까이 나아오게 하시리라"(민 16:5).

하나님의 택하심과 자기의 소유로 분리시키는 일이 거룩하게 하는 일과 밀접하게 연관되어 있다는 사실은 이미 살펴본 바 있습니다. 이러한 택하심으로 말미암아 거룩함에 보장된 영광과 축복이란 다름 아닌 하나님과의 교제라는 사실이 여기서도 분명히 드러나는 것입니다. 이것이야말로 사람에게 가장 높고 완전한 축복이 아닐 수 없습니다. 사람은 하나님을 위하여, 또한 그의 사랑을 누리도록 창조함을 받았기 때문입니다. 그리하여 시편 기자는 이렇게 노래합니다: "주께서 택하시고 가까이 오게 하사 주의 뜰에 살게 하신 사람은 복이 있나이다"(시 65:4). 문제의 본질상, 하나님께 헌신하는 것과 그에게 가까이 있는 것은 둘 다 똑같은 것입니다.

피를 뿌림으로써 사람을 하나님께 거룩하게 하며 또한 그를 하나님의 소유로 취하게 됩니다만, 이것이 동시에 하나님과 교제할 권리를 주는 것입니다.

이스라엘의 제사장들의 경우가 그러했습니다. 그들을 백성 중에서 거룩하게 구별하여 세우는 기사를 보면 다음과 같은 말씀이 있습니다: " 아론의 아들들을 데려다가 모세가 그 오른쪽 귓부리와 그들의 손의 오른쪽 엄지손가락과 그들의 발의 오른쪽 엄지 발가락에 그 피를 바르고"(레 8:24). 하나님께 속한 자들은 하나님 가까이에서 살 수 있습니다. 아니 반드시 가까이에서 살아야 합니다. 하나님께 속한 존재들이기 때문입니다. 이 점은 우리의 대제사장이신 우리 주님의 경우에서 잘 드러납니다. 그는 "자기 피로써 단번에 성소에 들어가신" 것입니다. 모든 신자들 하나하나도 마찬가지입니다.

성경 말씀에 따르면, "그러므로 형제들아 우리가 예수의 피를 힘입어 성소에 들어갈 담력을 얻었나니 … 마음에 뿌림을 악한 양심으로부터 벗어나고 몸을 맑은 물로 씻음을 받았으니 참 마음과 온전한 믿음으로 하나님께 나아가자"(히 10:19, 22)고 합니다. 여기서 사용되고 있는 "들어간다"라는 단어는 제사장들이 하나님께로 나아가는 일을 묘사할 때에 사용하는 특수한 단어입니다.

이와 마찬가지로 요한계시록에서도, 제사장들로서 하나님께 가까이 나아갈 우리의 권리를 가리켜 그리스도의 피의 능력으로 말미암은 것이라 선포하고 있습니다: "각 족속과 방언과 백성과 나라 가운데서 사람들을 피로 사서 하나님께 드리시고 그들로 우리 하나님 앞에서 나라와 제사장을 삼으셨으니 그들이 땅에서 왕 노릇 하리로다"(계 5:9, 10). "이는 큰 환난에서 나오는 자들인데 어린 양의 피에 그 옷을 씻어 희게 하였느니라. 그러므로 그들이 하나님의 보좌 앞에 있고 또 그의 성전에서 밤낮 하나님을 섬기매"(계 7:14).

그리스도의 피의 능력으로 말미암아 우리에게 베풀어지는 가장 영광스러운 축복 가운데 하나는 바로 하나님의 보좌에, 하나님의 임재 속으로 가까이 나아갈 수 있게 된다는 사실입니다. 이 축복이 무엇을 의미하는지를 깨닫기 위해서 그 축복의 내용을 살펴보도록 합시다. 그 축복에는 다음과 같은 내용이 있습니다:

1. 하나님의 임재 속에 거하는 특권.
2. 하나님께 영적 제사를 드릴 소명.
3. 다른 사람들을 축복할 권세.

1. 하나님의 임재 속에 거하는 특권

이러한 특권은 이스라엘의 제사장들에게만 있는 것이었지만, 그들은 하나님께서 거하시는 처소에 자유로이 출입하였습니다. 그들은 계속해서 거기서 거해야 했습니다. 하나님의 권속 중의 일원으로서 그들은 진설병을 먹었고 희생 제사에 참여했습니다. 참된 이스라엘 사람으로서는 이보다 더 높은 특권이 없다고 생각했습니다. 시편 기자는 이를, "주께서 택하시고 가까이 오게 하사 주의 뜰에 살게 하신 사람은 복이 있나이다. 우리가 주의 집 곧 주의 성전의 아름다움으로 만족하리이다"(시 65:4)라고 표현하고 있습니다.

그 옛날 그 신자들이 하나님의 집을 그러한 열정으로 사모한 것은 하나님의 임재가 거기에 드러나 있기 때문이었습니다. 그들은 "내가 어느 때에 나아가서 하나님 앞에 뵈올까"(시 42:2)라고 탄식했습니다. 그들은 "하나님께 가까이 나아간다"는 특권의 영적인 의미에 대해서 무언가를 깨닫고 있었던 것입니다. 하나님께 가까이 나아간다는 것은 곧 하나님의 사랑을 누리며, 하나님과의 교제와, 그의 보호하심과 축복을 누린다는 뜻이라는 것을 그들은 잘 깨닫고 있었던 것입니다. "주를 두려워하는 자를 위하여 쌓아 두신 은혜, 곧 주께 피하는 자를 위하여 인생 앞에 베푸신 은혜가 어찌 그리 큰지요. 주께서 그들을 주의 은밀한 곳에 숨기시리이다"(시 31:19, 20).

그리스도의 보배로운 피가 신자에게 하나님의 임재 속으로 들어가는 길을 열어 놓았습니다. 그리하여 하나님과의 교제가 깊은 영적 현실이 된 것입니다. 그 피의 충만한 능력을 아는 자는 하나님께 가까이 인도되어 언제나 하나님의 직접적인 임재 속에서, 그리고 그로 말미암는 말할 수 없는 축복들을 누리며 살 수 있는 것입니다. 거기서 하나님의 자녀는 하나님의 사랑을 확신하며 체험하고 누리는 것입니다. 하나님께서 친히 그 사랑을 베풀어 주시기 때문입니다. 그는 날마다 하나님과의 사귐과 교제 속에서 삽니다. 하나님의 자녀로서 그는 완전한 자유로 자기의 생각과 소원을 아버지께 알려 드리는 것입니다.

하나님과의 이러한 교제 속에서 그는 자기에게 필요한 모든 것을 소유합니다. 선한 것에 부족함이 없습니다. 그의 영혼이 완전한 안식과 평안 속에 거합니다. 하나님이 그와 함께 계시기 때문입니다. 그는 필요한 모든 지도와 가르침을 받습니다. 하나님의 눈이 언제나 그를 향하여 그를 인도하시기 때문입니다. 하나님과의 교제 속에서 그는 성령의 부드러운 속삭임을 들을 수 있게 됩니다. 아버지의 뜻이 나타나는 아주 사소한 표적까지도 이해하게 되고, 그 뜻을 따르게 됩니다. 그의 영적 강건함이 계속해서 증가합니다. 하나님이 그의 힘이 되시고 또한 하나님이 언제나 함께 하시기 때문입니다.

하나님과의 교제가 그의 삶과 성품에 놀라운 영향을 미칩니다. 하나님의 임재가 그로 하여금 겸손과 두려움, 그리고 거룩한 헤아림(circumspection)으로 가득 차게 합니다. 그는 왕의 존전에 있는 자로서 사는 것입니다. 또한 하나님과의 교제는 그의 속에 하나님을 닮은 기질을 만들어 냅니다. 하나님의 형상을 바라보면서 그 자신도 동일한 형상으로 변화하는 것입니다. 거룩하신 하나님과 함께 거하므로 그 역시 거룩한 자가 됩니다. 그리하여 "하나님께 가까이 함이 내게 복이라"(시 73:28)라고 고백할 수 있게 되는 것입니다.

오, 새 언약의 자녀들인 여러분, 과연 "성전의 휘장이 찢어졌고 하나님의 거룩하신 임재 속에서 항상 살 수 있는 길이 열렸도다"라고 노래하고 고백할 이유가 천 가지 만 가지나 되지 않습니까? 이러한 높은 특권이 우리의 열심을 불러일으키기를 바랍니다. 하나님과의 교제, 하나님과의 사귐, 하나님과 함께 거함, 그리고 하나님이 우리와 함께 계심 ─ 이러한 것에 조금이라도 모자라는 것으로는 절대로 만족할 수 없게 되기를 바랍니다. 이것이야말로 참된 그리스도인의 삶인 것입니다.

그러나 하나님과의 교제가 그렇게 복된 것은 거기서 구원을 누리기 때문만이 아니라, 그 교제로 말미암아 이루어지는 섬김 때문이기도 합니다.

그러므로 계속해서 살펴봅시다.

2. 하나님께 영적 제사를 드릴 소명

하나님께 영적 제사를 드릴 우리의 소명이 그 다음의 특권입니다.

제사장들이 하나님의 거하시는 성소에서 하나님께 가까이 나아감을 누리는 것은 전적으로 그보다 더 높은 어떤 일을 위한 것이었습니다. 그들은 성소의 종들로서 그곳에 있는 것이었습니다. 곧, 하나님께 속한 것을 하나님의 집에서 하나님께 드리기 위해서 그곳에 있었던 것입니다. 하나님께 가까이 나아가는 데서 기쁨을 찾을 때에, 비로소 그 섬김이 진정으로 복된 것이 되는 것입니다.

그들이 행한 섬김은 피를 뿌리며, 향을 준비하여 집 안을 향의 냄새로 가득 채우며, 더 나아가서 하나님의 말씀에 따라서 하나님의 집을 꾸미는 일과 관련된 모든 일을 질서대로 행하는 것이었습니다.

그들은 지극히 높으신 하나님의 거처를 보호하고 섬기며 유지하여 그것이 하나님께와 그의 영광에 합당하도록 만들어야 했고, 그리하여 하나님의 선하신 기쁨이 성취되도록 해야 했습니다.

예수 그리스도의 피가 우리를 하나님께 가까이 가게 한다면, 우리 역시 하나님 앞에서 그의 종들로서 살며, 하나님께서 기뻐 받으실 영적 제사를 드려야 마땅할 것입니다.

제사장들은 피를 성소 안 하나님 앞에 가져갔습니다. 우리가 하나님과 교제할 때에는, 어린 양의 피를 믿고 높이는 것보다 하나님을 더 기쁘시게 하는 제물이 없습니다. 겸손한 신뢰나 마음에서 우러나오는 감사의 행위마다 아버지로 하여금 어린 양의 피를 주목하시게 하며 그 피를 찬양하는 것이므로, 하나님께서 기뻐 받으시는 것입니다.

성소 안에 거하는 것과 교제는 시간시간마다 하나님 앞에서 그 피를 영화롭게 하는 것이어야 하는 것입니다.

제사장들은 성소에 향을 피워서 하나님의 집을 향기로 가득 채웠습니다. 하나님의 백성들의 기도야말로 아름다운 향으로서 하나님을 기쁘시게 하는 것입니다. 기도의 가치는 그저 우리가 필요로 하는 것들을 얻는 수단이라는 사실에만 있는 것이 아닙니다. 절대로 그렇지 않습니다! 그보다 훨씬 높은 목표가 있습니다. 그것은 하나님께서 기뻐 받으시는 섬김의 사역인 것입니다.

피를 통해서 하나님께 가까이 나아가기를 진정으로 기뻐하는 신자의 삶은 끊임없는 기도의 삶입니다. 매순간마다, 매 발걸음마다 하나님을 깊이 의지하는 가운데 은혜를 구하고 기대합니다. 하나님께서 가까이 계시고 변함없이 선하시다는 복된 확신 가운데서, 하나님의 모든 약속이 성취되리라는 확실한 믿음의 신뢰성 있는 확신을 갖습니다. 하나님의 얼굴에 있는 빛이 비추이는 기쁨 가운데서 기도와 함께 동시에 감사와 찬송이 우러나오는 것입니다.

이것들이 영적 제사입니다. 곧, 하나님의 제사장들이 계속해서 입술을 하나님께 드리는 것 말입니다. 그들은 피로써 거룩하게 되었고 하나님께 가까이 나아가 있어서, 언제나 하나님의 임재 속에서 살고 행하도록 되었습니다.

그러나 아직 무언가가 더 있습니다. 곧, 하나님의 집의 봉사에서 필요한 모든 것을 정결하게 하고 준비하는 데 수종드는 것이 제사장들의 의무였습니다. 그러면, 새 언약 아래서는 어떤 것이 거기에 해당되겠습니까? 이 점에 대해서 하나님께 감사를 드려야 하겠습니다. 하나님께 예배드리는 일을 위해서 외형적인 규례나 순서가 없다는 점 말입니다. 아버지께서는, 그의 임재 속에서 행하는 사람이 행하는 일이라면 무엇이든, 그의 임재 속에서 행한다는 바로 그 사실 때문에, 영적 제사가 되도록 그렇게 정해 놓으신 것입니다. 신자가 행하는 일은 무엇이든, 하나님의 임재 속에서 제사장의 기질에 의해서 감동을 받아 하나님을 섬기기 위하여 드리는 행위로 행하는 것이라면, 제사장이 드리는 제사에 해당하는 것이요 하나님께서 기쁘시게 받으시는 것입니다.

"그런즉 너희가 먹든지 마시든지 무엇을 하든지 다 하나님의 영광을 위하여 하라"(고전 10:31). "무엇을 하든지 말에나 일에나 다 주 예수의 이름으로 하고 그를 힘입어 하나님 아버지께 감사하라"(골 3:17). 이렇게 해서, 우리의 모든 행위들이 하나님께 드리는 감사의 제사가 되는 것입니다.

항상 하나님과의 교제 속에서 보내는 온전한 헌신의 삶의 이 영광스러운 점을 그리스도인들이 얼마나 깨닫지 못하는지 모릅니다!

그리스도의 피의 능력으로 말미암아 깨끗이 씻음 받아 거룩하게 되었고, 또한 가까이 나아왔으니, 나의 세상적인 직업이나 나의 삶 전체나, 심지어 먹고 마시는 일까지도 모두 영적인 예배입니다. 나의 일, 나의 사업, 나의 돈, 나의 집, 내가 해야 할 모든 일들이 하나님의 임재로 말미암아 거룩하게 됩니다. 왜냐하면 나 자신이 하나님의 임재 속에서 행하는 것이기 때문입니다. 아무리 하찮은 세상의 일도 제사장의 섬기는 봉사입니다. 왜냐하면 그 일을 행하는 자가 바로 하나님의 성전의 제사장이기 때문입니다.

그러나 이것으로도 교제의 축복의 영광을 다 다룬 것이 아닙니다. 제사장이 누리는 최고의 축복은 바로 그가 하나님 앞에서 다른 이들의 대표자로 선다는 데 있습니다.

3. 다른 사람들을 축복할 권세

이스라엘 중에서는 제사장들이 하나님과 백성 사이의 중보자들이었습니다. 그들은 백성들의 죄와 필요 사항들을 하나님의 임재 속으로 지니고 들어갔습니다. 그리고 하나님께로부터 죄 용서를 선포할 능력과 백성들을 축복할 권세를 얻었습니다.

이제는 모든 신자들이 새 언약의 제사장 가문에 속한 자들로서 이러한 특권을 소유하고 있습니다. 하나님께서 그의 구속함을 받은 자들로 그리스도의 피로써 자기에게 가까이 나아오도록 허락하셨을 때에, 그것은 그들을 복주사 그들이 다른 사람들에게 복이 되도록 하시기 위함이었습니다. 제사장의 중보, 연약한 자들에 대해 긍휼히 여길 수 있는 제사장의 마음, 성전에서 하나님의 축복을 받아 다른 이들에게 전달해 줄 수 있는 제사장의 능력 등 — 그리스도의 피로 말미암아 하나님께로 가까이 나아가 누리는 교제의 최고의 능력과 영광이 바로 이런 일들에서 드러나는 것입니다.

우리는 우리가 지닌 제사장적인 위엄을 두 가지 방식으로 행사할 수 있습니다.

1) 간구함으로.

사람들을 위하여 간구하는 일은 하나님의 자녀들에게 주어진 최고의 특권 가운데 하나입니다. 이 간구 사역에 있어서 우리가 세상에게 혹은 어떤 특정한 사람에게 무엇이 필요하다고 생각하여 우리의 소원을 기도로 하나님께 쏟아 부으며 필요한 것을 공급해 달라고 구한다는 의미는 아닙니다. 거기까지는 좋습니다. 그리고 응답될 수도 있습니다. 그러나 간구라는 특수한 사역은 그보다 훨씬 더 놀라운 것이요, "믿음의 기도"에서 그 능력을 찾는 것입니다. 이 "믿음의 기도"는 하나님께 소원을 퍼붓고 맡기는 것과는 다른 것입니다.

참된 "믿음의 기도"에서는 간구하는 자가 반드시 하나님과 함께 시간을 보내면서 하나님의 말씀이 약속하는 바를 생각해야 하며, 그 약속이 이 구체적인 경우에 적용될 수 있는지 없는지를 성령께서 가르쳐 주시도록 허용해야 하는 것입니다. 기도의 주제가 되는 다른 사람들의 죄와 필요를 자기의 짐으로 취하고서, 마치 그것들이 자기 자신을 위한 것인 것처럼 그것에 관한 하나님의 약속을 굳게 붙드는 것입니다. 하나님께서 그의 성령으로 말미암아 이 문제에 대해서 하나님께서 자기의 기도를 들으셨다는 믿음을 일깨우시기까지 하나님의 임재 속에 그대로 남아 있는 것입니다.

부모들도 이런 식으로 자녀들을 위해 기도하며, 목회자들이 이런 식으로 교회를 위하여 기도하며, 하나님의 포도원에서 일하는 농부들이 자기들에게 맡겨진 영혼들을 위해서 이렇게 기도합니다. 자기들의 기도를 하나님께서 들으셨다는 것을 깨닫기까지 말입니다. 바로 그리스도의 피가 우리를 하나님께 가까이 나아가게 하는 그 능력으로 말미암아 응답을 받을 때까지 기도할 수 있는 그런 놀라운 자유를 우리에게 베풀어 주는 것입니다.

오, 하나님의 임재 속에 거한다는 것이 진정 무슨 뜻인지를 우리가 더 완전히 깨닫는다면, 우리의 거룩한 제사장 직분을 시행하는 데 더 큰 능력을 드러내 보이게 될 것입니다.

2) 도구로 사용함을 받음으로.

우리의 제사장적인 중보 사역은 다른 사람을 위하여 간구하는 축복을 누림으로써만이 아니라 우리를 사용하시는 분의 도구로 사용함을 받는 존재가 됨으로써도 드러나는 것입니다. 모든 신자는 다른 사람들을 위하여 수고하도록 부르심을 받고, 또한 사랑으로써 그 수고를 하지 않을 수 없다는 느낌을 갖게 됩니다. 그는 하나님께서 자기를 복 주셔서 자기가 이제 다른 사람들에게 복이 될 수 있다는 것을 잘 알고 있습니다. 그러나 대개의 경우 신자들은 다른 사람들에게 복을 가져다주는 이 일을 할 능력이 자기에게 없다고들 불평합니다. 자기들의 말로 다른 사람들에게 영향력을 행사할 능력이 없다는 것입니다. 그들이 성소 안에 거하지 않는다면, 이런 상태도 무리가 아닐 것입니다.

성경은 "여호와께서 레위 지파를 구별하여 여호와의 언약궤를 메게 하며 여호와 앞에 서서 그를 섬기며 또 여호와의 이름으로 축복하게 하셨으니"라고 말씀합니다(신 10:8). 다른 사람을 축복하는 제사장적인 능력은 하나님의 임재 속에 사는 제사장다운 삶에 달려 있는 것입니다. 그리스도의 피의 능력이 속수무책인 자기를 보존해 주는 역사를 체험하는 자는 그 피가 또한 다른 이들도 구원할 수 있다는 것을 믿을 용기를 갖게 될 것입니다. 생명을 주는 그 피의 거룩한 능력이 그 피를 흘린 예수께서 지니셨던 것과 동일한 기질을, 곧 자기를 희생하여 다른 사람들을 구속하는 기질을, 그의 속에 창조할 것입니다.

하나님과의 교제 속에서, 하나님의 사랑으로 말미암아 우리의 사랑이 불타오르게 될 것이며, 하나님께서 우리를 분명히 사용하실 것이라는 우리의 믿음이 강건해질 것이며, 예수님의 영이 우리를 소유하셔서 우리로 하여금 겸손과 지혜와 능력 속에서 수고할 수 있도록 하실 것이며, 그리하여 우리의 연약함과 궁핍함이 하나님의 능력이 역사할 수 있는 그릇이 되리라는 확신이 생겨날 것입니다. 우리의 말과 모범으로부터 축복이 넘쳐날 것입니다. 왜냐하면 순결한 복이신 그분과 함께 우리가 거하기 때문이요, 또한 누구든 그에게 가까이 오는 자들을 그의 복으로 충만하게 채우시지 않는 법이 없기 때문입니다.

사랑하는 여러분, 우리에게 예비된 삶이 과연 영광스럽고 복된 삶이 아닌가요? 하나님께 가까이 있는 복을 누리며, 하나님의 집에서 섬기며, 하나님의 복을 다른 이들에게 전해 주는 삶이야말로 영광스럽고 복된 것입니다.

그 누구도 충만한 축복이 자기에게는 해당되지 않는다거나 그런 삶은 자기에게는 너무나 높다는 식으로 생각하지 말기를 바랍니다. 예수님의 피의 **능력** 가운데서 우리는 이 "가까이 나아감"이 우리에게도 해당된다는 확신을 갖습니다. 우리가 전적으로 우리 자신을 거기에 내어맡기기만 한다면 말입니다.

이러한 축복을 진정으로 소원하는 분들에게 다음과 같은 권면을 드리고 싶습니다:

1. 다름 아닌 바로 이것이 여러분을 위해 마련된 것임을 기억하십시오. 하나님의 자녀인 우리들 모두가 이미 그 피로 말미암아 하나님께 가까이 나아간 상태에 있습니다. 우리 모두 그것을 충만히 체험하기를 바랄 수 있습니다. 오직 이 사실을 든든히 붙들도록 합시다. 곧, 하나님과의 교제 속에 있는 삶이 바로 **나를** 위한 것이라는 사실 말입니다. 아버지께서는 자기 자녀 중 하나라도 멀리 떨어져 있기를 원치 않으십니다. 이처럼 가까이 나아가는 축복이 없이 산다면, 우리는 하나님을 기쁘시게 할 수가 없습니다. 우리는 제사장들입니다. 제사장으로서 사는 은혜가 우리를 위하여 예비되어 있습니다. 우리는 이 사실을 확신할 수 있습니다. 하나님께서 우리에게 그의 거룩하신 임재를 베풀어 주십니다. 그리하여 하나님의 자녀로서 하나님과의 친밀한 교제 속에서 사는 것이 우리의 특권인 것입니다. 이 사실을 든든히 붙들도록 합시다.

2. 그리스도의 피의 충만한 능력을 그 모든 복된 효과들과 함께 여러분의 소유로 만들기를 힘쓰십시오. 하나님과의 교제는 오직 그 피의 **능력** 안에서

만 가능합니다. 여러분의 마음이 화목의 피의 능력에 대한 믿음으로 가득 차도록 하십시오. 죄가 완전히 속해졌고 도말되었으므로, 여러분을 하나님께로부터 멀리 있도록 만든 그 죄의 권세가 영원히 완전히 사라졌습니다. 죄가 여러분을 단 한순간이라도 하나님에게서 분리시킬 능력이 없다는 즐거운 고백 속에서 사십시오. 그 피로 말미암아 여러분이 충만히 의롭다 인정함을 받았고, 그리하여 성소 안에 거할 의로운 권리가 여러분에게 있다는 것을 믿으십시오. 또한 그 피가 여러분을 깨끗이 씻도록 하십시오. 뒤따라 이어지는 교제로부터, 여전히 여러분 속에 거하고 있는 죄의 더러움에서 내적인 구원을 기대하십시오. 성경의 말씀처럼, "하물며 그리스도의 피가 어찌 양심을 깨끗하게 하고 살아 계신 하나님을 섬기게 하지 못하겠느냐"라고 외치십시오. 그 피가 여러분을 거룩하게 하며, 하나님을 위하여 여러분을 분리시키도록 하시며, 그리하여 하나님으로 가득 차게 만드십시오. **죄를 용서하고, 깨끗이 씻으며, 거룩하게 하는** 능력이 여러분 속에서 자유로이 역사하도록 하십시오. 그렇게 하면 자동적으로 여러분이 하나님께 가까이 나아가며, 또한 보호하심을 받게 된다는 사실을 발견하게 될 것입니다.

3. 예수님께서 친히 여러분을 하나님께로 가까이 나아가게 하는 그 피의 능력을 여러분 속에서 드러내실 것이라는 것을 기대하기를 두려워하지 마십시오.

예수께서 그 피를 흘리사 우리를 하나님과 연합하게 하셨습니다.

그 피가 그 역사를 이루었고, 또한 여러분 속에서 그 역사를 완성시킬 것입니다.

그 피가 하나님 보시기에 말할 수 없는 덕성과 영광을 지니고 있습니다.

그 피로 뿌린 바 된 속죄소가 하나님께서 택하셔서 거하시는 곳이요, 그의 은혜의 보좌입니다. 자기 자신을 그 피의 효능에 전적으로 굴복시키는 심령에게 하나님께서 친히 기쁨으로 가까이 가시는 것입니다.

그 피에는 도저히 저항할 수 없는 능력이 있습니다. 그 피로써 예수께서 무덤에서 일어나셔서 하늘로 올리우셨습니다. 그 피가 생명을 주는 그 신적인 능력으로 말미암아 날마다 여러분을 하나님의 임재 속에 보호할 수 있다는 것을 확신하시기 바랍니다.

그 피가 보배롭고 전능하므로, 여러분이 하나님과 함께 거하는 일도 분명하고 확실합니다. 여러분의 신뢰가 든든하다면 말입니다.

"어린 양의 피에 그 옷을 씻어 희게 하였느니라 그러므로 그들이 하나님의 보좌 앞에 있고 또 그의 성전에서 밤낮 하나님을 섬기매." 영원한 영광에 대한 이 말씀은 또한 우리의 이 땅의 삶에도 해당됩니다. 그리스도의 피의 능력에 대한 우리의 믿음과 체험이 충만해질수록, 교제가 더욱 친밀해지며, 보좌에 가까이 거하는 일도 더욱 분명해지며, 하나님의 성소에서 그를 섬기는 일도 더욱 넓어지며, 이 땅에서도 살아 계신 하나님을 섬기는 더 큰 능력을 누리며, 여러분이 주위에 펼칠 그 제사장의 축복도 더욱 풍성해질 것입니다.

오 주님! 이 말씀이 지금 우리에게 충만한 능력을 발휘하게 하소서! 지금과 영원토록 말이옵니다.

제 7 장
피로 말미암아 지성소 안에 거함

"그러므로 형제들아 우리가 예수의 피를 힘입어 성소에 들어갈 담력을 얻었나니 그 길은 우리를 위하여 휘장 가운데로 열어 놓으신 새로운 살 길이요 휘장은 곧 그의 육체니라 또 하나님의 집 다스리는 큰 제사장이 계시매 우리가 마음에 뿌림을 받아 악한 양심으로부터 벗어나고 몸은 맑은 물로 씻음을 받았으니 참 마음과 온전한 믿음으로 하나님께 나아가자."

– 히 10:19-22.

이 말씀은 이 서신서의 주요 내용들을 정리해 주고 있고, 또한 하나님의 은혜의 "복음"을 정리해 주고 있습니다. 성령께서는 이 말씀을 히브리인들에게 전달되도록 하셨고, 또한 우리에게도 전달하도록 하셨습니다.

죄로 말미암아 사람은 낙원에서 쫓겨났고, 하나님의 임재와 교제에서 떠났습니다. 하나님은 처음부터 그의 긍휼하심으로 깨어진 교제를 회복하고자 하셨습니다.

이 목적을 위하여 하나님은 이스라엘에게 성막이라는 그림자의 성격을 띤 모형을 주셔서, 장차 중간에 막힌 담이 제거되어 하나님의 백성들이 그의 임재 속에 거할 수 있게 될 그때를 기대하도록 하셨습니다. "내가 어느 때에 하나님 앞에 나아가 뵈올까"가 구약 시대의 성도들의 간절한 마음의 표현이었습니다.

신약 시대의 하나님의 자녀들 가운데도 "지성소"로 들어가는 길이 정말로 열렸고, 그러므로 하나님의 자녀는 누구든지 거기를 자기의 거처로 삼을 수 있고, 마땅히 거처로 삼아야 한다는 사실을 깨닫지 못하는 사람들은 구약 시대의 성도들과 똑같은 안타까움을 갖는 것을 보게 됩니다.

오, 형제 자매 여러분, 예수님이 이루신 구속의 충만한 능력을 체험하기를 사모하십니까? 그렇다면 저와 함께 오셔서 우리 하나님께서 그 활짝 열린 지성소에 대해서 하시는 말씀을, 그리고 우리가 그리스도의 피로 말미암아 그리로 자유로이 들어갈 수 있다고 하시는 말씀을 들읍시다.

이 장의 앞 머리에 제시한 구절은 하나님께서 우리를 위하여 예비하신 것에 대한 네 가지 말씀 가운데 첫 번째 것으로서, 하나님과의 교제의 확실한 근거를 마련해 주는 것입니다. 그리고 이어서 두 번째 말씀이 이어지는데, 그 말씀에서 우리는 어떻게 하면 그러한 교제 속으로 들어갈 준비를 갖출 수 있고 또한 그 교제 속에서 살 수 있는가를 배우게 됩니다.

본문을 주의 깊게 읽어 보면, "하나님께 나아가자"라는 말씀이 모든 내용의 중심이라는 것을 알게 될 것입니다. 다음의 내용 분해가 도움이 될 수 있을 것입니다.

1. 하나님께서 우리를 위하여 예비하신 것.

　(1) "지성소" — 즉, 성소.

　(2) 예수의 피.

　(3) 새롭고 산 길.

　(4) 큰 제사장.

2. 하나님께서 자신이 우리를 위하여 예비하신 것을 위하여 우리를 준비시키시는 방식.

　(1) 참 마음.

　(2) 온전한 믿음.

　(3) 악한 양심에서 뿌림을 받은 마음.

　(4) 맑은 물로 씻은 몸.

이 내용 분해를 염두에 두고서 본문을 다시 읽어 봅시다.

"그러므로 형제들아 우리가 예수의 피를 힘입어 성소에 들어갈 담력을 얻었나니 그 길은 우리를 위하여 휘장 가운데로 열어 놓으신 새로운 살 길이요 휘장은 곧 그의 육체니라 또 하나님의 집 다스리는 큰 제사장이 계시매 우리가 마음에 뿌림을 받아 악한 양심으로부터 벗어나고 몸을 맑은 물로 씻음을 받았으니 참 마음과 온전한 믿음으로 하나님께 나아가자."

1. 하나님께서 우리를 위하여 예비하신 것

(1) "지성소."

"그러므로 '성소'에 들어갈 담력을 얻었나니 … 하나님께 나아가자."

우리를 '지성소'에 데리고 들어가는 것이 바로 예수님의 구속 사역의 목적입니다. 그러므로 '지성소'가 무엇인지를 알지 못하는 사람은 구속의 충만한 유익을 누릴 수가 없습니다.

그러면 이 '지성소'란 무엇입니까? 그것은 바로 하나님께서 거하시는 곳입니다. "지성소", 곧 지극히 높으신 하나님의 거소(居所)인 것입니다. 이것은 비단 하늘만을 지칭하는 것이 아니요, 하나님이 임재하시는 영적 '지성소'를 지칭하는 것입니다.

옛 언약 아래서는 형체가 있는 성소가 있었습니다(히 9:1; 8:2). 그곳은 하나님의 거소로서 제사장들이 하나님의 임재 속에 거하면서 그를 섬긴 곳입니다. 그러나 새 언약 아래서는 참된 영적 성막이 있는데, 이는 어떤 장소에 제약을 받지 않은 "지성소"로서 하나님께서 그곳에서 자기를 나타내시는 곳입니다(요 4:23—25).

"지성소"에 들어가 그곳에 거하며 날마다 하나님의 임재 속에서 행한다는 것이야말로 얼마나 영광스러운 특권인지 모릅니다. 또한 얼마나 풍성한 축복이 부어지는지 모릅니다. "지성소"에서는 하나님의 보살피심과 교제를 누립니다. 하나님의 생명과 축복을 체험합니다. 하나님의 능력과 기쁨을 보게 됩니다. "지성소"에서는 제사장적인 순결과 헌신의 삶을 삽니다. 아름다운 향기 나는 향이 태워지고 하나님께서 받으실 만한 희생 제사가 드려지며, 거룩한 기도의 삶이 이어지는 것입니다.

옛 언약 아래서는 모든 것이 물질적이어서 성소 역시 물질적이었고 한 지역에 있을 수밖에 없었습니다. 그러나 새 언약 아래서는 모든 것이 영적입니다. 그리고 참된 성소는 성령의 능력에 힘입어 존재합니다. 성령을 통하여 "지성소"에 거하는 진정한 삶이 가능해집니다. 그리고 하나님께서 그곳에서 행하신다는 것을 아는 지식이 옛 언약 아래서 행하던 제사장들만큼이나 확실할 수 있습니다. 성령께서 예수께서 이루신 그 역사를 우리의 체험 속에서 실감하도록 만들어 주는 것입니다.

예수 그리스도를 믿는 신자 여러분, 과연 "지성소"에 들어가 거기 거할 자유가 여러분에게 있습니까? 여러분은 구속함을 받은 자로서 다른 곳이 아니라 그곳을 집으로 삼는 것이 합당한 일입니다. 왜냐하면 다른 곳에서는 그리스도께서 그의 구속의 능력을 충만히 드러내실 수가 없기 때문입니다. 그러나 거기서라면, 오! 지성소에서라면 그가 여러분을 풍성하게 복 주실 것입니다.

오! 이 점을 깨닫고서, 하나님의 거소요 우리 주님 예수의 거소를 여러분의 거소로 삼으시기를 바랍니다. "지성소"에 들어가며, "지성소"에 살며, "지성소"에서 봉사하기를 우리 마음의 큰 소원으로 삼기를 바랍니다. 성령께서 "지성소"에 들어가 거기 거하는 영광에 대하여 올바른 생각을 갖도록 해 주실 것입니다.

(2) 피로 말미암은 자유.

"지성소"가 하나님의 것이듯이, "지성소"에 들어가는 일도 하나님께 속한 것입니다. 하나님께서 친히 그것을 생각하셨고 준비하셨습니다. 우리는 예수님의 피로 말미암아 그리로 들어갈 자유와 권한을 갖습니다. 예수님의 피가 놀라운 능력을 발휘하는 것입니다. 그리하여 불순종의 아들이 그 피로 말미암아 신적인 성소에, "지성소"에 들어갈 충만한 자유를 얻는 것입니다. "전에 멀리 있던 너희가 그리스도 예수 안에서 그리스도의 피로 가까워졌느니라"(엡 2:13).

그러면 그 피가 어떤 식으로 이처럼 놀라운 능력을 발휘할까요?

성경은 "육체의 생명은 피에 있음이라"고 말씀합니다(레 17:11). 그리스도의 피의 능력은 바로 그 생명의 가치에 있습니다. 예수님의 피에는 신적인 생명의 능력이 거하며 역사하였습니다. 그 피가 이미 전능하고도 지속적인 능력을 지니고 있었던 것입니다.

그러나 먼저 그 피를 흘리지 않고서는 그 능력이 발휘되어 화목의 역사가 일어날 수가 없었습니다. 죽기까지 죄의 형벌을 지심으로써 주 예수께서 죄의 권능을 정복하셔서 그것을 무(無)로 만드셨습니다. "죄의 권능은 율법이라"고 했습니다. 예수께서는 율법의 저주 아래서 그의 피를 흘리심으로써 율법을 완전히 성취하셨고, 그리하여 그의 피가 죄를 전적으로 무기력하게 만드신 것입니다. 그리하여 그 피가 놀라운 능력을 발휘하게 되었습니다. 비단 하나님의 아들의 생명이 그 속에 있기 때문만이 아니라 그것이 죄를 속하기 위하여 드린 바 되었기 때문에 그런 것입니다. 성경이 그리스도의 피에 대하여 그렇게 높게 말씀하는 것이 바로 이 연유 때문입니다. 하나님의 영원하신 언약의 피로 말미암아 우리 주님이 죽은 자 가운데서 다시 사신 것입니다(히 13:20).

그는 자기 자신의 피로써 "지성소"에 들어가셨습니다(히 9:12). 그 피의 능력이 죄와 사망과 무덤과 지옥의 권세를 완전히 멸하였고, 그리하여 우리의 출입을 보증해 주었습니다. 그 피의 능력이 하늘을 열었으므로 우리의 보증이 되시는 주님께서 자유로이 그리로 들어가실 수 있었던 것입니다.

그리고 이제 우리도 그 피로 말미암아 그리로 들어갈 자유를 얻었습니다. 죄가 하나님께 가까이 나아갈 우리의 자유를 취해 갔었는데, 그리스도의 피가 우리에게 이 자유를 완전히 회복시켜 준 것입니다. 그 피의 능력에 대해 시간을 갖고 묵상하여 믿음으로 그 능력을 자신에게 적용시키게 되면, 우리가 이제 하나님과 자유로이 직접적인 교제를 나누게 되었다는 것을 놀랍게 바라보게 될 것입니다.

오, 그 피의 신적인 능력이여! 놀라운 능력이여! 그 피로 말미암아 우리가 "지성소"에 들어갑니다. 그 피가 우리 속에서 우리를 위하여 호소하여 영구한 끊임없는 효과를 가져옵니다. 그것이 하나님 앞에서와 우리의 양심에서 죄를 제거합니다. 우리가 지성소에 들어갈 자유롭고 충만한 권리를 갖고 있는 한, 그 피로 말미암아 하나님과 교제를 가질 수가 있는 것입니다.

오, 성령께서 그 피의 충만한 능력을 우리에게 알려 주시기를 바랍니다! 그의 가르치심을 통해서, 우리는 아버지와의 친밀한 교제 속에 완전히 들어가는 그 놀라운 특권을 누리게 되는 것입니다. 그 피로 말미암아 우리의 삶이 "지성소" 안에 거하는 삶이 되는 것입니다.

(3) 새로운 살 길.

"그러므로 형제들아 우리가 예수의 피를 힘입어 '성소'에 들어갈 담력을 얻었나니 그 길은 우리를 위하여 휘장 가운데로 열어 놓으신 새로운 살 길이요 휘장은 곧 그의 육체니라." 그 피가 우리에게 성소에 들어갈 권한을 베풀어 줍니다. 그 길이, 살아 있고 생명을 주는 길로서, 능력을 베풀어 줍니다. 그리스도께서 그의 육체로 이 길을 열어 놓으셨다는 것은 그저 "그의 피로 말미암아"라는 표현이 나타내 주는 사상을 그대로 반복하는 의미가 아닙니다. 결코 그렇지 않습니다.

예수께서 우리를 위하여 자기의 피를 흘리셨습니다. 이 점에 대해서는 우리가 그를 따라 할 수가 없습니다. 그러나 그가 자기의 피를 흘리셔서 그의 육체의 휘장을 찢으시고서 걸어가신 그 길은, 우리가 반드시 따라가야 합니다. 그 길을 여시면서 그가 행하신 일이야말로 우리가 "지성소"로 들어갈 때에 우리를 이끌고 또한 유지시켜 주는 살아 있는 능력인 것입니다. 여기서 우리가 배워야 할 교훈은 이것입니다. 곧, "지성소"로 들어가는 길은 바로 **육체의 찢어진 휘장을 통과한다**는 사실입니다.

예수님의 경우에도 그러했습니다. 하나님과 우리를 분리시켰던 그 휘장은 바로 육체였습니다. 죄가 육체 안에 그 능력을 행사하고 있었으므로, 죄를 없애야만 그 휘장이 제거될 수 있었습니다. 예수께서 육체로 오셨으므로, 그는 오직 죽으심으로써만 그 휘장을 찢으실 수 있었고, 그리하여 육체와 죄의 권능을 무(無)로 돌리실 수 있었습니다. 바로 이것이 그의 피 흘리심에 가치와 능력을 준 것입니다.

그러므로 이제 그리스도의 피로 말미암아 "지성소"로 들어가기를 사모하는 자마다 한 가지 법칙이 적용됩니다. 곧, **육체의 찢어진 휘장을 통과해야** 한다는 것이 그것입니다. 그 피는 육체의 찢어짐을 요구하며, 또한 그 피가 그것을 이룹니다. 예수님의 피가 능력으로 역사하는 곳에는 언제나 육체를 죽이는 일이 뒤따르는 법입니다. 육체를 남겨두기를 바라는 사람은 "지성소"로 들어갈 수가 없습니다. 육체를 희생시켜야 하고 죽음에 넘겨 주어야 하는 것입니다. 신자가 자기 육체의 죄악성을 느끼고 육체 안에 있는 모든 것을 죽이는 정도만큼, 그 피의 능력을 그만큼 잘 이해하게 될 것입니다. 신자가 자기 자신의 힘으로 그렇게 하는 것이 아닙니다. 예수께서 거룩하게 구별해 놓으신 살 길을 따라서, 예수님의 생명을 주는 능력을 힘입어 그 "길"로 들어가는 것입니다. 그리스도인은 예수와 함께 십자가에 못 박혀 죽었습니다. "그리스도께 속한 자들은 육체를 십자가에 못 박았느니라." 우리가 휘장을 통과하여 들어가는 것은 그리스도와의 교제 속에서 이루어지는 것입니다.

오! 그리스도께서 우리를 위하여 거룩하게 구별해 놓으신 새로운 살 길이여, 그 영광된 길이여, 생명을 주는 능력이여! 이 길을 통해서 우리는 예수님의 피로 말미암아 "지성소"에 들어갈 자유를 누리는 것입니다. 주 하나님께서 우리를 찢어진 휘장을 통과하여, 육체를 죽임으로써 이 "길"을 따라 인도하셔서 성령의 충만한 삶을 누리게 하시고, 그리하여 휘장 안에서, "지성소" 안에서 하나님과 함께 거하게 되도록 하시기를 바랍니다. 육체를 희생시킬 때마다 우리는 그의 피로 말미암아 더욱더 "지성소" 안으로 인도함을 받는 것입니다.

(4) 큰 제사장.

"또 하나님의 집 다스리는 큰 제사장이 계시매 … 하나님께 나아가자."

하나님께 찬송합시다. "지성소"로 들어가는 우리에게는 그리스도의 역사만이 아니라 그리스도 자신께서 계십니다. 피와 살 길이 있을 뿐 아니라 "하나님의 집 다스리는 큰 제사장"이신 예수님 자신이 계시는 것입니다.

이 땅의 성소에 들어간 제사장들은 대제사장과의 관계 때문에만 그렇게 할 수 있었습니다. 오직 아론의 아들들만이 제사장들이었던 것입니다. 우리도 "지성소"에 들어갈 수 있는 것은 오직 주 예수님과의 관계 때문입니다. 그는 아버지께 말씀하시기를, "보소서 나와 아버지께서 내게 주신 자녀들이 여기 있나이다"라고 하셨습니다.

그리스도께서 큰 제사장이십니다. 히브리서는 그가 진정한 멜기세덱이시요, 영원하고도 변치 않는 제사장직을 소유하신 영원한 아들이심을 보여 줍니다. 제사장으로서 그는 보좌에 앉아 계시는 것입니다. 그는 거기 사시며 언제나 간구하십니다. 그러므로 그는 또한 "그로 말미암아 하나님께로 오는 자들을 끝까지 구원하실" 능력이 있으신 것입니다. 그야말로 위대하고 전능하신 제사장이신 것입니다.

하나님의 집 다스리는 대제사장이신 그리스도께서 "지성소"의, "하나님의 집"의 모든 사역 전체를 책임 맡고 계십니다. 하나님의 모든 백성들이 다 그의 보호하심을 받습니다. 우리가 "지성소"에 들어가기를 바라면, 그가 거기 계셔서 우리를 영접해 주시고 우리를 아버지께로 데려가십니다. 그가 친히 우리 속에서 피를 뿌리는 일을 완성시키실 것입니다. 피로 말미암아 그 자신이 지성소로 들어가셨고, 그 피로 말미암아 그가 우리도 그리로 데려가시는 것입니다. 또한 그가 "지성소"의 모든 의무들과, 거기서 갖는 우리의 교제의 모든 것을 우리에게 가르쳐 주실 것입니다. 우리의 기도들이, 우리의 헌물들이, 우리의 봉사의 의무들이 아무리 연약할지라도, 그가 그것들을 하나님께서 받으실 만하도록 만들어 주십니다.

그보다 더한 일은 그가 "지성소"에서의 우리의 사역과 우리의 삶을 위하여 우리에게 하늘의 빛을, 하늘의 능력을 비추어 주신다는 사실입니다. "지성소"의 삶과 "지성소"의 성령을 부어 주시는 분이 바로 그분이신 것입니다. 그의 보배로운 피가 우리로 하여금 그리로 들어가게 한 것처럼, 육체를 드리신 그의 희생이 우리에게 살 길이 되는 것입니다. 그리로 들어간 다음, 우리가 계속해서 그곳에 거하며 하나님께서 기뻐하시도록 행할 수 있게 되는 것이 모두가 그분으로 말미암는 것입니다. 우리를 체휼하시는 대제사장으로서 주님은 우리가 아무리 연약할지라도 우리를 잘 돌보시고 인도하십니다. 그렇습니다. 바로 이것이 "지성소"에서 하나님과 나누는 교제를 그렇게 매력 있는 것으로 만들어 주는 것입니다. 예수께서 "하나님의 집 다스리는 큰 제사장"으로서 바로 거기에 계시는 것입니다.

그리고 마치 "지성소"가 우리에게는 너무나 높고 너무나 거룩한 곳인 것처럼 보이고, 또한 그 피의 능력이 어떤 것인지, 또한 어떻게 하면 "새로운 살 길"을 걸을 수 있는지 우리가 깨닫지 못할 때면, 살아 계신 구주 예수님을 친히 바라보며 그가 우리를 가르쳐 주시고 친히 우리를 "지성소" 안으로 이끌어 주시기를 구할 수가 있을 것입니다. 그가 하나님의 집의 큰 제사장이시기 때문입니다. 오직 그를 붙들기만 하면, "지성소"에 들어갈 것입니다.

하나님께서 "지성소"에서 우리를 기다리고 계시며, 그리스도의 피가 우리에게 자유를 주며, 살 길이 우리를 인도하며 큰 제사장께서 우리를 도우신다는 것을 알았으니 **우리 모두 하나님께 나아갑시다**. 하나님께 나아갑시다. 그렇습니다! 우리 모두 하나님께 나아갑시다. 하나님께서 우리를 위하여 베푸신 이 놀라운 축복들을 사용하기를 주저하지 맙시다. 우리가 들어가야 할 곳은 "지성소"입니다. 예수님의 피가 그곳에 들어갈 권한을 우리에게 주었습니다. 주님 자신의 발걸음으로 주께서 친히 그 길을 거룩하게 예비하신 것입니다. 그가 영원한 제사장 직분을 지니셔서 우리를 "지성소"로 영접하시고 우리를 거룩하게 하시고 보존하시고 우리를 복 주시는 것입니다.

오! 더 이상 주저하거나 돌아서는 일이 있어서는 안 되겠습니다. 이 한 가지를 위하여 모든 것을 희생시키도록 합시다. 하나님께서 우리를 위하여 예비하신 것을 바라보면서, 예수님의 손을 붙들고 가까이 나아가서 아버지 앞에 서서 우리의 삶을 그의 얼굴의 빛에 비추어 바라보도록 합시다.

그런데, 여러분, 이제 어떻게 하면 그리로 들어갈 준비를 갖출 수 있는지를 알고 싶으십니까? 본문은 우리에게 이 문제에 대해서 영광스러운 답변을 주고 있습니다.

2. 어떻게 하면 그리로 들어갈 준비를 갖출 수 있을까?

우리 모두 그리로 가까이 나아갑시다.

(1) 참 마음을 갖고서.

이것은 "하나님께 나아가기"를 소원하는 신자들에게 주어진 네 가지 요구 사항 가운데 첫 번째입니다. 이것은 두 번째 요구 사항인 "온전한 믿음의 확신을 갖고서"와 짝을 이루는 것입니다. 그러므로 "참 마음"이 무엇을 뜻하는지를 바로 깨달으려면 두 번째의 요구 사항과 연관지어서 보아야 할 것입니다.

복음을 전하는 일은 언제나 회개와 믿음과 함께 시작합니다. 죄를 버리지 않고서는 사람이 믿음으로 하나님의 은혜를 받을 수가 없습니다. 그리고 믿음의 삶의 과정 가운데서도 이 법칙은 그대로 적용됩니다. **"참 마음"** — 하나님께 전적으로 정직한 마음, 하나님께 전적으로 굴복한 마음 — 이 없이는 온전한 믿음의 확신에 이를 수가 없습니다. 또한 "참 마음", 즉 찾는다고 입으로 말하는 바를 진정으로 찾고자 힘쓰는 그런 마음이 없이는 "지성소"로 들어갈 수가 없는 것입니다.

"참 마음으로 [지성소로] 나아갑시다." 모든 것을 버리고, "지성소" 안에 거하기를 진정으로 바라는 그런 마음으로, 모든 것을 버리고 하나님을 소유하기를 바라는 마음으로 나아갑시다. 그리스도의 피의 권위와 능력에 자기 자신을 맡기기 위하여 모든 것을 진정으로 버리는 그런 마음 말입니다. 육체를 찢음으로써 그리스도와 함께 휘장 너머로 들어가기 위하여 진정으로

"새로운 살 길"을 택하는 그런 마음 말입니다. 예수님의 내주하심과 그의 주되심에 자기 자신을 전적으로 진정으로 맡기는 그런 마음 말입니다.

"참 마음으로 나아갑시다." 참 마음이 없이는 "지성소"에 들어가는 일도 있을 수 없습니다.

그렇지만 과연 누가 참 마음을 갖는단 말입니까? **하나님께서 주신 새 마음이 바로 참 마음입니다.** 이 점을 깨달으시기를 바랍니다. 그 새 마음속에 거하시는 하나님의 성령의 능력으로 말미암아 여러분 자신을 아직도 여러분 속에 있는 죄를 대적하고 하나님 편에 서도록 하십시오. 그 일을 위하여 여러분의 의지를 발휘하십시오. 대제사장이신 주 예수께 말씀하십시오. 여러분이 주 앞에 모든 죄와 모든 이기적인 삶을 내어 놓으며 주님을 따르기 위하여 모든 것을 버리겠다고 말입니다.

그리고 여러분이 아직도 의식하지 못하는 여러분의 육체 속 깊이 박혀 있는 감추어진 죄들과 여러분의 마음의 악의에 대해서도 조치가 되어 있습니다. "오 하나님이여, 나를 살피사 내 마음을 아시옵소서." 마음을 살피는 성령의 빛에 여러분 자신을 계속해서 쪼이십시오. 그가 여러분 속에 감추어진 것을 드러내실 것입니다. 이를 행하는 사람은 "지성소"에 들어갈 참 마음을 소유한 사람입니다.

우리가 참 마음으로 가까이 나아간다고 하나님께 말씀드리기를 두려워해서도 안 되겠습니다. 하나님께서는 우리의 행위의 완전함을 기준으로 우리를 판단하시는 것이 아니라 우리가 과연 우리의 아는 죄를 모두 정직하게 내어 놓고 버리느냐를 기준으로 판단하신다는 사실을 확신하도록 합시다. 우리가 정직하게 우리의 아는 죄를 다 내어 놓고 버릴 때에 또한 성령께서 우리의 감추어진 죄에 대해서도 깨닫게 해 주시는 것입니다. 이를 정직하게 행하는 마음이야말로 하나님 보시기에 참 마음인 것입니다. 그리고 이러한 참 마음을 갖고서야 그리스도의 피로 말미암아 "지성소"로 나아가는 것입니다. 하나님을 찬양합시다! 그의 성령으로 말미암아 우리가 참 마음을 소유한 것입니다.

(2) 온전한 믿음의 확신을 갖고서.

하나님께서 사람을 다루시는 데에 믿음이 어떠한 위치를 차지하는지에 대해서는 이미 잘 알고 있습니다. "믿음이 없이는 하나님을 기쁘시게 할 수 없느니라." 여기 "지성소"로 들어가는 입구에서는 모든 것이 "온전한 믿음의 확신"에 달려 있습니다.

"온전한 믿음의 확신"이 있어야만 비로소 우리가 하나님과 함께 거하고 행할 수 있는 성소가 있고, 또한 그리스도의 보배로운 피가 죄를 완전히 정복하여 아무것도 하나님과 우리의 교제를 방해할 것이 없게 되며, 또한 예수께서 그의 육체로 거룩하게 하신 그 길이 살 길이 되어 그 길을 걷는 자들을 영원한 산 능력으로 인도할 것이요, 또한 하나님의 집 다스리는 큰 제사장이 자기를 통하여 하나님께 나아오는 자들을 끝까지 구원하실 수 있으며, 또한 그가 그의 성령으로 말미암아 "지성소"의 삶에 필요한 모든 것을 우리 속에서 이루게 되는 것입니다. 우리는 이런 것들을 믿고 이를 "온전한 믿음의 확신"으로 붙들어야 하겠습니다.

그렇지만 어떻게 내가 거기까지 이를 수 있을까요? 나의 믿음이 어떻게 이 온전한 확신에까지 자랄 수 있을까요? "믿음의 주요 또 온전하게 하시는 이인 예수"(히 12:2)와 함께 교제를 나눔으로써 그 일이 이루어질 수 있습니다. 하나님의 집 다스리는 큰 제사장으로서 그는 우리로 하여금 믿음을 분명히 갖도록 하실 수가 있습니다. 그를 생각함으로써, 그의 놀라운 사랑과 그의 완전한 역사와, 그의 보배롭고 전능한 피를 생각함으로써, 믿음이 유지되고 강건해지는 것입니다. 하나님께서는 그에게 믿음을 일깨우는 능력을 주신 것입니다. 우리의 눈을 계속해서 그에게 고정시킴으로써, 믿음과 충만한 믿음의 확신이 우리의 것이 되는 것입니다.

하나님의 말씀을 대할 때에, "믿음은 들음에서 나며 들음은 하나님의 말씀으로 말미암는도다"라는 사실을 기억합시다. 믿음은 하나님의 말씀으로 말미암아 생겨나며, 또한 말씀으로 말미암아 자라납니다. 그러나 **하나의 문자로서가** 아니라, **예수님의 음성으로서의** 말씀이 그런 역사를 이루는 것입니다. 오직 "**내가 네게 한**" 말이 성령의 생명이요, 오직 그의 안에서만 하나님의 약속들이 "예와 아멘"이 되는 것입니다. 시간을 갖고 말씀을 묵상하며 그것을 마음에 새기십시오. 그러나 언제나 **예수님 자신에게** 마음을 고정시키고서 그렇게 하십시오. 여러분을 구원시키는 것은 예수님을 믿는 믿음입니다. 기도로 예수님께 가져가서 그와 함께 이야기하는 그런 말씀이야말로 효과가 있는 말씀인 것입니다.

"있는 자에게 주리라"는 말씀을 기억하십시오. 여러분이 가진 그 믿음을 사용하십시오. 그 믿음을 발휘하십시오. 선포하십시오. 그리고 하나님을 믿고 신뢰하는 것이 여러분의 삶의 가장 중요한 일이 되게 하십시오. 하나님께서는 자기를 믿는 자녀들을 원하십니다. 믿음만큼 하나님께서 바라시는 것이 없습니다. 기도할 때마다 "주여 내가 이것을 얻을 것을 믿습니다"라고 습관적으로 말하십시오. 성경의 약속을 읽을 때마다, "주여 주께서 이 약속을 제게 성취시키실 것을 믿습니다"라고 말씀하십시오. 하루 종일, 모든 일에서 그런 일을 거룩한 습관으로 삼으십시오. 그렇습니다. 모든 일에서 그렇게 하십시오. 모든 일에서 하나님의 인도하심과 하나님의 축복을 신뢰하시기 바랍니다.

"지성소"에 들어가기 위해서는 "온전한 믿음의 확신"이 필수적입니다.

"온전한 믿음의 확신으로 나아갑시다." 그리스도의 피로 말미암은 구속은 너무도 완전하고 능력이 있습니다. 예수님의 사랑과 은혜는 너무도 넘쳐 흐릅니다. "지성소" 안에 거하는 축복은 우리에게 너무나도 확실하며 우리의 사정권 내에 들어와 있습니다. 그러니 "온전한 믿음의 확신으로 [지성소로] 나아갑시다."

(3) 깨끗이 씻은 마음을 갖고서.

"우리가 악한 양심에서 마음을 깨끗이 씻었으니" 지성소로 나아갑시다.

마음은 인간의 생명의 중심이요, 또 마음의 중심은 바로 양심입니다. 이 양심을 통해서 사람이 자기와 하나님의 관계를 인식합니다. 그런데 악한 양심은 하나님과 자기 자신의 사이에 아무런 문제가 없고 모든 것이 잘 되고 있다고 이야기합니다. 자기가 죄를 범하고 있고, 또한 죄악되어서 하나님께로부터 쫓겨난 처지인 데도 말입니다. 선한 양심, 혹은 깨끗한 양심은 그가 하나님의 기뻐하시는 바가 된다는 것을 증언해 줍니다(히 11:5). 그의 죄가 용서함 받았다는 것뿐만 아니라 그의 마음이 하나님 앞에서 순전하다는 것도 증언해 줍니다. "지성소"로 들어가기를 사모하는 사람은 반드시 그의 마음을 악한 양심에서 깨끗이 씻어내야 하는 것입니다. 이 본문은 "마음이 악한 양심에서 뿌림을 받았으니"(our hearts sprinkled from an evil conscience)로 번역되어 있습니다. 곧 피를 뿌리는 효과가 그렇게 나타난다는 의미입니다. 그리스도의 피가 여러분의 양심을 깨끗이 씻어서 살아 계신 하나님을 섬기게 한다는 뜻입니다.

예수께서도 자기의 피로써 아버지께로 나아가셨듯이 우리도 그의 피로 말미암아 "지성소"에 들어간다는 사실을 이미 살펴보았습니다. 그러나 그것만으로는 안 됩니다. 여기에는 두 가지 뿌림이 개재되어 있습니다. 하나님께 나아가는 제사장은 단 위 하나님 앞에 피를 뿌림으로써 하나님과 화목되어야 했고, 또한 자기 자신이 그 피로 뿌림을 받아야 했습니다. 예수님의 피가 성령으로 말미암아 우리의 마음과 직접 접촉하여야만 비로소 우리의 마음이 악한 양심에서 깨끗하게 됩니다. 그 피가 모든 자기 정죄를 제거해 주기 때문입니다. 그 피가 양심을 깨끗이 씻어 주는 것입니다. 그렇게 되면, 죄에 대한 책임을 제거하는 일이 완전히 이루어졌고 이제는 하나님과 우리 사이를 가로막는 것이 조금도 없다는 것을 양심이 증언하게 됩니다. 우리가 하나님께서 기뻐하시는 존재가 되었음을, 우리의 마음이 깨끗이 씻어졌음으로, 그리스도의 피 뿌림을 통하여 우리가 하나님과 살아 있는 참된 교제를 나누는 관계에 있음을 양심이 증언하는 것입니다. 그렇습니다. 예수 그리스도의 피가 모든 죄를 깨끗이 씻어 줍니다. 죄에 대한 책임만이 아니라 죄의 오염까지도 씻어 주는 것입니다.

그리스도의 피의 능력으로 말미암아 우리의 타락한 본성이 그 능력을 발휘하지 않도록 방지됩니다. 마치 샘물을 부드럽게 뿌려서 잔디를 깨끗하게 씻어서, 그렇지 않으면 먼지로 뒤덮여 있을 그것을 깨끗하고도 푸르게 하듯이, 그리스도의 피도 영혼을 깨끗한 상태로 유지되도록 끊임없이 그 능력을 발휘하는 것입니다. 그리스도의 피의 완전한 능력 아래 사는 마음은 깨끗한 마음입니다. 죄에 대한 책임을 진 양심에서 깨끗하게 되어, 완전히 자유롭게 가까이 "나아갈" 준비를 갖춘 그런 마음입니다. 마음 전체가, 내적 존재 전체가 하나님의 역사하심으로 말미암아 깨끗이 씻음을 받는 것입니다.

"마음이 악한 양심에서 뿌림을 받았으니 [지성소로] 나아갑시다." "온전한 믿음의 확신으로" 우리 마음이 깨끗이 씻음 받았음을 믿읍시다. 그 피를 크게 존귀히 여깁시다. 그것이 우리를 깨끗이 씻었다는 것을 하나님 앞에서 고백합시다. 우리의 대제사장께서 그의 성령으로 말미암아 다음의 사실들의 능력과 충만한 의미를 깨닫도록 해 주실 것입니다. 그리스도의 피로 마음을 씻었다는 것, 지성소에 들어가는 일이 그 피를 통하여 준비된다는 것, 그리고 더 나아가서, 우리의 마음이 그 피로 말미암아 들어갈 준비를 갖추게 된다는 것, 오! 그러니 우리 마음을 깨끗이 씻었으니 "지성소"에 들어가서 그곳에 거한다는 것이 얼마나 복되고 영광스러운 일이겠습니까!

(4) 맑은 물로 몸을 씻고서.

몸을 맑은 물로 씻었으니, 하나님께 나아갑시다.

우리는 두 세계에 속해 있습니다. 곧, 보이는 세계와 보이지 않는 세계가 그것입니다. 하나님과 접촉하게 하는 내적인 감추어진 삶이 있고, 또한 사람과 관계하는 외적인 육체적 삶이 있는 것입니다. 이 말이 육체를 가리킨다면, 육체의 모든 활동들을 포함한 모든 육체적 삶을 가리키는 것이라 할 수 있습니다.

마음이 피로써 뿌림을 받아야 하듯, 몸도 맑은 물로 씻어야 합니다. 제사장들이 거룩하게 세움을 받을 때에, 그들은 피로 뿌림을 받을 뿐 아니라 몸을 물로 씻었습니다(출 29:4, 20, 21). 그러므로 성소에 들어가면 피가 뿌려진 단이 있었고 또한 물이 담긴 대야가 거기에 있었습니다. 그리하여 그리스도께서도 물과 피로 임하신 것입니다(요일 5:6). 그는 물로 세례를 받으셨고 후에 피로써 세례를 받으셨습니다(눅 12:50).

우리에게도 마찬가지로 두 가지 깨끗이 씻음이 있습니다. 물로 씻는 것과 피로 씻는 것 말입니다. 물로써 받는 세례는 회개하여 죄를 멀리하는 의미가 있습니다: "세례를 받고 죄를 씻으라." 피가 마음을, 속사람을 깨끗이 씻는다면, 세례는 눈에 보이는 육체의 모든 삶을 포함하여 몸 전체를 죄와 분리시키는 데 드리는 것입니다.

그러므로 "우리가 마음에 뿌림을 받아 양심의 악을 깨닫고 몸을 맑은 물로 씻었으니 하나님께 나아갑시다." 우리가 육체의 모든 더러움에서 우리 자신을 깨끗이 씻어내지 않고서는, 내적으로 깨끗이 씻어 주는 그리스도의 피의 능력을 체험할 수가 없습니다. 피를 뿌림으로써 이루어지는 신적인 씻음의 역사와 죄를 멀리함으로써 이루어지는 인간적인 씻음의 역사는 서로 불가분리의 관계에 있는 것입니다.

"지성소"에 들어가려면 우리가 깨끗해야 합니다. 씻지도 않은 채로 감히 왕 앞에 나아갈 생각을 할 사람이 없는 것처럼, 죄를 깨끗이 씻어내지 않고서는 지성소에서 하나님의 임재 속에 감히 들어갈 생각을 할 수가 없는 것입니다. 모든 죄를 깨끗이 씻어내는 그리스도의 피 속에서, 하나님께서는 여러분에게 여러분 자신을 깨끗이 씻는 능력을 주셨습니다. "지성소"에서 하나님과 함께 살고자 하는 바람이 있다면, 반드시 아무리 작은 죄라 할지라도 조심스럽게 버리고 제거하는 일이 언제나 반드시 함께 있어야 하는 것입니다. 부정(不淨)한 자는 절대로 "지성소"에 들어갈 수 없는 것입니다.

하나님을 찬양합시다. 그가 우리를 그곳에 있도록 하시기를 원하시니 말입니다. 그의 제사장들로서 우리는 거기서 그를 섬겨야 합니다. 그는 우리의 순결함을 원하십니다. 그리하여 우리가 "지성소"의 축복을 누리기를 바라시는 것입니다. 즉, 그와의 거룩한 교제를 바라시며, 그리하여 그리스도의 피로 말미암아 그 일을 예비하셨고, 그의 성령으로 말미암아 우리를 깨끗하게 되도록 하신 것입니다.

우리 마음을 깨끗이 씻었고, 몸을 맑은 물로 씻었으니, 하나님께 가까이 나아갑시다.

"하나님께 나아갑시다."

지성소는 우리 교인들 가운데 아직 주께 진정으로 돌아오지 않은 이들을 위해서도 열려 있습니다. 그들을 위해서도 성소가 개방되어 있다는 말입니다. 보배로운 피가, 새로운 살 길이, 그리고 큰 제사장이 그들을 위하여 있기도 하다는 말입니다. 큰 확신을 갖고서 우리는 감히 그들에게도 초청합니다. "하나님께 나아갑시다"라고 말입니다.

오! 아직 하나님께서 멀리 떨어져 있는 여러분, 멸시하지 마십시오. 오, 하나님의 그 놀라운 은혜를 더 이상 멸시하지 마십시오. 이런 초청을 여러분에게 진심으로 보내신 아버지께 가까이 나아가십시오. 자기 아들의 피를 흘리게 하셔서 여러분을 "지성소"로 이끄실 길을 열어 놓으신 아버지를, 사랑으로 여러분을 그의 자녀로 영접하셔서 다시 그의 거처로 데리고 들어가기를 기다리고 계시는 아버지를 더 이상 멸시해서는 안 됩니다. 오! 간곡히 부탁합니다. 우리 모두 하나님께 가까이 나아갑시다. 하나님의 집 다스리는 큰 제사장이신 예수 그리스도께서 완전하신 구주이십니다.

"하나님께 나아갑시다."

"하나님께 나아갑시다." 이 초청은 특별히 모든 신자들에게 주는 것입니다. 문간에 서 있는 것으로 만족하지 마십시오. 여러분의 죄가 용서함 받으리라는 소망을 갖는 것만으로는 안 됩니다. "하나님께 나아갑시다." 휘장 속으로 들어갑시다. 그리하여 우리 하나님께 정말로 가까이 나아가기를 힘씁시다. "하나님께 나아갑시다." 그리고 하나님 가까이에서 삽시다. 그의 거룩한 임재 속을 전적으로 우리의 거처로 삼읍시다. "하나님께 나아갑시다." 우리가 있어야 할 곳은 바로 성소의 가장 은밀한 곳입니다.

"참 마음과 온전한 믿음의 확신으로 하나님께 나아갑시다." 진심으로 또한 전적으로 자기 자신을 하나님께 드리는 사람은 성령으로 말미암아 말씀이 약속한 모든 것을 그 자신이 몸소 자유로이 기쁨으로 받으리라는 "온전한 믿음의 확신"을 체험하게 됩니다. 믿음이 연약한 상태는 마음이 둘로 나뉘어 있는 데 연유하는 것입니다. 참 마음과, 하나님의 축복이 우리 것이라는 온전한 확신으로 하나님께 가까이 나아갑시다. 그리스도의 피가 죄를 완전히 속하였고 또한 정복하였으므로, 그 어떠한 것도 신자가 하나님께 자유로이 나아가는 일을 방해할 것이 없는 것입니다.

"우리가 마음에 뿌림을 받아 악한 양심으로부터 벗어나고 몸은 맑은 물로 씻었으니 하나님께 나아갑시다." 그리스도의 피의 완전한 능력을 믿는 믿음을 우리 마음에 받아들입시다. 그리고 성소의 순결함에 합당하지 않은 모든 것을 멀리합시다. 그러면 날마다 우리 자신이 "지성소"에 더욱 친근하게 느끼기 시작할 것입니다. 우리의 생명이신 그리스도 안에서 우리가 역시 거기 있을 것입니다. 그러면 "지성소" 안에서 우리의 모든 일을 행하기를 배우게 됩니다. 우리가 할 일은 예수 그리스도 안에서 하나님이 기뻐하시는 영적 제사를 드리는 것뿐입니다. 형제 여러분, 하나님께서 "지성소"에서 우리를 기다리고 계십니다. 우리 모두 "하나님께 나아갑시다."

"하나님께 나아갑시다."

이러한 초청은 특별히 기도를 지칭하는 것입니다. 우리가 제사장들로서 항상 "지성소" 안에 있는 것이 아니라는 뜻이 아니라, 영혼이 전적으로 하나님께로 돌아가 오직 하나님과만 관계하는 좀 더 직접적인 교제의 순간들이 있다는 뜻입니다. 그런데 안타까운 것은 우리의 기도가 그저 멀리서 하나님을 불러내는 것에 지나지 않아서 거기에 능력이 거의 없는 경우가 너무나도 많다는 것입니다. 기도할 때마다 먼저 우리가 정말로 "지성소"에 있다는 사실을 보아야 하겠습니다. 마음에 뿌림을 받아 악한 양심을 완전히 제거한 상태로, 하나님과 우리 사이를 분리시키는 죄를 완전히 제거시키는 그리스도의 피의 충만한 효과를 조용히 믿음으로 누리도록 합시다. 그렇습니다! "내가 그리스도의 피로 말미암아 '지성소'에 있다"는 사실을 분명히 인식하고서 기도하여야 하겠습니다.

그러면, 우리의 소원과 바람을 우리 아버지 앞에 내어 놓으며, 그것들이 아버지께서 받으실 만한 향기라는 확신을 갖게 될 것입니다. 그러면 기도가 하나님께 "나아가는" 시간이요, 그와 내적인 교제를 누리는 시간이 됩니다. 그러면, 우리는 제사장적인 간구를 시행할 용기와 힘을 갖게 되며, 다른 이들을 복 주시기를 위하여 기도할 수 있게 되는 것입니다. 그리스도의 피의 능력으로 말미암아 성소에 거하는 사람은 진실로 하나님의 성도의 일원이요, 하나님의 거룩하고 복된 임재의 능력이 그에게서 나가서 주위의 다른 사람들에게 미치게 되는 것입니다.

형제 여러분, "하나님께 나아갑시다." 우리 자신을 위하여, 서로서로를 위하여, 모든 사람들을 위하여 기도합시다. "지성소"가 우리의 고정된 거소가 되도록 합시다. 그리하여 어디를 가든지 그곳이 우리 하나님이 임재하시는 곳이 되도록 합시다. 영광에서 영광으로, 강력에서 강력으로 자라며, 언제나 그리스도의 피로 말미암아 "지성소" 안에 거하는 것, 바로 이것이 우리에게 생명샘이 되도록 합시다. 아멘.

제 8 장
피 안에 있는 생명

"예수께서 이르시되 내가 진실로 진실로 너희에게 이르노니 인자의 살을 먹지 아니하고 인자의 피를 마시지 아니하면 너희 속에 생명이 없느니라 내 살을 먹고 내 피를 마시는 자는 영생을 가졌고 마지막 날에 내가 그를 다시 살리리니 내 살은 참된 양식이요 내 피는 참된 음료로다 내 살을 먹고 내 피를 마시는 자는 내 안에 거하고 나도 그 안에 거하나니"

– 요 6:53-56.

"우리가 축복하는 바 축복의 잔은 그리스도의 피에 참여함이 아니며 우리가 떼는 떡은 그리스도의 몸에 참여함이 아니냐"

– 고전 10:16.

이 말씀들은 주 예수님의 피를 마시는 문제에 대해서 다루고 있습니다. 물이 이중적인 효과를 내듯이, 이 거룩한 피도 마찬가지입니다.

물을 세탁하는 데 사용하면 그것이 깨끗이 씻어 주는 역할을 합니다만, 물을 마시면 신선해지고 새로워지는 효과가 납니다. 예수님의 피의 능력을 충만히 알기를 바라는 사람은 그 피를 마시는 축복이 어떤 것인지를 그에게서 배워야 합니다. 씻는 것과 마시는 것이 서로 차이가 있다는 것은 누구나 아는 사실입니다. 물로 씻는 일도 필요하고 기분 좋은 일이지만, 그보다 물을 마시는 것이 훨씬 더 필요하고 또 생명을 유지하게 하는 일입니다. 물로 깨끗이 씻지 않으면 마땅히 살아야 할 삶을 살 수가 없습니다만, 물을 마시지 않고서는 아예 살지를 못하는 것입니다. 오직 물을 마심으로써만 생명을 유지하는 능력의 충만한 혜택을 누릴 수 있는 것입니다.

하나님의 아들의 피를 마시지 않고서는 — 즉, 그 피의 효과를 마음을 다

하여 누리지 않고서는 — 영생을 얻을 수가 없는 것입니다.

"인자의 피를 마신다"라는 말에 혐오감을 느끼는 사람들이 많습니다만, 유대인들에게는 그 말이 더더욱 거부감을 일으키는 것이었습니다. 왜냐하면 피를 마시는 일은 모세의 율법으로 엄금하고 있었기 때문입니다. 피를 마시면, 극심한 형벌을 받게 되어 있었습니다. 그러므로 예수께서 자기 피를 마시는 일을 거론하셨을 때에, 그들로서는 자연히 혐오감을 가질 수밖에 없었습니다. 그 말은 그들의 종교적 감정을 말할 수 없이 해치는 것이었습니다. 만일 그들에게나 우리에게나 피로 말미암는 구원에 관한 지극히 깊고 영광스러운 진리들을 분명히 전할 수 있는 다른 방도가 있으셨다면, 아마 그런 표현을 사용하지 않으셨을 것입니다.

여기서 "우리 주님의 피를 마시는 자"라는 표현으로 말씀하는 구원에 참여하는 자가 되기를 구하는 가운데, 우리는 다음과 같은 사실들을 이해하도록 힘써야 하겠습니다:

1. "그 피를 마신다"라는 표현은 어떠한 축복을 묘사하는가?

2. 이 축복이 어떻게 우리 속에서 역사하는가?

3. 이에 대한 우리의 태도는 어떠해야 하는가?

1. "그 피를 마신다"라는 표현은 어떠한 축복을 묘사하는가?

물로 씻는 것보다 물을 마시는 것이 훨씬 더 친밀하고 더 강력한 효과를 낸다는 사실을 바로 앞에서 보았습니다. 예수님의 피와 나누는 교제 속에는 깨끗이 씻음이나 거룩하게 함보다 훨씬 더 깊은 축복이 있습니다. 아니, 이 "그 피를 마신다"는 표현이 시사하는 축복의 영향력이 얼마나 널리 미치는지를 볼 수가 있습니다.

그 피는 우리를 하나님과의 새로운 관계 속에 들어가게 함으로써 우리를 위하여 무언가를 행할 뿐 아니라, 우리 속에서 무언가를 행합니다. 곧, 우리 속을 전연 새롭게 하는 것입니다. "인자의 살을 먹지 아니하고 인자의 피를 마시지 아니하면 너희 속에 생명이 없느니라"라는 주 예수님의 말씀은 바로 이 사실을 두고 하시는 말씀입니다. 우리 주님은 생명을 두 종류로 구분하고 계십니다.

유대인들은 육체와 영혼의 자연적인 생명을 지녔습니다. 그들 가운데 경건하고 선한 뜻을 가진 사람들도 많습니다만, 주님은 그들이 "인자의 살을 먹지 아니하고 인자의 피를 마시지 아니하는" 한 그들 속에 생명이 없다고 말씀하셨습니다. 그들에게는 또 다른 생명이 필요했습니다. 새로운 하늘의 생명, 그리스도 자신이 소유하셨고 그가 친히 베푸시는 생명이 그들에게 필요했던 것입니다. 이 땅의 모든 생명체는 그 외부로부터 영양분을 받아야만 합니다. 자연의 생명은 빵과 물로써 자연적으로 영양분을 받았습니다. 그러나 하늘의 생명은 예수님 자신이 주시는 하늘의 양식과 음료로 영양분을 받아야 하는 것입니다. "인자의 살을 먹지 아니하고 인자의 피를 마시지 아니하면 너희 속에 생명이 없느니라." 그리스도의 생명, 바로 그것이 우리의 것이 되어야 하는 것입니다. 곧, 그가 인자로서 이 땅에서 사셨던 그 생명 말입니다.

그 다음에 이어지는 말씀 속에서 우리 주님은 그 생명의 본질을 설명하시면서 더욱더 강력하게 이 점을 강조하십니다: "내 살을 먹고 내 피를 마시는 자는 영생을 가졌고 마지막 날에 내가 그를 다시 살리리라." 영생은 하나님의 생명입니다. 우리 주님이 이 땅에 임하신 것은 무엇보다도 육체 가운데 있는 영생을 드러내며, 육체 가운데 있는 우리에게 그것을 전달해 주시기 위함이었습니다. 예수님 안에서 우리는 영생이 신적인 능력 가운데 거하고 있음을, 육체적인 몸 안에 그 생명이 거하고 있음을 봅니다. 주님은 자기의 살을 먹고 자기의 피를 마시는 자들은, 곧 그의 몸을 그들을 유지하는 능력으로 삼아 거기에 참여하는 자들은 그들의 몸 안에서도 영생의 능력을 체험할 것이라고 말씀하시는 것입니다. "마지막 날에 내가 그들을 다시 살리리라." 그리스도 안에 있는 영생의 놀라운 점은 그것이 인간의 몸 안에 있는 영생이었다는 사실에 있습니다. 우리는 그의 성령의 역사하심 가운데서 그 몸에 참여하는 자들이 되어야 합니다. 그럴 때에 비로소 우리의 몸도 그 생명을 소유하게 되고, 마지막 날에 죽은 자 가운데서 다시 살아나게 될 것입니다.

우리 주님은 말씀하시기를, "내 살은 참된 양식이요 내 피는 참된 음료로다"라고 하셨습니다.

여기서 "참된"이라고 번역되어 있는 단어는 참 포도나무의 비유를 말씀하시면서 "내가 참 포도나무라"고 하실 때에 사용하셨던 것과 동일한 단어입니다. 주님은 그 단어를 사용하심으로써 그저 상징에 불과한 것과 실질적인 실체인 것 사이의 차이를 암시하신 것입니다.

이 땅의 양식은 **참된** 양식이 아닙니다. 왜냐하면 **참된** 생명을 가져다주지를 않기 때문입니다. 유일한 참된 양식은 주 예수 그리스도의 살과 피입니다. 그것이야말로 생명을 가져다주고 유지시켜 주며, 더구나 그림자처럼이나 그저 상징적인 방식으로 그렇게 하는 것이 아니기 때문입니다. 이 말씀을 그렇게 자주 반복하신다는 것은 곧 주 예수님의 살과 피가 충만하고도 참된 의미에서 영생이 우리 속에서 영양분을 받고 유지되는 참된 양식이라는 사실을 암시해 주는 것입니다. "내 살은 **참된** 양식이요 내 피는 **참된** 음료로다."

이 양식의 실재와 능력을 지적하기 위하여 우리 주님은, "내 살을 먹고 내 피를 마시는 자는 내 안에 거하고 나도 그 안에 거하나니"라는 말씀을 덧붙이셨습니다. 주님의 살과 피로 영양분을 섭취하는 일은 주님과의 지극히 완전한 연합의 효과를 이루어냅니다. 그의 살과 피가 그런 영생의 능력을 지니고 있는 것이 바로 이 때문입니다. 우리 주님은 여기서, 그를 믿는 자들은 그저 그에게서 마음에 이런저런 영향을 받는 것으로 그치는 것이 아니라 그와의 지극히 친밀하고 또한 영구히 지속되는 연합 속으로 들어간다는 사실을 선언하고 계시는 것입니다. "내 살을 먹고 내 피를 마시는 자는 내 안에 거하고 나도 그 안에 거하나니."

그러므로, 인자의 피를 마시는 축복은 바로 이것입니다. 곧, 그와 하나가 된다는 것이요, 그와 함께 신의 성품에 참여한 자가 된다는 것입니다. 이 연합이 얼마나 실제적인 것이냐 하는 것을 다음에 이어지는 말씀에서 볼 수 있습니다: "내가 아버지로 인하여 사는 것 같이 나를 먹는 그 사람도 나로 인하여 살리라"(요 6:57). 우리 주님과 아버지 사이에 존재하는 연합 이외에 그 어떠한 것도 주님과 우리의 연합의 모형이 될 수가 없는 것입니다. 절대로 나눌 수 없는 신적인 본성에 있어서 두 위격(two Persons)이 참으로 하나이신 것처럼, 그렇게 사람이 예수님과 하나가 된다는 말입니다.

그 연합이 두 분 하나님 사이의 연합과 마찬가지로 실재한다는 것입니다. 다만 차이가 있다면, 인간의 본성은 몸을 떠나서는 존재할 수 없기 때문에 이 연합에 몸도 포함된다는 것이 다를 뿐입니다.

우리 주님은 자신이 인간의 몸을 취하실 그 몸을 스스로 준비하셨습니다. 이 몸이 예수님의 살과 피로 말미암아 영생을 나누는 존재가 되었고, 우리 주님 자신의 생명을 나누는 존재가 된 것입니다. 이 축복을 충만히 받기를 사모하는 자들은 "그리스도의 피를 마신다"라는 거룩하고도 신비한 표현을 통해서 성경이 베풀어 주는 모든 것들을 조심스럽게 누려야 하는 것입니다.

그러면 이제 다음의 내용을 살펴봅시다.

2. 이 축복이 어떻게 우리 속에서 역사하는가? 혹은, "예수의 피를 마신다"는 것은 과연 무엇인가?

여기서 나타나는 첫 번째 사상은 "마신다"는 것은 그 피의 능력에 관하여 우리가 깨닫는 모든 것들을 믿음으로 우리의 영으로 깊이 진정으로 누린다는 것을 의미한다는 것입니다.

어떤 연사의 말에 흠뻑 빠져서 그 말을 진정으로 받아들일 경우에 그 사람의 말을 "마신다"는 표현을 쓰기도 합니다. 그러므로 어떤 사람의 마음에 그리스도의 피의 보배로움과 능력에 대한 감각으로 가득 채워질 경우, 그가 그 피에 대한 생각에 완전히 빠져서 기뻐할 경우, 그 사람이 전심의 믿음으로 그 피를 스스로 취하고 그의 속마음으로 그 피의 생명을 주는 능력을 납득하려 힘쓰는 경우에 우리는 그 사람이 "예수의 피를 마신다"고 말해도 무방할 것입니다. 그 피로 말미암는 구속과 깨끗이 씻음과 거룩하게 함에 대해서 믿음으로 바라볼 수 있는 모든 내용을 그의 영혼 깊은 곳으로 흡수해들이는 것입니다.

이 표현에는 아주 깊은 진리가 있습니다. 그리고 그 피로 말미암는 충만한 축복을 얻을 수 있는 길을 이 표현이 아주 영광스럽게 드러내 보여줍니다. 그러나 우리 주님은 "그의 살을 먹고 그의 피를 마신다"는 표현을 거듭거듭 사용하심으로써 이보다 더한 것을 의도하신 것이 분명합니다. 주님이 의도하신 그 더 깊은 진리가 무엇인가 하는 것은 주님이 성찬을 제정하신 데서 분명히 드러납니다. 왜냐하면, 우리 주님이 가버나움에서 이 말씀을 하셨을 때에는 실제로 성찬을 다루고 계셨던 것이 아니지만, 그럼에도 불구하고 이 말씀이 훗날 성찬을 통해서 눈에 보이는 방식으로 확증되기 때문입니다.

개혁교회에는 성찬에 대하여 두 가지 견해가 있습니다. 개혁자 츠빙글리(Zwingli)의 이름을 따라서 불리는 한 가지 견해에 따르면, 성찬의 떡과 포도 주는 그저 영적 진리의 증표, 혹은 상징물로서 우리가 먹고 마시는 떡과 포도주가 우리 몸에 영양을 주고 새 힘을 주는 것과 똑같이, 그만큼 확실하게 — 오히려 그보다 더 확실하게 — 믿음으로 말미암아 우리가 깨닫고 우리의 것으로 삼은 주님의 살과 피가 우리의 영혼에 영양을 주고 새롭게 한다는 사실을 우리에게 가르쳐 준다는 것입니다.

칼빈의 이름이 붙어 있는 또 다른 견해에 따르면, 성찬에 참여하는 일에는 이보다 더 깊은 의미가 있다는 것입니다. 칼빈은 모종의 감추어진 방식으로, 사람이 깨달을 수 없는 방식으로, 그러나 그러면서도 진정으로, 우리가 성령으로 말미암아 하늘에 계신 예수 그리스도의 살과 피로부터 영양을 받아서 심지어 우리의 몸조차도 주님의 몸의 능력을 통하여 영생의 능력에 참여하는 존재가 된다는 것입니다. 그러므로 그는 몸의 부활과 성찬 시에 그리스도의 몸을 먹는 일과 연관을 짓습니다. 그는 다음과 같이 쓰고 있습니다:

"성찬이 요구하는 육체적 임재는 여기서(성찬에서) 능력을 발휘하여 그것이 우리의 영에게 영생에 대한 의심할 바 없는 확신이 될 뿐 아니라 육체의 불멸까지도 확신하게 해 준다. 이것이 어떻게 그럴 수 있느냐고 내게 묻는다면, 나는 부끄럼 없이 그것은 너무나 높은 신비여서 나의 영으로는 도저히 가늠할 수가 없고 나의 말로써 표현할 수가 없다고 시인할 것이다. 내가 깨달을 수 있는 것 이상을 내가 느끼기 때문이다."

"그리스도의 살이 그렇게도 무한히 먼 거리에서 우리에게 도달하여 우리의 양식이 된다는 것은 그야말로 믿기 어려운 이야기처럼 보일 수도 있다. 그러나 성령의 능력이 얼마나 우리의 감각을 초월하는 것인지를 기억해야 한다. 그러므로 우리의 이해력으로 납득할 수 없는 그것을 믿음으로 포용하여야 한다. 곧, 그리스도께서 그의 살과 피를 신성하게 전달하셔서 그의 생명을 우리에게 심어 주시며, 그것이 마치 우리의 뼈와 골수를 찔러 관통하듯

한다는 사실 말이다."

그리스도의 살과 피를 전달받는 일은 영생을 유업으로 받기를 사모하는 모든 이들에게 필수적입니다. 사도는 이렇게 말씀합니다:

"교회는 그의 몸이니"(엡 1:23).

"그는 머리니 곧 그리스도라 그에게서 온 몸이 각 마디를 통하여 도움을 입음으로 연결되고 결합되어 각 지체의 분량대로 역사하여 그 몸을 자라게 하느니라"(엡 4:15, 16).

우리의 몸은 그리스도의 지체입니다(고전 6:15, 16). 그리스도께서 몸과 영으로 우리와 연관되지 않는다면, 이런 모든 일이 일어날 수가 없다는 것은 우리도 잘 아는 사실입니다. 사도 바울은 다시 "우리는 그의 몸과 그의 살과 그의 뼈의 지체라"는 영광스러운 표현을 사용하고 있습니다. 그런 다음 그는 "이 비밀이 크도다"라고 외칩니다. 그러므로 신자들이 주님의 살과 피 안에서 하나 된다는 사실을 인정하지 않는다는 것은 어리석은 일일 것입니다. 사도는 그 하나 됨의 역사가 너무나도 높고 귀하여 그것을 해명하기보다는 그저 그것에 대해 놀라워하는 것입니다.

성찬에는 그저 신자가 그리스도의 구속의 역사를 누리는 것보다 더한 의미가 있습니다. 이것은 하이델베르크 요리문답(Heidelberg catechism) 제76문에서 분명히 나타납니다: "그러면 그리스도의 십자가에 달리신 살을 먹고 그가 흘린 피를 마신다는 것은 무엇입니까?" 그 답은 이렇습니다: "그것은 믿는 마음으로 그리스도의 모든 고난과 죽으심을 포용하여 죄 사함과 영생을 받는다는 뜻임은 물론, 그리스도 안에 거하시고 또한 동시에 우리 안에 거하시는 성령으로 말미암아 그의 신성한 몸과 점점 더 연합되어 우리가 ― 물론 그리스도께서 하늘에 계시고 우리는 땅 위에 있으나 그럼에도 불구하고 ― 그의 살 중의 살이 되며, 그의 뼈 중의 뼈가 되어 영원토록 한 성령으로 말미암아 지배를 받아 살게 된다는 뜻입니다."

이 가르침에 표현된 사상은 성경과 전적으로 일치하는 것입니다.

사람을 창조하실 때에, 그 이전에 하나님께서 창조하신 영들과 사람을 구분지어 주고 사람을 하나님의 지혜와 능력의 최고의 작품으로 만들어 주는 놀라운 사실은, 바로 그가 흙으로 지음받은 몸으로 영적 생명과 하나님의 영광을 드러낸다는 것입니다. 몸을 통하여 욕심과 죄가 세상에 들어왔습니다. 몸을 구원하여 그것을 하나님의 거처로 삼기 위하여 충만한 구속이 계획된 것입니다.

구속이 완전히 이루어질 것이며, 그때에야 비로소 하나님의 목적이 성취될 것입니다. 이것이 바로 주 예수께서 육체로 임하신 목적이었습니다. "모든 신성의 충만함이 육체로" 주님 안에 거하고 있었습니다. 이를 위하여 그가 그의 몸으로 우리의 죄를 지신 것이요, 그의 죽으심과 부활을 통해서 영은 물론 육체까지도 죄와 사망의 권세에서 구원하신 것입니다. 이 구속의 첫 열매들로서 우리는 이제 그리스도와 함께 한 몸이며 한 영인 것입니다. 우리는 그의 몸에, 그의 살에, 그의 뼈에 속한 자들입니다. 성찬을 지키는 가운데 주께서 몸에도 임하셔서 그것을 소유하시는 것이 바로 이 때문입니다. 그가 그의 성령으로 우리의 영에게 역사하셔서 우리의 몸으로 부활 시에 있는 구속에 참여하게 하는 것은 물론이요, 이미 이 땅에서 우리의 몸이 성령의 전이어서 영혼을 거룩하게 하는 역사가 더욱 영광스럽게 진행될 것입니다. 몸을 포함하여, 전 인격으로 하나가 되어 거기에 참여하는 정도만큼 그 역사가 진행되는 것입니다.

그리하여 우리는 성찬에서 "그리스도의 진정한 몸과 그리스도의 진정한 피"를 의도적으로 먹고 마십니다. 루터(Luther)의 가르침을 따라서, 그리스도의 몸이 떡 속에 있기 때문에 불신자가 그 떡을 먹어도 결국 거룩한 몸을 먹는 것이라는 의미는 아닙니다만, 떡을 먹음으로써, 믿음이 성령으로 말미암아 은밀한 방식으로 정말로 하늘로부터 임하는 거룩한 몸과 피의 능력을 양식과 음료로 받아서 그것으로 말미암아 영혼과 육체가 영생에 참여한 존재가 된다는 의미인 것입니다.

지금까지 성찬에 대해서 말씀한 모든 내용이 "예수의 피를 마시는 일"에 충만히 적용됩니다. 그 피를 마신다는 것은 과연 지극히 친밀하고 가장 완전한 그리스도와의 연합이 발효되는 그러한 깊고 깊은 영적 신비인 것입니다. 영혼이 성령으로 말미암아 그리스도의 피의 연합을 충만히 누리고 그리하여 그리스도께서 피를 흘리실 때에 드러내 보이신 바로 그 기질에 진정으로 참여하는 자가 될 때에 그것이 바로 예수의 피를 마시는 것입니다.

피는 몸의 생명입니다. 신자가 그리스도와 함께 한 몸으로서 그리스도 안에 온전히 거하기를 바라면, 거기에서 성령으로 말미암아 초인간적인 강력한 방식으로 그 피가 하늘의 생명을 유지시키고 강건하게 할 것입니다. 피 속에서 부은 바 된 생명이 그 사람의 생명이 되는 것입니다. 옛 사람의 생명이 죽어서 그리스도의 생명이 살 여지가 생기는 것입니다. 그리스도의 피를 마시는 일이 어떻게 해서 주님의 하늘의 생명에 고귀하게 참여하는 것이 되는지를 깨닫는 데서, 믿음의 가장 고상하고 영광된 기능이 있는 것입니다.

이제 다음의 내용을 살펴보아야 하겠습니다.

3. 피를 마시는 일에 대하여 우리는 어떤 태도를 가져야 할까?

사랑하는 형제 여러분, 우리 속에 있는 하나님의 생명에 관한 가장 깊은 신비 가운데 하나가 바로 여기에 있다는 말을 앞에서 이미 했습니다. 우리로서는 주 예수께서 우리를 가르쳐 주시고 "그의 피를 마신다"는 표현에 담긴 진정한 의미를 우리에게 전해 주시기를 구할 때에, 깊고 깊은 경외심을 갖고 그에게 나아가야 할 것입니다.

　예수님과의 충만한 연합을 사모하는 사람만이 예수님의 피를 마신다는 것이 무슨 의미인지를 올바로 배우게 됩니다. "내 피를 마시는 자는 내 안에 거하고 나도 그 안에 거하리라." 그저 죄 용서함으로만 만족하는 사람은, 예수님의 사랑을 풍성히 마시게 되기를 갈망하지 않는 자는, 영혼과 육체의 구속의 그 충만한 능력을 체험하여 예수님께 있었던 것과 동일한 기질을 그 자신도 진정으로 소유하게 되기를 사모하지 않는 사람은, 이 "피를 마시는 일"에 그저 작은 부분만을 누릴 것입니다. 그러나 반대로, 예수님의 목표와 동일한 목표 ─ "내 안에 거하고 나도 그 안에 거하리라 ─ 를 가장 중요한 것으로 삼아서 힘쓰는 사람은, 영생의 능력이 자기 몸에서 역사하기를 사모하는 사람은, 이 말씀들이 너무 높다거나 너무 비밀스럽다거나 하는 선입관 때문에 두려워하고 뒤로 물러서지 않을 것입니다. 그는 하늘의 사고 방식을 갖기를 사모합니다. 그가 하늘에 속해 있고, 또한 그리로 향하여 가기 때문입니다. 그러므로 그는 하늘로서 오는 양식과 음료를 얻기를 사모하는 것입니다. 갈증이 없이는 음료를 마시는 일도 없습니다. 예수님을 사모하고 그와의 완전한 교제를 갈망하는 것이 바로 갈증이요, 그것이야말로 피를 마시기 위한 가장 좋은 준비인 것입니다.

　갈증 있는 영혼이 이 생명을 주는 음료를 마셔 하늘로부터 말미암아 새로워지게 되는 것은 바로 성령으로 말미암는 일입니다. 우리는 이를 마시는 일이 하늘의 신비라고 이미 말씀드렸습니다. 만유의 심판주이신 하나님께서 계시고 새 언약의 중보자이신 예수께서 계신 하늘에는 또한 "뿌린 피"도 있습니다 (히 12:23, 24). 성령께서는 우리를 가르치실 때에 ─ 말하자면 손으로 붙잡고 가실 때에 ─ 우리의 인간적인 이해력의 범위 이상의 것을 베풀어 주십니다. 예수님의 피나 그의 생명에 대하여, 그 피 가운데 우리의 몫에 대하여, 그리고 그 피의 살아 있는 능력을 우리에게 부어 주시는 일에 대하여 우리가 갖고 있는 모든 생각들은 그가 ─ 성령께서 ─ 예수님과 우리의 연합을 통해서 우리에게 가져다주실 그 영광스러운 현실의 그저 희미하고 가느다란 빛에 불과한 것입니다.

그 피를 실제로 받아들이고 말 그대로 그 피를 마시는 증거를 과연 우리의 몸 어디에서 찾겠습니까? 몸의 각 지체가 하나씩 정맥을 통해서 심장에서 계속해서 새로이 흘러나오는 피를 받는 바로 그곳이 아니겠습니까? 건강한 몸은 각 지체마다 끊임없이 풍성하게 피를 받아 마시는 것입니다. 이와 마찬가지로 우리를 예수와 연합시키시는 바 예수 그리스도 안에 있는 생명의 성령께서 이처럼 피를 마시는 역사를 내적 삶의 자연스런 동작으로 만들어 주실 것입니다. 주께서 자기 살을 먹고 자기 피를 마시는 일에 대하여 하신 말씀에 대하여 유대인들이 "어려운 말"이라고 하며 불평하자, 주님께서는 "살리는 것은 영이니 육은 무익하니라"라고 대답하셨습니다. 이 신적인 신비를 우리 속에서 생명과 능력으로, 그 신비를 우리가 예수님 안에 거하고 그가 우리 속에 거하시는 참된 살아 있는 체험으로 만드시는 분은 바로 성령님이신 것입니다.

이 축복이 우리에게 베풀어지리라는 고요하며 강하고 확정된 믿음의 기대가 반드시 우리 편에서 있어야 합니다. 그 보배로운 피가 할 수 있고 또한 베풀어 줄 수 있는 모든 것이 정말로 우리를 위한 것임을 믿어야 하는 것입니다.

우리 모두 구주께서 친히 성령으로 말미암아 우리로 하여금 그의 피를 마시고 생명을 얻도록 하시리라는 것을 믿읍시다. 이제 우리는 그 피의 화목하게 하고 깨끗이 씻고 거룩하게 하는 효과들을 더 잘 깨닫게 되었으니, 그 피의 그런 효과들을 믿고 마음을 다하여 계속해서 누리도록 해야 하겠습니다.

그러면 우리는 지극한 확신과 기쁨으로 주님께 이렇게 말씀드릴 수가 있을 것입니다: "오 주님, 주의 피가 제게 생명을 주는 음료이옵니다. 저를 그 피에 씻으시고 깨끗하게 하신 주께서, 날마다 '인자의 살을 먹고 인자의 피를 마시기를' 가르치사, 제가 주 안에 거하고 주께서 제 안에 거하시도록 만드시옵소서." 주께서 반드시 이를 이루어 주실 것입니다.

제 9 장
피로 말미암는 승리

"또 우리 형제들이 어린 양의 피와 자기들이 증언하는 말씀으로써 그를 이겼으니
그들은 죽기까지 자기들의 생명을 아끼지 아니하였도다" – 계 12:11.

수천 년 동안 사람을 실족하게 한 옛 뱀과 "여인의 후손" 사이에 인류를
소유하려는 강한 싸움이 있어 왔습니다.

어떤 때는 하나님의 나라가 능력으로 임한 것처럼 보이기도 했습니다만,
또 어떤 시대에는 악의 권세가 사태를 완전히 장악하여 도저히 소망이 없어
보이기도 했습니다.

우리 주 예수님의 삶도 마찬가지였습니다. 그의 오심으로 말미암아, 그의
놀라운 말씀과 역사로 말미암아, 구속이 속히 오리라는 지극히 영광된 기대
가 생겨났습니다. 그런데 예수께서 죽으셨으니 그를 믿는 모든 이들에게 그
얼마나 끔찍스러운 실망이었겠습니까! 마치 어둠의 권세가 승리를 거두었
고 자기들의 나라를 영원히 세운 것처럼 보였습니다.

그러나 보십시오! 예수께서 죽은 자 가운데서 다시 살아나셨고, 어둠의
왕이 승리한 것처럼 보였으나 그것은 끔찍한 패망이었음이 드러났습니다.
"생명의 주"를 죽임으로써 사탄은 그가 자기의 나라에 들어오시도록 허용
하였습니다. 그분이야말로 홀로 죽음의 문을 깨뜨릴 수 있는 분이셨던 것입
니다. "죽음으로 말미암아 그가 사망의 권세를 가진 자, 곧 마귀를 멸하셨으
니." 우리 주님께서 그의 피를 흘리사 죽으셨고 사탄이 마치 승리를 얻은 것

같았던 그 거룩한 순간에, 그 대적자 마귀는 그때까지 자기가 소유하고 있던 권세를 완전히 빼앗긴 것입니다.

오늘 우리의 본문은 이 기억에 남을 만한 사건들을 아주 놀랍게 묘사하고 있습니다. 신빙성 있는 주석가들은, 물론 세세한 내용에 대한 해석에서는 견해의 차이가 나타납니다만, 여기 나타난 이상이 그리스도의 승천의 결과로 사탄이 하늘에서 쫓겨나는 것에 대한 것이라는 데에는 모두 동의하고 있습니다.

5절에서 9절을 보면 이렇게 말씀하고 있습니다: "여자가 아들을 낳으니 … 하나님 앞과 그 보좌 앞으로 올려가더라. … 하늘에 전쟁이 있으니 미가엘과 그의 사자들이 용과 더불어 싸울새 용과 그의 사자들도 싸우나 이기지 못하여 다시 하늘에서 그들이 있을 곳을 얻지 못한지라 큰 용이 내쫓기니 옛 뱀 곧 마귀라고도 하고 사탄이라고도 하며 온 천하를 꾀는 자라 그가 땅으로 내쫓기니 그의 사자들도 그와 함께 내쫓기니라."

그리고 나서 노래가 이어지는데, 오늘의 본문은 거기에 속한 것입니다: "이제 우리 하나님의 구원과 능력과 나라와 또 그의 그리스도의 권세가 나타났으니 우리 형제들을 참소하던 자 곧 우리 하나님 앞에서 밤낮 참소하던 자가 쫓겨났고 또 우리 형제들이 어린 양의 피와 자기들이 증언하는 말씀으로써 그를 이겼으니 그들은 죽기까지 자기들의 생명을 아끼지 아니하였도다 그러므로 하늘과 그 가운데에 거하는 자들은 즐거워하라"(계 12:10—12).

여기서 우리가 특별히 주목해야 할 사실은, 사탄을 정복한 일이, 그리고 그가 하늘에서 내쫓긴 일이 앞에서는 예수님의 승천과 그 다음에 이어지는 하늘의 전쟁의 결과로 묘사되고 있으나, 뒤에 이어지는 승리의 노래에서는 승리가 주로 어린 양의 피 덕분에 얻어진 것으로 묘사되고 있다는 것입니다. 어린 양의 피가 승리를 얻은 힘이었다는 것입니다.

요한계시록 전체에서 우리는 어린 양이 보좌 위에 있는 것을 봅니다. 그는 죽임 당하신 어린 양으로서 그 위치를 얻으신 것입니다. 사탄과 그의 모든 권세를 이기는 승리는 어린 양의 피로써 이루어진 것입니다.

우리는 지금까지 그리스도의 피의 갖가지 효과들에 대해서 말씀을 나누었습니다만, 이제는 어떻게 해서 승리가 언제나 어린 양의 피 덕분인 것으로 말씀하는지를 이해할 기회를 갖는 것이 합당할 것입니다.

우리는 승리를 다음과 같이 살펴보려 합니다:

1. 단번에 얻었다는 사실.

2. 언제나 계속 진행되고 있다는 사실.

3. 거기에 우리의 몫이 있다는 사실.

1. 단번에 얻은 승리

오늘 우리의 본문에 나타나 있는 표현에서 우리는 인류의 철천지 원수인 사탄이 한때 얼마나 높은 지위에 있었는가를 볼 수 있습니다. 사탄은 하늘에 들어가서 거기서 형제들을 참소하는 자로, 또한 하나님의 백성들의 유익을 위하여 행해지는 모든 일을 반대하는 자로서 나타났습니다.

구약 성경이 이 사실을 어떻게 가르치고 있는지를 우리는 잘 알고 있습니다. 욥기에서 우리는 사탄이 하나님의 아들들과 함께 와서 여호와 앞에 모습을 드러내는 것을 봅니다. 그리고 여호와께로부터 그의 종 욥을 시험하도록 허락을 받습니다(욥기 2장). 스가랴서는 "대제사장 여호수아는 여호와의 사자 앞에 었고 사탄은 그의 우편에 서서 그를 대적하는 것을 여호와께서 내게 보이시니라"라고 기록하고 있습니다(3:1). 그 다음에는 누가복음 10:18에는 우리 주님의 진술이 기록되어 있습니다: "사탄이 하늘로서 번개같이 떨어지는 것을 내가 보았노라." 그리고 후에 가서, 주님은 다가오는 자신의 고난을 미리 느끼시면서 영혼의 고뇌 가운데서 말씀하시기를, "이제 이 세상의 심판이 이르렀으니 이 세상 임금이 쫓겨나리라"고 하셨습니다(요 12:31).

언뜻 생각하면, 성경이 사탄을 하늘에 있는 것으로 묘사한다는 것이 이상하게 보일 수도 있습니다. 그러나 이를 올바로 이해하기 위해서는 하늘은 하나님과 사탄이 서로 이웃처럼 교제하는 그런 한계가 있는 작은 거소(居所)가 아니라는 것을 기억해야 합니다. 그렇지 않습니다. 하늘은 한계가 없는 영역으로서 아주 여러 갈래로 나뉘어 있고, 거기에 본성적으로 하나님의 뜻을 수행하는 무수한 천사들의 집단으로 가득 차 있습니다. 그들 가운데 사탄도 역시 한 자리를 점하고 있었던 것입니다. 또한 기억해야 할 것은, 대개들 사탄을 겉모습이 새까맣고 무시무시한 모습을 하고 있는 것으로 그리고 있지만, 성경은 사탄을 그렇게 묘사하지 않고 오히려 "빛의 천사"로 묘사하고 있다는 점입니다. 사탄은 수만의 종들을 거느린 임금(prince)이었습니다.

인간의 타락을 조장하고 또한 세상을 자기에게로 돌리고 그 세상의 왕이 되고 난 후, 사탄은 세상에 속한 모든 것들 위에 진정으로 군림했습니다. 사실은 사람이 세상의 왕이 되도록 되어 있었습니다. 하나님께서 "땅을 다스리라"고 말씀하셨기 때문입니다. 사탄은 세상의 왕인 사람을 정복하자, 세상 전체를 자기의 권세 아래 취하였습니다. 그런데 **하나님께서도 이 권세를 인정하신 것입니다.** 하나님은 그의 거룩하신 뜻 가운데서, 사람이 만일 사탄을 따르면 반드시 그 결과를 받아야 하고 그의 악한 다스림 밑에 들어가야 한다고 정하셨습니다. 하나님은 이 문제에 있어서 한 번도 그의 능력을 사용하신다거나 무력을 행사하지 않으셨습니다. 다만 언제나 율법과 의의 길을 취하셨습니다. 그리하여 사탄은 정당한 방식으로 사탄에게서 권세를 도로 찾을 때까지 사탄은 자기의 권세를 마음껏 발휘하도록 된 것입니다.

그렇기 때문에 사탄은 하늘에서 하나님 앞에 나타날 수 있었고, 형제들을 참소하는 자로서, 또한 사천 년의 옛 언약의 세월 동안 그들을 대적할 수 있었던 것입니다.

사탄은 모든 육체에 대하여 권세를 행사하였습니다. 그리고 **그의 권세가 행사되는 영역인 육체**로 그를 정복하여야만 그를 하늘의 궁정에서 영원토록 내쫓을 수가 있었습니다.

그리하여 하나님의 아들이 **육체로** 임하신 것입니다. 사탄의 터전 위에서 사탄과 싸우고 그를 정복하기 위하여 그렇게 임하신 것입니다.

주께서 공생애를 시작하실 무렵 성령으로 기름 부음을 받으사 하나님의 아들로 공개적으로 인정을 받으신 후에, "성령에 이끌려 광야로 가사 마귀에게 시험을 받으신 것"도 바로 이런 이유에서였습니다. 그 자신이 친히 사탄의 시험을 견디시고 물리치시고서야 비로소 사탄에 대한 승리를 얻으실 수가 있었던 것입니다.

그러나 사탄의 시험에 대한 승리만으로 다 되는 것이 아니었습니다. 그리스도께서 오신 것은 "죽음을 통하여 죽음의 세력을 잡은 자 곧 마귀를 멸하시기" 위함이었습니다(히 2:14). 마귀가 그런 죽음의 세력을 쥐게 된 것은 하나님의 율법 때문이었습니다. 하나님의 율법이 그를 감옥에 갇힌 죄수들을 간수하는 간수장으로 삼은 것입니다. 성경은 이렇게 말씀합니다: "사망이 쏘는 것은 죄요 죄의 **권능은 율법이라**"(고전 15:56). 사탄에 대해 승리를 얻고 사탄을 내쫓는 일은 율법의 의로운 요구들이 완전히 성취되기 전에는 일어날 수가 없는 것이었습니다. 죄인이 먼저 **율법의 권세**에서 구원을 받아야만 비로소 그가 **사탄의 권세**에서 구원을 받을 수 있는 것이었습니다.

주 예수께서는 그의 죽으심으로, 또한 그의 피를 흘리심으로 율법의 요구들을 완전히 성취하셨습니다. 율법은 끊임없이 "죄의 삯은 사망이라"고, "죄를 범한 영혼은 죽으리라"고 선포해 왔습니다. 성전의 모형적인 사역을 통해서, 피 흘림과 피 뿌림을 동반하는 희생 제사를 통해서, 율법은 오직 피 흘림을 통해서만 화목과 구속이 있을 수 있다는 것을 말씀하고 있었던 것입니다.

우리의 보증인이신 하나님의 아들께서는 율법 아래서 출생하셨습니다. 그리고 그 율법에 완전히 순종하셨습니다. 그는 사탄의 권세 아래 들어가게 만들려는 사탄의 유혹들을 물리치셨습니다. 그는 기꺼이 죄의 형벌을 지도록 자신을 내어 주셨습니다. 그는 고난의 잔을 피하도록 만들려는 사탄의 시험에 귀를 기울이지 않으셨습니다. 그는 자신의 피를 흘리시기까지 자신의 생명 전체를 마지막까지 율법을 성취하는 데 바치셨습니다. 그렇게 해서 율법이 완전히 성취되자, 죄와 사탄의 권세는 종지부를 찍게 되고야 말았습니다. 그러므로 사망이 주님을 붙들어 놓을 수가 없었던 것입니다. 영원한 언약의 피로 말미암아, 하나님께서는 그를 죽은 자 가운데서 다시 살리신 것입니다. 그리하여 그도 "자신의 피로써 하늘에 들어가" 그가 이루신 화목을 우리를 위하여 효력을 발생하게 만드신 것입니다.

본문은 우리 주님이 하늘에 들어가신 일로 나타난 영광스러운 결과를 아주 놀랍게 묘사해 주고 있습니다. 비밀에 싸인 여인에 대해서 이렇게 말씀합니다: "여자가 아들을 낳으니 이는 장차 철장으로 만국을 다스릴 남자라 그 아이를 하나님 앞과 그 보좌 앞으로 올려가더라 그 여자가 광야로 도망하매 거기서 천이백육십 일 동안 그를 양육하기 위하여 하나님께서 예비하신 곳이 있더라 하늘에 전쟁이 있으니 미가엘과 그의 사자들이 용과 더불어 싸울새 용과 그의 사자들도 싸우나 이기지 못하여 다시 하늘에서 그들이 있을 곳을 얻지 못한지라 큰 용이 내쫓기니 옛 뱀 곧 마귀라고도 하고 사탄이라고도 하며 온 천하를 꾀는 자라 그가 땅으로 내쫓기니 그의 사자들도 그와 함께 내쫓기니라"(계 12:5-9).

그리고 바로 뒤이어서 승리의 노래가 나타나고 있습니다: "어린 양의 피 … 를 인하여 그를 이기었으니."

다니엘서에서도 앞에서 인용한 이 미가엘과 그를 대적하는 세상의 권세 들과의 싸움에 대한 기사가 나타납니다. 그는 하나님의 백성 이스라엘의 편 에 서서 싸우고 있었던 것입니다. 그러나 어린 양의 피가 흘려진 지금에 와 서야 비로소 사탄이 내쫓김을 당하게 되었습니다. 죄에 대하여 화목이 이루 어졌고 율법의 요구가 성취되었으므로, 사탄이 그의 모든 권세와 권리를 잃 어버리게 된 것입니다. 이미 보았듯이, 그 피가 죄를 없앰으로써 하늘에서 하나님에 대하여 놀라운 일을 행하였듯이, 사탄에 대해서도 그 비슷한 역사 를 행한 것입니다. 사탄은 이제 더 이상 참소할 권리가 없어졌습니다. "이제 우리 하나님의 구원과 능력과 나라와 또 그의 그리스도의 권세가 이루었으 니 우리 형제들을 참소하던 자 곧 우리 하나님 앞에서 밤낮 참소하던 자가 쫓겨났고 … 어린 양의 피 … 를 인하여 그를 이겼도다."

2. 첫 승리에 뒤따라 이어지는 점진적인 승리. 사탄이 땅으로 내쫓겼으니 하늘의 승리가 이제 여기서 진행되어야 한다

이는 "어린 양의 피로 말미암아 그를 이겼도다"라는 승리의 노래 속의 말 씀에서 암시되고 있습니다. 이 말씀은 일차적으로는 "형제들"에 대하여 한 말씀이지만, 또한 천사들의 승리를 지칭하는 것이기도 합니다. 하늘과 땅의 승리가 동시에 진행되며 또한 동일한 근거 위에서 이루어집니다. 우리는 앞 에서 언급한 다니엘서의 말씀에서(단 10:12, 13) 하나님의 일을 진행해 나가는 데에 하늘과 땅 사이에 어떤 교제가 있는지를 봅니다. 다니엘이 기도하자마 자 천사가 역사하였고, 하늘에서는 삼 주간의 싸움이 있었고 동시에 땅에서 는 삼 주간의 기도와 금식이 있었습니다. 이 땅에서의 싸움은 눈에 보이지 않는 하늘의 영역에서 벌어지는 싸움의 결과인 것입니다. 미가엘과 그의 천사들, 그리고 이 땅의 형제들이 "어린 양의 피로 말미암아" 승리를 얻은 것입니다.

요한계시록 12장에서 우리는 이 싸움이 하늘에서 땅으로 옮겨진 사실을 분명히 보게 됩니다. 하늘에서 음성이 나서 이렇게 외칩니다: "땅과 바다는 화 있을진저 이는 마귀가 자기의 때가 얼마 남지 않은 줄을 알므로 크게 분내어 너희에게 내려갔음이라"(12절). "용이 자기가 땅으로 내쫓긴 것을 보고 남자를 낳은 여자를 박해하는지라"(13절).

여기서 여자는 예수님이 낳으신 바 된 하나님의 교회를 의미합니다. 마귀가 하나님의 아들에게 더 이상 해를 가할 수 없게 되자, 그는 그의 교회를 박해하는 것입니다. 우리 주님의 제자들과 또한 3세기까지의 교회가 이를 뼈저리게 체험하였습니다. 피를 흘리는 박해 중에서 수없이 많은 그리스도인들이 순교하였고, 사탄은 또한 교회를 배도에 빠뜨리기 위하여, 또는 완전히 뿌리를 뽑아버리기 위하여 온갖 노력을 다 기울였습니다. 그러나 형제들이 승리를 거두었습니다. "우리 형제가 어린 양의 피와 자기들이 증언하는 말씀으로써 그를 이겼으니 그들은 죽기까지 자기 생명을 아끼지 아니하였도다"라는 진술은 순교자들에게 그대로 적용되는 것입니다.

박해의 세월이 지나자, 안식과 세상적 번영의 세월이 교회에 찾아왔습니다. 사탄이 교회를 박멸하려 했지만 소용이 없었습니다. 이때에 사탄은 세상에 대한 애착을 사용하여 성공을 거두었습니다. 교회가 세상을 본받음으로써 모든 것이 어두워져갔고, 결국 중세기에 이르러 로마 교회의 배도가 극에 달했습니다. 그러나 이 모든 세월 동안 그 가운데 적은 수가 남아서 믿음의 싸움을 처절하게 싸웠습니다. 그들의 경건한 삶의 모범과 주님에 대한 증거를 통해서 요한계시록의 진술이 분명하게 세워진 것입니다: "우리 형제가 어린 양의 피와 자기들이 증언하는 말씀으로써 그를 이겼으니 그들은 죽기까지 자기 생명을 아끼지 아니하였도다."

　저 복된 종교개혁을 통하여, 사탄이 교회 안에서 행사하고 있던 그 강력한 권세가 무너졌습니다만, 이 역시 은밀한 능력에 의해서 이루어진 것입니다. "우리 형제가 어린 양의 피로 말미암아 그를 이겼으니." 종교개혁자들이 그렇게도 놀라운 능력을 얻었고, 그렇게도 영광스러운 승리를 얻은 것은 바로 우리가 "하나님께서 그의 피로써 믿음으로 말미암는 화목 제물로 세우신 그리스도 예수 안에 있는 구속을 통하여 그의 은혜로 말미암아 값 없이 의롭다 하심을 얻는다"는 영광된 진리를 발견하고 체험하고 전파함으로 말미암은 것이었습니다.

　종교개혁 시대 이후에도, 어린 양의 피를 높이고 기리는 만큼 교회가 새로운 생명을 얻고 무기력함과 그릇된 사상에 대하여 승리를 얻는다는 사실이 여전히 드러나고 있습니다. 그렇습니다. 심지어 사탄의 보좌가 수천 년 동안 아무런 방해도 받지 않고 세력을 발휘해 온 악한 이교도들 가운데서도, 이것이야말로 사탄의 권세를 무너뜨리는 무기인 것입니다. 곧, "십자가의 피"야말로 세상의 죄를 위한 화목이요 값 없이 죄를 용서하는 하나님의 사랑의 근거라는 메시지가 능력이 되어, 지극히 캄캄한 심령이 문을 열어 부드러워지며 사탄의 거처이던 상태에서 변화를 받아 지극히 높으신 하나님의 성전이 되는 역사가 일어나는 것입니다.

　이 사실이 교회에 적용되듯이, 그리스도인 개개인에게도 똑같이 적용됩니다. 언제나 "어린 양의 피"로 인하여 승리를 얻는 것입니다. 하늘에서 하나님과 완전한 화목을 이루며, 죄를 없이하며, 우리를 지배하는 마귀의 권세를 완전히 제거하며, 하나님의 사랑하심에 대하여 충만한 확신을 우리 마음속에서 이루며, 또한 죄의 권세를 멸하는 그 피의 능력을 믿을 때에 — 즉, 우리의 심령이 그 피의 능력 속에 살 때에 ─ 사탄의 시험이 우리를 옭아매지 않게 되는 것입니다.

어린 양의 거룩한 피가 뿌려지는 바로 그곳에 하나님이 거하시고, 사탄이 피하여 도망치는 것입니다. 하늘에서, 땅에서, 그리고 우리의 마음속에서, 점진적인 승리를 선언하는 다음의 말씀이 그대로 적용되는 것입니다: "어린 양의 피로 말미암아 그를 이겼으니."

3. 이 승리에 우리의 몫도 있다 ─ 만일 우리가 "어린 양의 피로" 깨끗이 씻음을 입은 사람 중에 속하는 자로 인정을 받는다면.

이를 충만히 누리기 위해서는 다음의 사실들에 주의를 기울여야 합니다:

(1) 싸움이 없이는 승리도 있을 수 없다는 사실.

먼저 우리가 원수의 영역에 거하고 있다는 것을 알아야 합니다. 하늘의 이상 가운데서 사도 요한에게 계시된 사실은 우리의 일상 생활에도 그대로 적용됩니다. 사탄이 이 땅으로 내쫓겼고, 또한 자기의 때가 얼마 남지 않았다는 것 때문에 그는 굉장히 화가 나 있습니다. 사탄은 이제 영광을 받으신 예수님께 다다를 수가 없기 때문에 그의 백성을 공격함으로써 그를 해치려 하는 것입니다. 우리는 항상 우리의 상상을 초월하는 간계와 능력을 가진 원수가 매순간마다 우리를 살피고 있다는 거룩한 의식을 갖고 살아야 합니다. 사탄은 우리를 전적으로, 또는 일부분만이라도 자기의 권세 아래 도로 끌어내리기 위해서 지칠 줄 모르고 애를 쓰고 있습니다. 사탄은 문자 그대로 "이 세상의 임금"입니다. 세상에 있는 모든 것들은 기꺼이 그를 섬길 자세가 되어 있습니다. 그리고 그는 어떻게 하면 세상의 모든 것들을 이용하여 교회로 하여금 그 주님께 신실하지 못하도록 만들고, 자기의 영을 ─ 세상의 영을

— 교회에 불어넣을지를 잘 알고 있습니다.

그는 일상적으로 죄로 여겨지는 그런 유의 시험거리를 이용할 뿐 아니라, 우리의 세상적인 사업과 일에 끼어드는 방법도 잘 알고 있습니다. 일용할 양식과 필요한 돈을 구하는 일에도 끼어들고, 우리의 정치에도 끼어들고, 상업적인 거래에도 끼어들고, 문학과 과학에도 끼어들고, 지식에도 끼어듭니다. 그리하여 그 자체로는 합법적인 모든 것들을 자기의 사탄적인 궤계를 위하여 도구로 사용하는 것입니다.

"어린 양의 피로써" 사탄을 이기기를 사모하는 신자는 누구든 싸우는 용사가 되어야 합니다. 자기의 원수의 성격을 깨닫고 이해하는 데 최선의 노력을 기울여야 합니다. 성령으로 말미암아 말씀을 통해서 사탄의 은밀한 간계가 무엇인지를, 성경이 말씀하는 바 사람의 눈을 어둡게 하고 속이는 "사탄의 깊은 것"(계 2:24)이 무엇인지에 대해서 가르침을 받아야 합니다. 이 싸움이 혈육의 싸움이 아니라, "통치자들과 권세들과 이 어둠의 세상 주관자들과 하늘에 있는 악의 영들을 상대함이라"는 것을 반드시 알고 있어야 합니다(엡 6:12). 그 어떠한 희생을 무릅쓰고라도, 모든 면에서 죽을 때까지 이 싸움을 행하는 데 자기 자신을 헌신해야 합니다. 그럴 때에 비로소 "우리 형제가 어린 양의 피와 자기들이 증언하는 말씀으로써 그를 이겼으니 그들은 죽기까지 자기 생명을 아끼지 아니하였도다"라는 승리의 노래에 함께 참여할 수 있게 될 것입니다.

(2) 승리는 믿음을 통해서 얻어진다는 사실.

"세상을 이기는 승리는 이것이니 우리의 믿음이니라 예수께서 하나님의 아들이심을 믿는 자가 아니면 세상을 이기는 자가 누구냐"(요일 5:4, 5). 우리 주 예수님은 말씀하시기를, "담대하라 내가 세상을 이기었노라"고 하셨습니다. 사탄은 이미 정복당한 원수입니다. 사탄은 주 예수께 속한 자들에게 아무것도 할 말이 없습니다. 절대로 그 어떠한 말도 할 권리가 없습니다. 불신앙으로나 무지함으로나 또는 내가 예수님의 승리에 참여한 자가 되었다는 사실을 붙드는 데서 물러서게 되면, 그것은 사탄에게 다시금 나를 다스릴 권세를 내어주는 꼴이 됩니다. 그러나 살아 있는 믿음으로 내가 과연 예수 그리스도와 함께 있고 주께서 친히 내 속에 사셔서 **자신이 얻으신 승리를 내 속에서 유지시켜 주시고** 이어가신다는 것을 내가 분명히 알고 있으면, 사탄은 절대로 내게 권세를 부릴 수가 없습니다. "어린 양의 피"로 말미암은 승리가 내 삶의 능력이 되기 때문입니다.

오직 이러한 믿음이 사탄과의 싸움에서 용기와 기쁨을 불러일으킵니다. 원수 사탄의 그 끔찍한 능력을, 잠시도 흐트러짐이 없이 노리는 그의 눈길을, 우리를 시험함으로써 이 땅의 모든 것을 소유한 그의 간계를 생각하면, 일부 그리스도인들의 불평처럼 싸움이 너무 심하다거나, 그렇게 항상 긴장 속에서 어떻게 살 수가 있느냐거나, 삶 자체가 불가능할 것이라는 식으로 생각하게 될 것입니다. 과연 그렇습니다. 만일 우리가 우리 자신의 연약함을 가지고 원수를 대적한다면, 혹은 우리 자신의 힘으로 승리를 얻으려 한다면 그럴 것입니다.

그러나 우리는 이런 식의 싸움을 위해서 부르심을 받은 것이 아닙니다. 예수께서 승리자가 되셨습니다. 그러므로 우리로서는 우리의 심령을 사탄이 예수로 말미암아 하늘에서 내쫓긴 하늘의 이상으로, 예수께서 친히 사탄을 정복하신 그의 피를 믿는 믿음으로, 그가 친히 우리와 함께 계셔서 그의 피의 능력과 승리를 지키신다는 믿음으로 가득 채우기만 하면 됩니다. 그러면 우리도 "우리를 사랑하신 자로 말미암아 넉넉히 이기게" 될 것입니다.

(3) 믿음의 승리는 어린 양의 피와의 교제 속에 있다는 사실.

믿음은 내가 붙잡고 있는 어떤 생각만이 아닙니다. 나를 사로잡는 어떤 확신만이 아니라 그것은 생명입니다. 믿음은 영혼을 이끌어 하나님과 직접 접촉하도록 해 줍니다. 눈에 보이지 않는 하늘의 것들과 접촉하도록 해주며, 무엇보다도 예수님의 피와 접촉하도록 해 줍니다. 나 자신이 전적으로 그 피의 능력 아래 들어가지 않고서는 그 피로 말미암는 사탄에 대한 승리를 믿을 수가 없는 것입니다.

그 피의 능력에 대한 믿음은 내 속에 그 피의 능력을 나 스스로 체험하기를 바라는 마음을 불러일으킵니다. 그리고 그 능력을 체험할 때마다 승리에 대한 믿음이 더욱 영광스럽게 되는 것입니다.

이미 여러분의 것인 완전한 하나님과의 화목 속으로 더욱 깊이 들어가도록 힘쓰시기 바랍니다. 항상 "그 피가 모든 죄를 깨끗이 씻었다"는 확신 가운데서 믿음을 발휘하며 사시기를 바랍니다. 여러분 스스로를 그 피로 말미암아 거룩하게 되고 하나님께 가까이 이끌림을 받도록 맡기십시오. 그 피가 여러분에게 생명을 주는 영양소와 능력이 되게 하십시오. 그렇게 하면, 사탄과 그의 온갖 시험에 대하여 끊임없는 승리를 체험하게 될 것입니다. 거룩히 세움 받은 제사장으로서 하나님과 함께 걷는 자는 사탄을 정복하는 왕으로서 그와 함께 통치할 것입니다.

신자 여러분, 우리 주 예수님은 그의 피로 말미암아 우리를 제사장만이 아니라, 하나님을 향하여 사는 왕들로 만드셨습니다. 그러므로 우리는 제사장의 순결과 섬김으로만이 아니라 하나님을 위하여 다스리는 왕의 권세를 갖고서 하나님께 나아갈 수가 있는 것입니다. 왕다운 자세가 우리를 감동시켜야 합니다. 왕의 용기가 우리의 원수들을 다스려야 할 것입니다. 어린 양의 피가 점점 더 분명하게 죄에 대한 모든 책임에 대한 화목뿐 아니라 죄의 모든 권세에 대한 승리의 증표요 인침이 되어야 하겠습니다.

예수님의 부활과 승천, 그리고 사탄이 내쫓긴 사실은 모두 그의 피 흘리심의 결과들이었습니다. 여러분에게서도, 그의 피 뿌림이 예수님과 함께 부활을 충만히 누리며, 그와 함께 하늘에서 좌정할 수 있는 길을 활짝 열어 놓을 것입니다.

그러므로 여러분, 다시 한 번 권면합니다. 여러분의 존재 전체를 예수님의 피의 능력이 들어오도록 활짝 열어 놓으십시오. 그러면 여러분의 삶에서 우리 주님의 부활과 승천을 계속해서 보고 체험하게 될 것이요, 또한 지옥의 모든 권세들을 이기는 승리를 계속해서 누리게 될 것입니다. 여러분의 마음 속에서도 다음과 같은 하늘의 노래가 계속해서 울려 퍼질 것입니다: "이제 우리 하나님의 구원과 능력과 나라와 또 그의 그리스도의 권세가 나타났으니 우리 형제들을 참소하던 자 곧 우리 하나님 앞에서 밤낮 참소하던 자가 쫓겨났고 또 우리 형제들이 어린 양의 피와 자기들이 증언하는 말씀으로써 그를 이겼으니 그들은 죽기까지 자기들의 생명을 아끼지 아니하였도다"(계 12:10, 11).

제 10 장
피로 말미암는 하늘의 기쁨

"이 일 후에 내가 보니 … 아무도 능히 셀 수 없는 큰 무리가 나와 흰 옷을 입고 … 보좌 앞과 어린 양 앞에 서서 큰 소리로 외쳐 이르되, '구원하심이 보좌에 앉으신 우리 하나님과 어린 양에게 있도다' 하니 모든 천사가 보좌와 장로들과 … 하나님께 경배하여 이르되, '아멘 찬송과 영광과 지혜와 감사와 존귀와 권능과 힘이 우리 하나님께 세세토록 있을지어다 아멘' 하더라. … 그가 나에게 이르되 이는 큰 환난에서 나오는 자들인데 어린 양의 피에 그 옷을 씻어 희게 하였느니라"

— 계 7:9 – 14.

이 말씀은 하늘의 영광 가운데 있는 무수한 무리들에 관한 유명한 이상 가운데 나오는 말씀입니다. 사도 요한은 영으로 그들이 흰 옷을 입고 손에 종려나무 가지를 들고 하나님의 보좌와 어린 양 앞에 서서 큰 소리로 "구원하심이 보좌에 앉으신 우리 하나님과 어린 양에게 있도다"라고 찬송하는 모습을 보았습니다. 모든 천사들이 이에 화답하여 보좌 앞에서 고개를 숙이고 하나님께 경배하며 영원한 찬송과 영광을 그에게 드렸습니다.

그때에 장로 중 하나가 그 큰 무리를 가리키며 그들의 구별된 옷 차림새를 지적하면서 요한에게 질문했습니다: "이 흰 옷 입은 자들이 누구며 또 어디서 왔느냐?" 이에 요한은 "내 주여 당신이 알리이다"라고 대답했습니다. 그러자 그 장로는 이렇게 말합니다: "이는 큰 환난에서 나오는 자들인데 어린 양의 피에 그 옷을 씻어 희게 하였느니라. 그러므로 그들이 하나님의 보좌 앞에 있고 또 그 성전에서 밤낮 하나님을 섬기느니라."

보좌 주위에 서 있는 장로들 중 하나가 해 준 이 대답은 구속함을 받은 자들이 하늘의 영광 가운데서 누리는 복락의 상태를 보여 주는 것으로 매우 중요한 것입니다.

이는 예수님의 피가 이 죄와 싸움이 가득한 세상에서 죄인의 유일한 소망일 뿐 아니라, 모든 원수가 이미 정복된 하늘에서도 그 보배로운 피가 영원토록 우리의 구원의 근거로 인정될 것이라는 사실을 드러내 주는 것입니다. 그러므로 우리는, 그리스도의 피가 하늘에서 영원토록 하나님과 함께 그 능력을 발휘한다는 것을 배우게 되며, 또한 비단 이 땅에서 죄를 처리해야 하는 동안 뿐 아니라 그 이후로도 구속함을 받은 자들 각자가 그 피가 자기에게 적용되며 또한 자기의 구원이 전적으로 그 피로 말미암는다는 증표를 영원토록 드러내 보일 것이라는 사실을 배우게 되는 것입니다.

이에 대해서 명확한 안목을 갖게 되면, "피 뿌림"과 하늘의 기쁨 사이에 얼마나 본질적이고 진정한 연관이 있는지를 더 잘 깨닫게 될 것입니다. 이 땅에 뿌려진 피와의 진정으로 친밀한 교제가 신자로 하여금 하늘의 기쁨과 영광을 나누게 해 줄 것이라는 사실을 잘 깨닫게 될 것입니다.

그 피로 말미암아 하늘에 기쁨이 있는 것은 그 피의 다음과 같은 면들 때문입니다:

1. 하늘에 들어갈 권한을 베풀어 준다.
2. 우리를 하늘의 기쁨에 합당하도록 만들어 준다.
3. 하늘의 노래를 위한 주제를 제공해 준다.

1. 그 피가 우리에게 하늘에 들어갈 권리를 준다

이것이 본문에 나타나는 주요 사상이라는 것이 분명합니다. "이 흰 옷 입은 자들이 누구며 또 어디서 왔느냐?"라는 질문에서 그 장로는 이 은혜를 입은 사람들이 정말 누구인가에 대해서 주의를 일깨우고자 하고 있습니다. 보좌 앞과 어린 양 앞에서 손에 종려나무 가지를 들고 서 있는 이들이 정말 누구인가를 알게 해 주고 싶어하는 것입니다. 그 자신의 대답에서 우리는 그들의 용모에서 가장 두드러지는 것을 그가 언급할 것이라고 기대할 수 있습니다. 그는 "이들이 어디서 왔느냐?"라는 질문에 대하여 그들이 "큰 환난에서 나오는 자들"이라고 대답합니다. 그리고 "이들이 누구냐?"라는 질문에 대해서는 그들이 어린 양의 피에 그 옷을 씻어 희게 한 자들이라고 대답하고 있습니다.

그 장로는 이것을 — 그들이 옷을 피에 씻어 희게 하였다는 사실을 — 그들의 두드러진 표지로 주목하고 있습니다. 바로 이 사실만이 그들에게 이러한 영광의 자리에 이를 수 있는 권세를 가져다주는 것입니다. 그 다음에 곧 바로 이어지는 말씀을 보면, 이 사실이 분명해집니다: "그러므로 그들이 하나님의 보좌 앞에 있고 또 그의 성전에서 밤낮 하나님을 섬기매 보좌에 앉으신 이가 그들 중에 거하시니라." "그러므로" — 곧, 그들이 보좌 앞에 있는 것이 그리스도의 피 때문이라는 사실입니다. 그들이 영광 가운데서 그렇게 높은 자리를 차지하는 것은 바로 어린 양의 피 덕분인 것입니다. 그 피가 하늘에 들어갈 권리를 주는 것입니다.

하늘에 들어갈 권리 말입니다! 정죄 받은 죄인에게 과연 그런 말을 할 수가 있습니까? 오직 값 없는 은혜로 죄인을 하늘에 받아들이시는 하나님의 긍휼하심만을 찬양하는 것이 하늘에 들어갈 권리를 말하는 것보다 더 낫지 않을까요? 아닙니다. 그렇지 않습니다. 그렇게 되면 그리스도의 피의 가치를 깨닫지 못하게 되며, 그가 어째서 피를 흘리셨는지도 깨달을 수가 없게 되고 맙니다. 또한 우리의 죄와 하나님의 은혜 모두에 대해서 그릇된 생각을 갖게 되고, 결국 구주께서 우리를 위하여 이루어 놓으신 그 영광된 구속을 충만히 누리기에 부족한 상태로 남아 있게 되고 말 것입니다.

우리는 이미 사탄이 하늘에서 내쫓긴 사실에 대해서 말씀했고, 이 사건에서 거룩하신 하나님께서 언제나 그의 법에 따라서 역사하신다는 것을 보았습니다. 마귀가 "내쫓긴 것"이 다름아닌 하나님의 법과 권리에 따라서 되어진 일이므로, 죄인으로서도 하나님의 법 이외에 다른 방식으로 받아들여질 수가 없는 것입니다. 이사야 선지자는 말씀하기를, "시온은 정의로 구속함을 받고 그 돌아온 자들은 공의로 구속함을 받으리라"고 했습니다(사 1:27). 그리고 사도 바울은 "은혜도 또한 **의로 말미암아** 왕 노릇 하리라"고 말씀했습니다(롬 5:21). 바로 이 의를 위하여 하나님께서 그의 아들을 세상에 보내신 것입니다. 하늘에 들어가는 **권리**를 갖는 일을 말씀하여 혹시 은혜를 무시하지 않을까 하는 두려움을 갖는 것이 아니라, 그 은혜의 최고의 영광이 바로 그 권리를 주는 데 있다는 사실이 드러나는 것입니다.

그런데 이런 안목이 결핍되어 있는 현상이 교회에서 가끔씩 나타나고 있습니다. 최근 어떤 사람이 저와의 대화 가운데서, 자기가 죽을 때에 천국에 들어갈 소망이 있다는 식으로 이야기해서, 저는 무슨 근거로 그런 소망을 갖느냐고 물어보았습니다. 그는 조심성이 없는 사람도 아니고 그렇다고 자기의 의를 의지하는 사람도 아니었는데도 불구하고, "글쎄요, 저는 주님을 찾고 그의 뜻을 행하려고 최선을 다해 힘써 왔습니다"라고 대답하는 것이었습니다. 거룩하신 하나님의 심판대 앞에서는 그런 것이 근거가 될 수가 없다고 말했더니, 그는 하나님의 긍휼하심에 호소하였습니다. 저는 다시 그 사람에게 긍휼하심보다 더한 것이 필요하다고 하면서 오직 하나님의 의(義)만이 그를 천국에 들어가도록 받아들일 수가 있다고 했더니, 그는 그 말을 마치 처음 듣는 것처럼 반응을 보였습니다. "믿음으로 말미암은 칭의"의 설교를 듣는 많은 사람들 가운데, 율법에 따라 의롭다고 선포함을 받지 않고서는 영원한 복락에 들어갈 수가 없다는 사실에 대해서 전혀 무지한 사람들이 굉장히 많은 현실인 것입니다.

　지적인 사고력이 아직 충만히 성숙되어 있지 않은 한 소년은 이와 전연 다른 식으로 증거했습니다. 하나님의 성령께서 그 아이의 마음을 밝혀 주셔서 예수님의 십자가의 피 흘리심의 의미를 깨닫게 해 주셨던 것입니다.

　그 아이의 임종 시에 그의 소망에 대해서 물었는데, 그 아이는 말하기를, 커다란 책이 한 권 있는데 한 쪽 면에는 자기의 수많은 죄들이 기록되어 있었다고 했습니다. 그런 다음 오른손의 손가락으로 왼손의 손바닥을 가리키면서 거기에 못자국이 있다고 말했습니다. 그리고 그 못에 찔린 손에서 무언가를 취하여 내는 시늉을 하여 ― 그 아이는 거기에 찍혀 있는 핏자국을 생각하고 있었습니다 ― 그 책에 기록되어 있는 모든 것들이 어떻게 해서 지금 완전히 씻겨졌는지를 보여 주었습니다. 어린 양의 피가 바로 그 아이의 소망의 근거였던 것입니다.

　믿는 죄인에게 어린 양의 피가 하늘에 들어갈 권리를 주는 것입니다. "세상 죄를 지고 가는 하나님의 어린 양을 보라." 피를 흘리심으로써 그가 진정으로 죄의 형벌을 지신 것입니다. 그가 정말로 우리를 대신하여 자기 자신을 죽음에 내어 주신 것입니다. 그가 자기 목숨을 많은 사람들의 대속물로 주신 것입니다. 이제 주께서 그 형벌을 지셨고, 주의 피가 정말로 대속물로 흘리신 바 되었고, 그 피가 하늘의 하나님의 보좌 앞에 있습니다. 이제 죄인의 보증이 되시는 자가 완전한 순종을 통해서, 그리고 형벌을 대신 받으심으로써, 율법의 모든 요구 사항들을 이루셨으니 하나님께서 그리스도를 믿는 죄인을 의로운 자로 선언하신다는 사실을 하나님의 의가 선포하는 것입니다. 믿음은 그리스도께서 나를 위하여 진정 모든 일을 행하셨다는 것을 인정하는 것이요, 하나님의 의의 선포란 바로 율법에 따라서 내가 구원 받는 존재임을 그가 선포하신다는 뜻입니다. 하나님의 은혜가 나에게 하늘에 들어갈 권리를 베풀어 주는 것입니다. 그리고 어린 양의 피가 이 권리의 증거입니다. 만일 내가 그 피로 말미암아 깨끗이 씻음을 받았다면, 나는 충만한 확신 가운데서 죽음을 맞이할 수가 있습니다. 하늘에 들어갈 권리가 내게 있기 때문입니다.

여러분 하늘에 들어가기를 원하시고 그럴 소망을 갖고 계십니까? 그렇다면 다음의 질문에 답을 해 보시기 바랍니다. 어떤 사람이 하나님의 보좌 앞에 서게 되겠습니까? "어린 양의 피에 그 옷을 씻어 희게" 한 자들입니다. 그 씻는 일이 하늘에서도 아니고 죽을 때에도 아니고, 여기 이 땅에서 우리가 사는 동안에 이루어지는 것입니다. 만일 그리스도의 보배로운 피로 말미암아 깨끗이 씻음을 받지 않으셨다면, 정말로 씻음을 받지 않으셨다면, 천국에 들어갈 그릇된 소망으로 여러분 자신을 속이지 말아야 합니다. 예수 그리스도께서 친히 그의 피로 여러분을 씻으셨다는 사실을 알지 못한 채로 감히 죽음을 맞으실 생각을 하지 마시기 바랍니다.

2. 그 피가 또한 우리를 하늘에 합당하도록 만들어 준다

사람이 어떤 것에 대해서 아무리 권리를 가지고 있다 해도 그것을 누리기에 합당하지 못하다면 아무런 소용이 없습니다. 선물이 아무리 값비싸다 할지라도 그것을 누리는 데 필요한 내적인 정서가 결핍되어 있다면 거의 소용이 없을 것입니다. 아무리 하늘에 들어가는 권리를 준다 할지라도 동시에 그 권리를 누릴 준비가 되어 있지 않으면 그들에게 아무런 기쁨도 없고 오히려 하나님의 모든 완전하신 역사와 충돌을 일으킬 것입니다.

예수님의 피의 능력은 죄인을 위하여 하늘의 문을 열어 놓을 뿐 아니라 신적인 방법으로 그에게 역사하여 그가 하늘에 들어갈 때에 하늘의 복락과 그 사람이 진정으로 서로 어울리게 보이도록 그렇게 되게 하는 데 있습니다.

하늘의 복락이 무엇이며 거기에 합당한 기질이 무엇인가 하는 것이 우리의 본문에 이어진 말씀에서 나타나고 있습니다. "그러므로 그들이 하나님의 보좌 앞에 있고 또 그의 성전에서 밤낮 하나님을 섬기매 보좌에 앉으신 이가 그들 위에 장막을 치시리니 그들이 다시는 주리지도 아니하며 목마르지도 아니하고 해나 아무 뜨거운 기운에 상하지도 아니하리니 이는 보좌 가운데에 계신 어린 양이 그들의 목자가 되사 생명수 샘으로 인도하시고 하나님께서 그들의 눈에서 모든 눈물을 씻어 주실 것임이라"(계 7:15~17).

하나님과 및 어린 양과 가까이 있고 그와 교제를 나누는 것이 하늘의 복락입니다. 하나님의 보좌 앞에서 그의 얼굴을 뵈옵는 것, 밤낮으로 그의 성전에서 그를 섬기는 것, 보좌 위에 앉으신 그의 보호하심을 받는 것, 어린 양으로 말미암아 인도함을 받는 것 — 이 모든 표현들이 하늘의 복락이 하나님과 어린 양 이외의 다른 어떠한 것에도 거의 의존하지 않는다는 사실을 잘 지적해 줍니다. 그들을 뵈옵고 그들과 교제를 나누며, 그들에게서 인정을 받고 사랑을 받고 보호하심을 받는 것 — 바로 이것이 복락인 것입니다.

그러면 하나님과 및 어린 양과 그런 교제를 가지기 위해서는 어떠한 준비가 필요할까요? 두 가지 준비가 필요합니다.

(1) 마음과 뜻의 내적인 일치가 필요하며, 또한

(2) 그와 가까이 있어서 교제를 나누는 일에서 기쁨을 누려야 합니다. 그런데 이 두 가지는 모두 어린 양의 피로써 값 주고 사는 것입니다.

(1) 하나님의 뜻과 하나가 되는 것을 떠나서는 하늘에 합당하다는 생각이 있을 수가 없습니다. 서로 뜻이 일치하지 않는 상태에서 두 사람이 어떻게 함께 거하겠습니까? 하나님께서 거룩하신 분이시므로, 죄인은 반드시 죄를 씻어야 하며 거룩하게 되어야 합니다. 그렇지 않으면 하늘의 행복에 전혀

합당한 상태가 되지를 않습니다. "거룩이 없이는 아무도 주를 보지 못하리라." 사람의 본성 전체가 새로워져야 합니다. 그리하여 하나님이 기뻐하시는 것을 생각하고 바라고 뜻하고 행하게 되어야 합니다. 이것은 그저 명령을 지키는 순종만의 문제가 아닙니다. 명령을 지키기를 **본성적으로 즐거워해야** 합니다. 달리는 행할 수도 뜻할 수도 없기 때문에 명령대로 행하는 것이어야 한다는 말입니다. 거룩이 그의 본성이 되어야 하는 것입니다.

이미 앞에서 본 대로 어린 양의 피가 행하는 일이 바로 이것이 아닙니까? "그의 아들 예수 그리스도의 피가 우리를 모든 죄에서 깨끗이 씻으시니." 화목과 죄 용서가 성령으로 말미암아 적용되고 산 믿음으로 유지되는 바로 거기에 그리스도의 피가 신적인 능력으로 역사하여 죄악된 욕심과 정욕을 죽이며, 그 피가 끊임없이 깨끗하게 씻는 놀라운 능력을 발휘하는 것입니다. 그 피 속에서 예수님의 죽으심의 능력이 역사합니다. 우리는 그와 함께 죄에 대하여 죽었습니다. 그 피와의 믿는 교제를 통해서, 예수님의 죽으심의 능력이 우리의 속사람의 가장 은밀한 부분에까지 파급되는 것입니다.

그 피는 또한 거룩하게 합니다. 깨끗이 씻는 일은 구원의 일부분에 지나지 않습니다. 곧, 죄를 없애는 것입니다. 그 피는 이보다 더한 일을 행합니다. 하나님을 위하여 우리를 소유하며, 예수께서 피를 흘리실 때에 지니셨던 것과 **동일한 기질을 내적으로 부여해 주는 것입니다.** 피를 흘리심으로써 주님은 우리를 위하여 자기 자신을 거룩하게 하셔서 우리도 역시 진리로 말미암아 거룩하게 되도록 하셨습니다. 그 거룩한 피를 즐거워하여 우리 자신을 거기에 몰입시킬 때, 주 예수님을 감동시켰던 바 하나님의 뜻과 그의 영광에 전적으로 굴복하는 능력이, 모든 것을 희생시키는 능력이, 하나님의 사랑 안에 거하는 능력이 우리 속에서 효력을 발생하는 것입니다.

그 피는 우리를 거룩하게 하여 우리 자신을 비우고 온전히 굴복시켜서 하나님께서 우리를 소유하시게 하고 자기 자신으로 우리를 가득 채우시게 하도록 만들어 줍니다. 이것이야말로 참된 거룩입니다. 하나님께서 소유하시고, 또한 하나님으로 가득 찬 상태가 바로 거룩인 것입니다. 이는 어린 양의 피로 말미암아 이루어집니다. 우리는 어린 양의 피로 말미암아 하늘에서 하나님을 만나는 일을 말할 수 없는 기쁨으로 이 땅에서 준비하게 되는 것입니다.

(2) 하나님과 한 뜻을 갖는 것 이외에, 하늘에 들어가기에 합당하게 되는 길은 **하나님과의 교제를 누리고자 하는** 열심과 능력을 갖는 것입니다. 이 문제에 있어서도 그리스도의 피가 이 땅에서 하늘에 들어갈 수 있는 참된 준비를 하게 해 줍니다. 그 피가 우리를 하나님께 가까이 나아가게 해 준다는 사실을 앞에서 보았습니다. 그 피로 말미암아 제사장으로서 하나님께 가까이 나아가고 "지성소"에 들어갈 자유를 누리는 것입니다. 그 피가 뿌려지는 거기에 하나님의 은혜의 보좌가 있을 정도로 그리스도의 피에 말할 수 없는 가치를 부여하신다는 것을 이미 보았습니다. 그 피의 충만한 역사 아래 마음을 둘 때에, 거기에 하나님께서 거하시고 거기서 그의 구원을 체험하게 됩니다. 그 피가 하나님과의 교제의 실천을 가능하게 만듭니다. 어린 양과의 교제도, 주 예수님 자신과의 교제도 그러합니다. "내 살을 먹고 내 피를 마시는 자는 내 안에 거하고 나도 그 안에 거하나니"라고 하신 주님의 말씀을 잊었습니까? 그 피의 능력의 충만한 축복에서 나오는 최고의 효과는 **예수님과 충만한 지속적인 연합**을 이루는 것입니다. 일을 사람과 분리시키고 그 피를 주 예수님과 분리시키는 것은 우리의 불신앙일 뿐입니다. 그의 피로 말미암아 깨끗이 씻으시며 우리를 가까이 나아가게 하고 우리로 하여금 마시게 하는 것은 바로 주님 자신이십니다. 우리가 하늘에서 아버지와 함께는 물론, 예수님과

충만한 교제를 누리는 데 합당하게 되는 일은 오직 그의 피로 말미암는 것입니다.

구속함을 받은 여러분! 여러분은 여기서 하늘에 합당하도록, 여기서도 하늘을 향한 정신 자세를 갖도록 여러분을 빚어내기에 필요한 것이 무엇인지를 볼 수 있습니다. 위의 은혜의 보좌에 언제나 자리를 차지하고 있는 그 피가 여러분의 마음속에서도 그 능력을 드러낸다는 사실을 보시기 바랍니다. 그리고 그 피로 말미암아 여러분의 삶이 하나님과 및 어린 양과의 끊임없는 교제가 될 것이며, 영원한 영광 가운데 있는 삶을 미리 맛보게 될 것입니다. 이와 같은 생각이 여러분의 영혼 속에 깊숙이 들어가게 하십시오. 이 땅에서도 그 피가 이미 마음속에 하늘의 복락을 베풀어 주고 있습니다. 그 보배로운 피가 이 땅의 삶과 하늘의 삶을 하나로 만들어 주는 것입니다.

3. 그 피가 하늘의 노래를 위한 주제를 제공해 준다

지금까지 말씀한 내용은 구속 받은 자들에 대하여 장로가 진술한 말씀에서 취한 것입니다. 그렇지만 그들이 이것을 어느 정도나 체험하고 증거하고 있습니까? 이에 대해서 그들 자신이 입으로 말씀하는 내용이 있습니까? 그렇습니다. 그들 자신이 이를 증거해 줍니다. 우리의 본문에 포함되어 있는 노래에서 그들이 큰 음성으로 "구원하심이 보좌에 앉으신 우리 하나님과 어린 양에게 있도다"라고 외치는 것을 들을 수 있습니다. 주 예수께서는 죽임 당하신 어린 양으로서, 피를 흘린 어린 양으로서 보좌에 앉아 계신 것입니다. 그러한 어린 양으로서 그는 구속 받은 자들의 예배의 대상이신 것입니다.

이 사실은 그들이 부르는 새로운 노래 속에서 더욱 분명하게 나타납니다: "두루마리를 가지시고 그 인봉을 떼기에 합당하시도다 일찍이 죽임을 당하사 각 족속과 방언과 백성과 나라 가운데에서 사람들을 피로 사서 하나님께 드리시고 그들로 우리 하나님 앞에서 나라와 제사장들을 삼으셨으니 그들이 땅에서 왕 노릇 하리로다"(계 5:9, 10).

혹은 이것과는 다소 다른 말씀이지만, 사도 요한은 계시록 서두에서 어린 양이 취한 자리에 대하여 하늘에서 그가 보고 들어서 얻은 감동을 주 예수님의 이름을 처음 언급하면서 외치는데, 거기서도 이 사실이 분명히 나타납니다: "우리를 사랑하사 **그의 피로** 우리 죄에서 **우리를 해방하시고** 그 아버지 하나님을 위하여 우리를 나라와 제사장으로 삼으신 그에게 영광과 능력이 세세토록 있기를 원하노라 아멘"(계 1:5, 6).

그 어린 양의 책이 끊임없이 구원 받은 자를 일깨우는 능력이 되시며, 그들의 기쁨과 감사의 노래가 됩니다. 왜냐하면 십자가의 죽으심으로 그가 자기 자신을 그들을 위하여 제물로 내어 주셔서 그들을 구원하셨기 때문입니다. 또한 그 피가 예수께서 행하신 일과 그로 하여금 그렇게 행하도록 움직인 그 사랑의 영원한 인침이 되며, 또한 결코 다함이 없이 계속 흘러넘치는 하늘의 복락의 근원이 되기 때문입니다.

이 점을 좀 더 잘 이해하기 위해서 다음의 표현을 주의 깊게 보십시다: "우리를 사랑하사 **그의 피로** 우리 죄에서 우리를 해방하시고 … ." 예수님의 피에 대하여 생각하는 가운데 지금까지 우리는 그 피에서 의도적으로 멈출 기회를 갖지 못했습니다. 그 피가 온갖 영광된 의미들을 담고 있습니다만, 이것이야말로 그 가운데서 가장 영광스러운 것 가운데 하나입니다. 곧, 그리스도의 피는 그의 사랑의 증표요 그의 사랑이 베풀어지는 수단이라는 사실입니다. 그의 피가 적용될 때마다, 그가 영혼으로 하여금 그 피를 체험하도록 하실 때마다, 그의 놀라운 사랑이 새롭게 흘러넘치는 것입니다. 영원토록 그 피의 능력을 충만히 체험한다는 것은 다른 것이 아니라 그리스도께서 어떻게 우리를 위하여 자기 자신을 버리셨으며 또한 자기 자신을 우리에게 주시는가 하는 것이 충만히 드러난다는 것입니다. 그는 하나님 자신으로서 영원하고 끝이 없는 도저히 이해가 불가능한 사랑 가운데서 자신을 드리신 것입니다.

"우리를 사랑하사 그의 피로 우리 죄에서 우리를 해방하시고"라고 말씀합니다. 이 사랑은 과연 우리로서는 도저히 이해가 불가능합니다. 그 사랑이 그를 감동시키사 행하시게 하지 않은 것이 무엇입니까? 그는 자기 자신을 우리를 위해 주셨습니다. 우리를 위하여 스스로 죄가 되셨습니다. 우리를 위하여 저주가 되셨습니다. 하나님께서 성령으로 말미암아 우리에게 계시해 주시지 않았다면, 과연 누가 감히 그런 언어를 사용하겠으며, 누가 감히 그런 일을 생각이나 할 수 있었겠습니까? 그가 진정 자기 자신을 우리를 위해서 버리신 것은 그가 그렇게 하실 수밖에 없는 어떤 강제적인 사정이 있었기 때문이 아니라, 순전히 우리를 진정으로 사모하는 사랑의 감동으로, 우리로 하여금 영원토록 그와 하나가 되게 하시고자 하는 사랑의 마음으로 그렇게 하신 것입니다.

이것이 그토록 고귀한 신적인 경이(驚異)이기 때문에, 그래서 우리가 그것을 그렇게 잘 느끼지 못하는 것입니다. 그러나 주님을 찬양하리로다! 우리가 그것을 느끼게 될 때가 오고 있습니다. 끊임없이 하늘의 생명을 사랑 가운데서 직접 나누며 그 사랑으로 가득 차고 그 사랑으로 만족하게 되는 그때가 올 것입니다. 그렇습니다. 주님을 찬양합시다! 여기 이 땅에서도 그 피를 더 잘 알고 더 완전히 신뢰함으로써 성령께서 더욱 능력적으로 하나님의 사랑을 우리 마음속에 부어 주실 소망을 가질 수가 있습니다. 우리의 마음이 어린 양의 사랑으로 가득 차고 우리의 입이 그를 향한 찬송으로 가득 차지 못하게 막을 것이 아무것도 없습니다. 하늘에서 직접 보면서 그렇게 찬양하듯이 이 땅에서는 믿음으로 그렇게 찬양하는 것입니다. 그 피의 능력을 체험할 때마다 예수님의 사랑을 더욱더 깊이 체험하게 될 것입니다.

"피"라는 단어를 지나치게 강조하는 것은 바람직하지 못하다는 말이 있습니다만, 그 말은 아주 상스럽게 들립니다. 그리고 그런 말 속에 담긴 사상은 우리의 현대적인 사고 방식과 언어의 습관에 어울리는 것입니다.

저는 그런 견해에 동의할 수가 없다는 점을 분명히 말씀드릴 수밖에 없습니다. 그 단어가 사도 요한에게서만이 아니라 주님 자신의 말씀에서도 직접 나타나고 있기 때문입니다. 하나님의 성령께서 친히 택하사 사용하셨고 또한 성령께서 살아 있는 영생의 능력으로 가득 차게 하신 그 단어야말로 그속에 우리의 이해력을 뛰어넘는 놀라운 축복의 능력을 함유하고 있는 것입니다. 그것을 우리의 사고 방식에 맞게 바꾸어 표현한다면 그것은 인간적인 번역의 온갖 불완전성이 거기에 개재될 수밖에 없습니다. "성령이 교회들에게 하시는 말씀"을 알고 체험하기를 바라는 자는 믿음으로 그 단어를 하늘로부터 온 것으로, 영생의 기쁨과 능력을 그야말로 특별한 방식으로 펼쳐내는 그런 단어로 받아들일 것입니다. "그의 피", "어린 양의 피" 등의 표현들이야말로 "지성소"를 기쁨이 가득한 "새 노래"가 영원토록 울려 퍼지는 하나님의 영광의 자리로 만들어 줄 것입니다.

어린 양의 피로 말미암는 하늘의 기쁨, 바로 이것이야말로 여기 이 땅에서 전심으로 그 피의 능력에 자신을 맡기는 모든 이들의 분깃이요, 또한 무엇보다도 하늘에서 보좌 주위의 무수한 무리들 가운데 자리할 가치가 있는 모든 이들의 분깃이 될 것입니다.

구속에 함께 동참한 동료 여러분! 우리는 지금까지 하늘에 있는 성도들이 그 피에 대하여 말하고 노래하는 것을 배웠습니다. 이런 것들이 우리에게 주께서 의도하신 효과를 거두게 되도록 전심으로 함께 기도합시다. 진정한 하늘의 삶을 살기 위해서는 그 피의 충만한 능력 가운데 거하는 것이 필수적이라는 사실을 보았습니다. 그 피가 하늘에 들어갈 권리를 주는 것입니다.

화목의 피로서 그것은 영혼 속에서 하늘에 있는 자들에게 속한 살아 있는 충만한 의식을 이루어 갑니다. 그 피는 우리를 진실로 "지성소"로 데리고 들어갑니다. 하나님께 나아가게 해 줍니다. 그리고 우리를 하늘에 합당한 자들로 만들어 주는 것입니다.

깨끗이 씻는 피로서, 그 피는 우리를 정욕과 죄의 권세에서 구원하며 거룩하신 하나님의 빛과 생명의 교제 가운데서 우리를 보존시켜 줍니다. 그 피가 하늘에서 찬송의 노래를 불러일으키는 것입니다. "우리를 사랑하사 우리를 위하여 자신을 주신" 어린 양의 피로서, 그 피는 그가 우리를 위해서 행하신 일뿐만 아니라 모든 일을 행하신 **그분 자신**에 대해서 말씀해 줍니다. 그 피야말로 가장 완전한 그 자신의 내어주심인 것입니다. 믿음으로 자기 자신을 드려서 그 피가 행할 수 있는 일을 충만히 체험하는 자는 곧 하늘에 합당한 복된 찬양과 사랑의 노래가 가득한 삶 속으로 들어가게 될 것입니다.

구속에 함께 동참한 동료 여러분! 이러한 삶이 여러분과 저를 위하여 있습니다. 그리스도의 피가 우리의 자랑의 전부가 되기를 바랍니다. 십자가만이 아니라 보좌에 있는 그 피 말입니다. 그 어린 양의 피의 살아 있는 샘 속으로 깊이깊이 들어갑시다. 우리의 마음을 활짝 열고 그 역사를 받아들입시다. 영원한 큰 제사장이신 그리스도께서 그 피의 깨끗이 씻는 역사를 우리에게 적용시키리라는 확고한 믿음을 계속해서 더 확고하게 가집시다. 그 피의 능력에 대하여 우리 마음속으로 체험하지 못하는 것이 하나도 없기를 뜨겁게 바라고 사모하며 기도합시다. 기쁨으로, 더욱 강렬한 기쁨으로, "주의 피로 우리를 하나님께서 구속하셨도다"라는 것처럼 영광스러운 것이 없다는 것을 아는 하늘의 큰 무리와 하나가 됩시다.

이 땅 위의 우리의 삶이 합당한 삶이 되게 하옵소서. 오, 우리의 사랑하는 주님! 우리의 삶이 과연 "우리를 사랑하사 그의 피로 우리 죄에서 우리를 해방하시고 그 아버지 하나님을 위하여 우리를 나라와 제사장으로 삼으신 그에게" 드리는 끊임없는 찬송이 되게 하옵소서.

"그에게 영광과 능력이 세세토록 있기를 원하노라." 아멘.

제 2 권

십자가의 보혈

THE BLOOD OF THE CROSS

서문

본서의 화란어 판 서문에서 앤드류 머레이 목사는 말하기를, 유럽을 여행하는 중에 그의 생각이 "예수님의 보혈의 능력"에 대하여 구체적으로 살펴보아야겠다는 확고한 생각이 들었다고 하였다. "보혈의 능력이란 과연 무슨 의미인가?"라는 문구가 그의 마음을 사로잡았고 그에게 계속해서 성찰을 요구하였던 것 같다. 그는 말하기를, "이 문제에 대해 생각하고 성경을 묵상하며 이 질문에 대한 해답을 찾으려고 노력한 일이 내게는 크나큰 축복이었다"라고 하였다. 남아프리카 공화국으로 돌아온 후 그는 고난 주간 동안 웰링턴(Wellington)의 그의 교회에서 이 문제를 다루었다. 그는 그때에 15 차례, 그리고 그 후에 5 차례에 걸쳐서 이 주제에 대해 말씀을 전했다.

이 가운데 첫 열 차례의 강론은 「예수의 보혈의 능력」(*The Power of the Blood of Jesus*)이라는 제목으로 이미 출간되었고, 그 나머지 10 차례의 강론을 모아서 「십자가의 보혈」(*The Blood of the Cross*)이라는 제목으로 이렇게 출간하게 된 것이다.

그는 이를 출간하면서 다음과 같이 이야기한다: "그리스도의 피가 선포하는 진리들에 대해서는 우리 그리스도인들이 아무리 많이 안다 해도 결코 지나침이 없다는 것을 깊이 확신하고 있기 때문에 이를 출간한 것이다. 그리스도의 보혈의 효능을 진정으로 생명력 있게 능력적으로 체험하지 않고서는 하나님께 나아갈 자유도, 하나님과의 교제도 있을 수가 없는 것이다. 그 보혈의 효능은 감추어져 있는 영적이며 신적인 실체이므로 오로지 하나님의 영의 인도하심에 겸손하게 전적으로 굴복하는 심령만이 체험할 수가 있다. 그리고 그리스도께서 피를 흘리시도록 그를 감동시킨 그런 기질에 대해서 우리가 통찰을 갖는 정도만큼, 그 기질이 우리 속에 만들어 내는 그 능력을 깨닫고 체험할 수가 있는 것이다.

"하나님과 화목되며 죄책으로부터 구원 받는 것이야말로 그리스도의 보혈이 진정으로 우리 속에 거하는 하나님의 생명이 되는 그런 삶 속으로 우리를 이끌 것이다.

"이 강론들을 출간하기로 결정했지만, 망설임이 없는 것은 아니다. 사람이 하나님의 신비한 도리들을 인간의 말로 설명하려 할 때에는 오히려 언제나 진정으로 복이 되는 일 — 곧, 하나님의 성령께서 이 진리들을 밝히 드러내 주시도록 하나님께 바라고 그를 기다리는 일 — 에서 사람들을 흐트러지게 만들 위험이 있기 때문이다. 나로서는, 그리스도의 보혈이야말로 가장 깊은 구속의 신비이므로 오직 그 보혈을 흘리신 그분께서 지니셨던 것과 유사한 기질을 소유하여야만 비로소 그 보혈의 능력을 체험할 수가 있다는 점을 기억하려고 노력을 기울였다.

"그 기질을 갖고서 읽는 사람들에게 본서가 도움이 되고 축복이 되며, 또한 하나님의 놀라운 구속의 경륜의 중심인 이 진리를 여러 각도에서 깊이 살펴보는 일에 계속해서 착념하게 되기를 바라마지 않는다. 우리 주 하나님께서 그의 모든 백성들을 이끄사 그 복된 체험을 더 깊이 누리게 하시고, 그 보혈의 능력이 드러나는 그런 삶을 살게 하시고, 또한 그 보혈로 말미암아 이루어지는 하나님과의 그 자유롭고도 친밀한 교제가 있게 하시기를 기도한다. 하나님께서 은혜를 주사 '어린 양의 피에 그 옷을 씻어 희게 하였느니라'(계 7:14)라는 말씀의 의미가 무엇인지를 몸소 체험하고 또한 드러내도록 해 주시기를 바란다. 아무쪼록 그렇게 되기를 바라는 마음 간절하다."

윌리엄 더글라스
미들버그,
남아프리카 공화국

제 1 장
성령과 피

"증언하는 이가 셋이니 성령과 물과 피라 또한 이 셋은 합하여 하나이니라"
- 요일 5:8

그리스도의 보혈과, 또한 그것이 우리 속에서 이루는 그 영광된 일들을 생각할 때에, 한 가지 반론이 일어날 수 있을 것입니다. 곧, 우리로서는 그 보혈의 효과들이 어떤 것들이며 또한 어떻게 해서 그런 효과들이 생기는지도 분명히 이해하지 못하고 있기 때문에 그 축복들을 누리기가 매우 어렵다는 것입니다. 또한 그것들을 어느 정도 이해한다 할지라도, 우리가 그리스도의 보혈과 항상 능동적으로 협력하지를 못하기 때문에 그 능력을 항상 체험한다는 것은 우리로서는 불가능하다는 반론도 있을 수 있습니다. 이러한 반론들이 제기되는 것은 하나님께서 그 보혈을 하나의 생명력 있는 능력으로 우리에게 베푸셔서 자동적으로 또한 끊임없이 완전을 향하여 우리 속에서 그 본연의 일을 수행하게 하신다는 사실을 기억하지 못하기 때문입니다. 하나님께서 그의 성령과 그리스도의 보혈을 불가분리의 관계로 함께 묶어놓으셨기 때문에 우리는 하나님을 의지하여 그 십자가의 보혈의 복된 능력이 성령을 통하여 우리 안에서 끊임없이 효력을 발생하도록 하여야 하는 것입니다.

바로 이것이 오늘 본문에 나타나 있는 사상입니다. 사도는 앞 절(4, 5절)에서 예수 그리스도를 믿는 믿음에 대해서 말씀하였고, 이어서 그 믿음이 근거

를 두는 증언자에 대해 말씀하고 있습니다(8—11절). 그는 증언자로 세 가지를 말씀하고 있습니다:

물입니다. 이것은 겉으로 드러나는 인간의 행동을 가리킵니다. 곧 죄에서 돌아서는 자들이 하나님의 명령을 따라 세례를 통해서 자기 자신을 하나님께 드러내 보이는 것입니다.

피입니다. 여기서 우리는 진짜 살아 있는 죄 씻음을 이루기 위해서 하나님께서 행하신 일을 보게 됩니다.

그리고 성령이십니다. 물과 피의 증언들을 성령께서 확증해 주시는 것입니다.

본 장에서는 성령과 피의 연합된 증언이 우리의 믿음의 기반이라는 진리에 대해서 살펴보도록 합시다.

그러면, 이 세 증언자들의 흐트러지지 않는 연합된 상태를 다음 두 가지 면에서 살펴보도록 합시다:

1. 구속의 역사(役事)에서.

2. 우리 개인의 체험에서.

1. 구속 사역에 나타나는 성령과 피의 연합

(1) 여기서 우리가 우선 주목해야 할 것은 그리스도의 피가 효능과 능력을 발휘하는 것은 오직 성령을 통해서 되는 일이라는 것입니다. 히브리서에도 이런 말씀이 있습니다: "하물며 영원하신 성령으로 말미암아 흠 없는 자기를 하나님께 드린 그리스도의 피가 어찌 너희 양심을 죽은 행실에서 깨끗하게 하고 살아 계신 하나님을 섬기게 하지 못하겠느냐"(히 9:14). 그리스도의 보혈이 우리를 깨끗하게 하는 능력을 지니고 있으며, 또한 영원하신 성령

으로 말미암아 살아 계신 하나님을 섬기는 데 합당하도록 만드는 능력을 지니고 있습니다. 그리고 그 성령께서는 우리 주님께서 피를 흘리실 때에 그의 안에 계셨습니다. 그러나 이것은 성령께서 그때에 주 예수 안에 계셔서 그저 그의 인격과 그의 피에 신적인 가치를 부여하신 것뿐이라는 의미는 아닙니다. 그보다 훨씬 더 깊은 의미가 거기에 담겨 있습니다. 곧, 그리스도께서 피를 흘리신 것이 바로 영원하신 성령으로 말미암아 이루어졌으며, 또한 성령께서 그 피 속에 살아 계시고 역사하셔서 그 흘리신 피가 죽어 썩지 않고 살아 있는 실체로 남아서 하늘로 올리운 바 되고, 그리하여 거기서부터 그 신적인 능력을 발휘하도록 하셨다는 의미가 있는 것입니다.

바로 그런 이유 때문에 성령을 가리켜 "영원하신 성령"이라고 부르고 있는 것입니다. "영원하신"이라는 단어는 성경에 나타나는 여러 단어들 가운데 모든 사람이 잘 이해한다고 생각하는 것 중의 하나입니다만, 그 단어가 지닌 그 깊고도 영광스러운 의미를 깨닫고 있는 사람은 사실 거의 없습니다. 사람들은 "영원한"이란 언제나 계속되는 것, 끝이 없는 것을 뜻하는 것으로 생각합니다. 그러나 이런 이해는 그저 소극적인 이해에 불과하여 그 "영원한" 것이 무엇이 아닌지에 대해서만 해명해 줄 뿐이고, 그 본질과 존재에 대해서는 사실 아무것도 가르쳐 주지를 않는 것입니다. 시간 속에 존재하는 것은 무엇이든 시작이 있기 마련이요 또한 증감(增減)의 법칙과 생성과 소멸의 법칙에 예속되어 있습니다. 그러나 영원한 것은 시작도 없고, 변화도, 쇠함도 알지 못합니다. 왜냐하면 영원한 것 그 자체가 시간과는 관계 없는 하나의 생명이기 때문입니다. 영원한 것 속에는 이미 지나가서 잃어버린 상태에 있는 과거란 없습니다. 그리고 아직 소유하지 못한 미래도 없습니다. 그것은 언제나 영광스럽고 끝없는 현재인 것입니다.

자, 그러면 성경이 "영원한" 생명(곧, 영생)이라거나, "영원한 구속"이라거나, "영원한" 즐거움이라고 할 때에, 그것은 그저 생명이나 구속이나 즐거움이 끝이 없다는 뜻만이 아니라는 것을 알 수 있습니다. 그보다 훨씬 더 깊은 의미가 있는 것입니다. 이 단어를 통해서 우리는, 영원한 복락에 참여하는 사람은 끝없는 생명의 능력이 역사하고 있는 그 무엇을, 변화도 없고 쇠함도 없으며 따라서 언제나 그 생명의 충만한 상태 속에서 누릴 수 있는 그런 무엇을 소유하고 있는 것이라는 사실을 배우게 되는 것입니다.

성경이 그 단어를 사용하는 목적은, 우리의 믿음이 영원한 것을 붙들면 그 영원한 것이 우리 속에서 하나의 놀라운 능력으로 — 변화무쌍한 우리의 온갖 생각이나 느낌보다 뛰어난 놀라운 능력으로 — 절대로 낡아지지 않는 젊음과 시들지 않는 영구한 신선함으로 자신의 모습을 드러낸다는 것을 가르쳐 주기 위함입니다.

이 성경에서 우리는 또한 예수님의 보혈에 대해서도 배우게 됩니다. 곧, "영원하신 성령으로 말미암아 흠없는 자기를 하나님께 드린" 예수님의 피 말입니다. 그리스도의 피 흘리신 행위 자체가 영원토록 지속되는 가치를 지니고 있을 뿐 아니라, 그 피 자체가 성령과 생명을 그 속에 지니고 있으며, 또한 영생의 능력으로 말미암아 언제나 효력을 발생한다는 것입니다. 그렇기 때문에 히브리서가 그리스도의 사역을 단번에 이루어진 것으로 또한 영원한 것으로 그렇게 강조하고 있는 것입니다. 7:17의 표현을 주목해 보십시다. 그를 가리켜 "영원히 멜기세덱의 반차를 따르는 제사장"이라고 합니다. 그는 "불멸의 생명의 능력을 따라" 되었다고 합니다(7:16). "예수는 영원히 계시므로 그 제사 직분도 갈리지 아니하느니라 그러므로 자기를 힘입어 하나님께 나아가는 자들을 온전히 구원하실 수 있으니 이는 그가 항상 살아 계셔서 그들을 위하여 간구하심이니라"(24—25절). 그는 "영원히 온전하게 되신 아들"이십니다(28절).

더 계속 읽어가면 9:12에서는 그리스도께서 "오직 자기 피로 영원한 속죄를 이루사 단번에 성소에 들어가셨다"고 합니다. 그리고 10:14에서는 그가 "거룩하게 된 자들을 한 번의 제사로 영원히 온전하게 하신다"고 합니다. 뿐만 아니라 "영원한 언약의 피"에 대해서도 언급합니다. 영원하신 성령으로 말미암아 그리스도의 피가 영원하며, 항상 지속적이며, 항상 새롭고, 독자적이며, 멸하지 않는 생명력을 소유한 것입니다.

(2) 그러나 이와 상관된 그 다음 내용도 사실입니다. 그리스도의 피가 성령을 통하여 그 능력을 소유하고 있듯이, 성령께서도 오직 그리스도의 피를 통해서만 사람들 가운데서 그의 충만한 능력을 드러내시고 또한 효과적으로 일하시는 것입니다.

그리스도께서 피를 쏟아 부으신 이후에 성령께서도 부어지신 바 되었음을 우리는 잘 알고 있습니다. 그리고 그 이유도 잘 알고 있습니다. 죄로 말미암아 하나님과 사람 사이에 막힌 담이 있었습니다. "육체"가 휘장이 되어 하나님과 사람 사이의 진정한 연합을 불가능하게 만들고 있었습니다. 죄가 속해지지 않고서는 하나님께서 그의 성령을 통하여 사람의 마음속에 거주하시는 일은 불가능했습니다. 육체의 권세가 깨어지고 꺾이지 않고서는 성령께서 그의 권세를 드러내실 수가 없었습니다. 그렇기 때문에 구약 시대에는 하나님의 영이 부어졌다는 언급이 없고 다만 마지막 날에 그런 일이 있을 것이라는 예언만 있을 뿐입니다. 그러므로 우리 주 예수께서도 자신이 세례로 받으신 그 성령을 제자들에게 베풀어 주실 수 있는 위치에 계시지 않으셨습니다. 주님께서 제자들과 친밀한 교제 속으로 인도하셨고, 그리하여 그들을 크게 사랑하셨고 그들을 축복하시기 원하셨지만 그들에게 성령을 부어 주실 수는 없었던 것입니다.

주께서 성령으로 세례를 주실 수 있으려면, 먼저 죽으셔야 했습니다. 피는 사람의 생명이요 성령은 하나님의 생명입니다. 하나님께서 그의 생명으로 사람 안에 거하실 수 있으시려면, 먼저 사람이 자기의 죄악된 생명을 희생시키고, 자기의 죄의 형벌을 지고, 자기 자신을 전적으로 하나님께 굴복시켜야 합니다. 그런데 사람으로서는 그런 일을 할 수가 없었으나, 인자이신 주 예수께서 사람을 위해서 그 일을 행하셨습니다. 자기의 보혈을 흘리셨고, 하나님의 뜻에 전적으로 복종하여 자기의 목숨을 드려 죄의 형벌을 만족시키신 것입니다. 그 일이 이루어지면, 예수께서 아버지께로부터 성령을 받으사, 제자들에게 부어 주실 것입니다. 피를 쏟으심으로써 성령을 부으시는 일이 가능해지는 것입니다.

성경은 이 사실을 다음과 같은 말씀으로 선포하고 있습니다: "예수께서 아직 영광을 받지 않으셨으므로 성령이 아직 그들에게 계시지 아니하시더라"(요 7:39); "또 그가 수정 같이 맑은 생명수의 강을 내게 보이니 하나님과 및 어린 양의 보좌로부터 나와서 길 가운데로 흐르더라"(계 22:1). 어린 양께서 아버지와 함께 보좌에 오르실 때에 비로소 성령이 강물처럼 흘러나올 수 있는 것이었습니다. 세례 요한의 설교에서도 예수님에 대한 두 가지 진술이 나타나고 있습니다: "보라 세상 죄를 지고 가는 하나님의 어린 양이로다"(요 1:29); "그가 곧 성령으로 세례를 베푸는 이인 줄 알라"(요 1:33).

우리의 대제사장이신 그리스도께서 자기 피로써 "지성소"에 들어가시고 그 피를 가지시고 다시 나오사 보좌 앞에 나타나셔야만, 비로소 그가 지성소에서 행하신 일이 완전한 화목을 이루셨다는 인증(認證)으로서 보좌로부터 성령을 받으셔서 그 성령을 부어 주실 수가 있었던 것입니다. 피와 성령은 서로 떼려야 뗄 수 없는 관계에 있습니다. 왜냐하면 오직 피를 통해서만 성령께서 사람 속에 거하실 수 있기 때문입니다.

(3) 구속 사역을 수행하는 일에 있어서도 피와 성령의 활동이 서로 불가분리의 관계로 연관되어 있습니다.

그렇기 때문에 성경에서, 어느 한 곳에서는 성령의 역사로 말하는 것을 다른 곳에서는 피의 역사로 말하며, 성화(聖化)의 일을 피와 성령의 역사로 규정하는 것을 보게 됩니다. 또한 생명도 피와 성령의 역사로 말씀합니다. 우리 주님은, "내 살을 먹고 내 피를 마시는 자는 영생을 가졌고 마지막 날에 내가 그를 다시 살리리니"라고 하신 후에 다시 "살리는 것은 영이니 육은 무익하니라"고 하십니다(요 6:54, 63). 에베소서에서도 이와 비슷한 표현들을 볼 수 있습니다. "전에 멀리 있던 너희가 그리스도 예수 안에서 그리스도의 피로 가까워졌느니라"(2:13)고 말씀한 다음, 조금 뒤에 가서는 "그로 말미암아 우리 둘이 한 성령 안에서 아버지께 나아감을 얻게 하려 하심이라"(18절)고 선언하고 있습니다. 또한 히브리서의 경우도 마찬가지입니다. 피를 모독하는 것과 성령을 모독하는 것을 동일한 것으로 취급하는 것입니다. "하나님의 아들을 짓밟고 자기를 거룩하게 한 언약의 피를 부정한 것으로 여기고 은혜의 성령을 욕되게 하는 자가 당연히 받을 형벌은 얼마나 더 무겁겠느냐?"(히 10:29).

하나님께서는 "피"라는 단어를 사용하심으로써 그 속에 포함되어 있는 특정한 사상과 능력과 기질을 뭉뚱그려서 표현하고 계신다는 사실을 보았습니다. 설교에서나 개인이 믿음을 발휘하는 데서나 이러한 사상이나 능력이나 기질을 완벽하게 표현한다는 것이 항상 쉬운 것만은 아닙니다. 그러나 성령께서 바로 그 일을 자기의 일로서 행하십니다. 특히 그리스도의 보혈에 대하여 믿음을 발휘하는 방면에서는 더욱 그렇습니다. 성령께서 그 단어의 충만하고 영광된 의미를 설명하시고 살아 있게 하실 것입니다. 우리의 지각을 깨우사, "피"라는 단어군 속에 포함되어 있는 하나님의 크신 사상들을 분명하게 깨닫게 해 주실 것입니다. 그리고 분명한 깨달음이 확실하게 자리를 잡기 전에도, 성령께서는 그 피의 능력이 영혼 속에 적극적으로 역사하도록 하시며, 또한 그 피가 베풀어 주는 그 축복들을 겸손하게 경건하게 구하며 구원을 사모하는 심령에게 그 능력을 베풀어 주시는 것입니다. 그리고 비단 보혈의 능력을 마음에 보내시는 것만이 아니라 예수님을 감동하사 피를 흘리시게 한 그 동일한 기질이 우리 속에서 일깨워지리라는 것을 마음속에 드러내시기도 하시는 것입니다: "또 우리 형제가 어린 양의 피 … 로써 그를 이겼으니 그들은 죽기까지 자기들의 생명을 아끼지 아니하였도다"(계 12:11).

성령이 행하시는 큰 일은 바로 예수님을 영화롭게 하는 것입니다. 사람에게 그리스도의 구속에 대한 복된 체험을 주사 그 마음속에서 그리스도께 영광을 돌리게 하는 것입니다. 그런데 그리스도의 보혈이 구속의 중심을 이루기 때문에, 성령께서는 그 보혈을 우리에게 특별히 영광된 것으로 나타나게 하시며, 또한 우리 속에서 그 보혈을 영화롭게 하십니다. 속죄 제물과 연관지어서 이 땅에 흘리셨다는 식으로 보혈에 대해서 무언가 생각을 가질 수는 있습니다만, 그 보혈이 "지성소"에서 보좌를 향하여 말씀하며 영생의 능력 속에서 역사한다는 사실에 대해서는 거의 생각이 없습니다. 그러나 성령께서 그의 하늘의 생명을 주는 능력으로 임하사 우리로 하여금 영원한 것을 누리게 하시며, 또한 그것이 우리 속에서 진정 살아 있는 내적 체험이 되게 하시는 것입니다.

그리스도의 보혈의 속죄의 효능에 대한 믿음과 또한 성령의 인격성에 대한 믿음은 교회가 오류에 빠질 때면 항상 부인을 당하는 진리요, 또한 참된 하나님의 교회가 든든히 붙잡는 진리인 것입니다. 그리스도의 보혈을 높이며 전하고 그 충만한 구속의 능력을 믿는 곳에는 언제나 성령의 충만한 축복으로 나아가는 길이 활짝 열려 있는 것입니다. 그리고 성령께서 사람의 마음

속에 진정으로 역사하는 만큼, 성령께서는 언제나 그들을 어린 양의 피의 영광으로 인도하시는 것입니다. "내가 또 보니 보좌와 네 생물과 장로들 사이에 한 어린 양이 서 있는데 일찍이 죽임을 당한 것 같더라. 그에게 일곱 뿔과 일곱 눈이 있으니 이 눈들은 온 땅에 보내심을 입은 하나님의 일곱 영이더라"(계 5:6). 피와 성령이 어린 양에게서 나오며, 그 둘이 함께 어린 양을 증언하는 것입니다.

2. 우리의 개인적인 체험에 나타나는 성령과 피의 연합

이 진리를 여기서 강조하는 것은 그 속에 과연 얼마나 풍성한 위로와 축복이 들어 있는지를 보여 주기 위함입니다. 여기서도 이 진리의 두 가지 면을 보게 됩니다. 곧, 그리스도의 보혈이 성령을 통해서 충만한 효능을 발휘한다는 것이요, 또한 성령께서 그 보혈을 통해서 그의 충만한 능력을 드러낸다는 것입니다.

(1) 그리스도의 보혈은 성령을 통하여 그 충만한 능력을 발휘합니다. 여기서 우리는 구원을 추구하는 자들의 마음속에 즉각적으로 일어나는 질문들에 대한 놀라운 답변을 보게 됩니다. 예수님의 보혈의 능력에 대해서 앞책("예수의 보혈의 능력")에서 진술한 내용 때문에 — 곧, 그 보혈에 풍성하고도 충만한 축복이 있다는 내용 때문에 — 아마도 다음과 같은 의문들이 마음속에 일어날 것입니다:

"그 보혈이 내 삶 속에 더 효능을 발휘하지 못하는 것은 어찌된 일인가?"

"그 보혈의 충만한 능력을 어떻게 하면 체험할 수 있는가?"

"나처럼 연약하고 잘 깨닫지도 못하는 사람에게도 과연 그 충만한 축복을 기대할 소망이 있겠는가?"

마음으로 진지하게 이에 대한 대답을 사모하는 여러분, 자, 대답을 들어 보십시오. 성령께서 여러분 속에 거하고 계십니다. 그리고 그의 직무는 어린 양과 그 어린 양의 피를 영화롭게 하는 것입니다. 성령과 피가 함께 증언한 다는 말입니다. 우리는 마치 그리스도의 피가 홀로 증언하는 줄로 잘못 생각 하는 경우가 많습니다. 우리는 그리스도께서 피를 흘리신 것이 이천 년 전에 일어난 사건으로만 생각합니다. 그래서 우리는 그 과거의 사건을 돌아보면 서 믿음으로 그 사건을 현재의 체험으로 만들어야 한다고 생각합니다. 그러 나 우리의 믿음이 언제나 연약하기 때문에 우리는 그렇게 해야 하는데 우리 로서는 그렇게 할 수가 없다고 느끼는 것입니다. 그리고 이런 잘못된 생각 때문에 우리는 그리스도의 보혈이 할 수 있는 것을 능력으로 체험하지를 못 하는 것입니다.

정직한 심령에게 이러한 연약한 믿음이 일어나는 것은, 그리스도의 보혈 의 능력에 관하여 불완전한 생각을 갖고 있기 때문입니다. 그리스도의 피를 현재 활동하지 않는 것(inactive)으로 보고 나의 믿음을 통해서 그 피가 활동 하도록 만들어야 한다는 식으로 생각하지 않고, 그 피를 언제나 활동하는 전 능하고도 영구한 능력으로 볼 때에 비로소 나의 믿음이 참된 믿음이 되는 것 입니다. 그렇게 되면, 내가 연약할지라도 그리스도의 피의 능력은 아무런 영 향도 받지 않는다는 사실을 깨닫게 될 것입니다. 나로서 할 일은 그저 모든 장애를 극복하는 그리스도의 피의 능력을 올바로 깨달음으로써 그 피를 높 이는 것입니다. 그러면 그리스도의 피가 내 속에서 능력을 드러낼 것입니다. 왜냐하면 하나님의 영원하신 성령께서 언제나 그 피와 **함께** 그 피 속에서 일 하시기 때문입니다.

예수님께서 죽으셨을 때에, 그의 피가 죄와 사망을 이기는 능력이 있어서 예수께서 "영원한 언약의 피로 죽은 자 가운데서 이끌어 내신" 바 되었는데

(히 13:20), 이것이 영원한 성령으로 말미암은 일이 아니었습니까?

그리스도의 피가 거룩한 빛과 생명의 영역을 꿰뚫어서 하늘에까지 들어가 거기서 아버지 하나님과, 또한 중보자 예수님과 특별한 관계를 맺은 것이 영원하신 성령으로 말미암은 일이 아니었습니까?

그리스도의 피가 함께 모여지는 무수한 무리들에게 그 능력을 항상 계속해서 드러내는 것이 바로 영원하신 성령으로 말미암는 일이 아닙니까?

예수 그리스도의 피가 내 속에서 영화롭게 되도록 의지할 분이 바로 하나님의 자녀인 내 속에 거하시는 영원하신 성령이 아니십니까? 이 모든 일이 성령의 일이라는 것이 얼마나 감사한지 모릅니다. 나는 두려워할 필요가 없습니다. 그의 피의 능력을 체험하기 위하여 어린아이 같은 마음으로, 나의 연약함을 의식하고서 하나님의 어린 양께 전적으로 굴복하면, 성령께서 자기의 일을 행하시는 것입니다. 그러므로 우리는 믿음으로 성령께서 그리스도의 피의 전능한 효능을 우리 속에 드러내시기를 기대할 수가 있습니다.

그러나 또 한 가지 어려운 문제가 있습니다. 그리스도의 피의 효능이 전능하다는 것은 인식하면서도, 그 피의 활동을 우리가 적극적으로 거기에 협력하는 기간 동안에만 제한시킬 수가 있다는 것입니다. 그리스도의 피를 생각하고 믿음으로 그 피의 활동에 협력하면, 그 피가 우리 속에서 능력을 드러내리라고 상상하는 것입니다. 그러나 우리는 그보다 더 많은 시간을 이 땅의 사업에 관여하며 거기에 몰두할 수밖에 없습니다. 그러니 그런 시간 동안에는 그리스도의 피가 방해받지 않고 그 활동을 계속할 수 없을 것이라고 암암리에 생각하게 되는 것입니다. 그러나 그런 시간에도 그리스도의 피는 여전히 활동합니다. 여러분이 필요한 믿음을 갖고 있다면, 여러분이 그 피를 생각할 수 없는 시간들을 위해서 그 피의 거룩하게 하는 능력에 여러분 자신을 확고하게 맡긴다면, 여러분의 심령은 계속해서 그 피의 복된 활동의 영향

아래 있게 되는 것입니다. 바로 이것이 그리스도의 피로 값 주고 사신 "영원한 구속"이라는 낱말의 의미요, 그것이 주는 위로입니다. "멸하지 않는 생명의 능력"이 끊임없이 매순간마다 영원토록 역사하는 것입니다. 영원하신 성령으로 말미암아, 그리스도의 보혈이 이처럼 끊임없이 효력을 발생하는 영생의 능력을 소유하는 것입니다. 그러므로 우리는 더 큰 확신을 갖고서 우리자신을 항상 ─ 사업 관계로 바쁠 때나 정신 없이 이리저리 다니는 시간까지도 ─ 성령께 의탁할 수가 있습니다. 왜냐하면 그 피의 활동이 아무런 방해를 받지 않고 계속되기 때문입니다. 마치 물이 가득 고여 있는 저수지에서 밤낮으로 깨끗하고 신선한 물이 계속 흘러내리듯이, 이 생명샘의 복된 물줄기가 그것을 주님께 기대하는 심령들에게 계속해서 흘러넘치는 것입니다.

그리고 성령께서 이 항상 흘러내리는 전능한 그리스도의 피의 생명의 능력이신 것처럼, 우리를 준비시켜서 우리로 하여금 믿음으로 이 생명의 물을 깨닫고 받아들이도록 하시는 분이 바로 성령이신 것입니다.

영적인 일들은 반드시 영적으로 분별해야 합니다 우리의 인간적인 사고로는 하늘의 "지성소"에서 일어나는 신비한 일들을 파악할 수가 없습니다. 특히 하늘에 있는 거룩한 피의 말할 수 없는 영광에 대해서는 더욱 그렇습니다. 그러므로 우리는 두려움으로 성령의 가르침에 우리 자신을 의탁하며, 성령께서 그 피와 함께 증언하시며 또한 그 피를 증언하시기를 거룩한 두려움과 고요함 가운데서 기다려야 하겠습니다.

그리스도의 보혈의 거룩한 능력을 위해서 간절히 기도할 때마다 깊은 온유함으로 우리의 마음을 성령님의 영향력 앞에 활짝 열도록 합시다. 그리하면 성령과 피가 언제나 함께 증언할 것입니다. 영원하신 성령을 통하여 그리스도의 피의 충만한 능력이 우리 속에 발휘될 것입니다.

그리고 이 진리에는 또 다른 영광스러운 면이 있습니다:

(2) 성령께서는 그리스도의 피를 통하여 우리 속에서 그의 충만한 능력을 얻으십니다. 그리스도의 피를 쏟으시는 역사와 그가 하늘로 올리신 역사가 있은 후에 성령을 부으시는 역사가 일어난 것처럼, 마음에서도 마찬가지입니다. 그리스도의 피가 마음속에 자리를 차지하고 거기서 존귀를 받는 정도만큼 성령께서도 자유로이 거기서 그의 일을 수행하실 수가 있는 것입니다.

승천 기념 주간을 맞을 때에 우리는 우리 주님의 고난과 부활을 기억하며, 오순절과, 또한 성령으로 충만하게 되기를 주께 기도하는 기도일들을 바라봅니다. 그리하여 해마다 우리는 제자들이 성령으로 충만하게 되는 것이 바로 "성령으로 세례를 베푸시는 분"의 뜻이라는 사실을 상기합니다. 성경에서는 "성령 충만"을 특정한 시기에만 누리는 특권으로나 특정한 사람들만이 누리는 특권으로 말씀하지 않습니다. 오히려 자기를 전적으로 예수님을 위해서 그와의 교제 속에 드리고 굴복시키는 모든 신자 개개인의 특권으로 분명히 말씀하고 있습니다. 성령 강림 주간은 그저 과거에 한 번 일어났다가 사라진 어떤 일을 기억하는 것만이 아니라, 언제나 흘러넘치는 샘이 열린 것을 기념하는 것입니다. 이것은 주께 속한 모든 사람들의 권리요 특징이 되는 성령 충만에 대한 약속을 기리는 것입니다. 우리는 반드시 성령 충만해야 하며, 또한 반드시 그렇게 될 것입니다.

하나님의 말씀이 가르치는 교훈은 성령 세례에 필요한 준비가 있었음을 보여 줍니다. 예수님은 물론 최초의 제자들 역시 골고다를 통해서 성령 강림을 향하여 나아갔습니다. 성령의 부으심은 그 전에 피를 흘린 일과 불가분리의 관계로 묶여 있습니다. 우리에게 있어서 성령의 부으심은 그리스도의 피가 이룰 수 있는 그것을 새롭고도 더 깊이 체험하는 것이요, 또한 성령 세례의 충만한 축복으로 인도하는 것입니다.

여러분, 이 축복을 사모하신다면, 그 축복이 자리잡고 있는 움직이지 않는 터를 생각하십시오. 사도 요한의 다음과 같은 말씀을 생각하십시오: "그 아들 예수의 피가 우리를 모든 죄에서 깨끗하게 하실 것이요"(요일 1:7). 깨끗이 씻은 그릇에 무엇을 채울 수가 있는 법입니다. 여러분이 의식하고 있는 모든 죄들을 갖고서 어린 양께 나아와 그가 그의 피로 여러분을 깨끗이 씻어 주시기를 구하십시오. 그 말씀을 완전한 믿음으로 받아들이십시오. 모든 느낌과 체험을 뛰어넘어 즐거워하는 믿음으로 말입니다. 믿음은 지금 우리의 감각으로 느끼지 못하는 것을 소유하게 해 줍니다. 그래서 나중에 가서야 비로소 심령으로 육신으로 깨달을 수 있는 그것을 지금 영으로 소유할 수 있는 법을 아는 것입니다.

빛 가운데서 행하면, 여러분은 완전한 자유와 함께 이렇게 말할 권리를 갖게 됩니다. 곧, 예수 그리스도의 피가 모든 죄에서 나를 깨끗이 씻었다고 말입니다. 여러분의 대제사장 되신 그리스도께서 그의 성령으로 말미암아, 그의 피가 "지성소"를 깨끗하게 하기 위하여 발휘한 그 하늘의 놀라운 능력을 여러분의 마음속에 드러내시도록 그를 의지하시기 바랍니다. 하늘의 하나님 앞에서 죄의 권세와 효과를 멸한 어린 양의 피를 의지하셔서 그 피가 여러분의 마음속에서도 그 죄의 권세와 효과를 멸하시도록 하십시오. 그리고 "자기의 피로 나를 씻으신 그에게 영광과 능력이 있을지어다"라는 찬양이 여러분의 기쁨의 찬양이 되게 하시고, 성령 충만을 받은 것으로 간주하십시오. 그리스도의 피가 드려진 일은 성령으로 말미암은 것입니다. 그 피가 여러분의 마음속에서 능력을 발휘하며 지금까지도 효력을 발생하는 것도 바로 성령으로 말미암는 것입니다. 여러분의 마음이 그 피를 통하여 하나님의 성전이 된 것도 바로 성령으로 말미암은 일입니다. 그러므로 성령으로 말미암아 "그의 피로 깨끗하게 된" 심령은 하나님의 성전으로서 하나님의 영광으로 가득 채워질 준비를 갖춘 것이라는 사실을 믿음의 충만한 확신으로 받아들이십시오. 성령 충만을 여러분의 몫으로 간주하기를 바랍니다.

오, "그의 피로 깨끗하게 되었고" 성령으로 충만한 심령이 얼마나 복된지요! 기쁨이 충만하고, 사랑이 충만하며, 믿음이 충만하고, 찬양이 충만하며, 열심이 충만하며, 능력이 충만합니다. 주님의 일을 위해서 말입니다. 그 어린 양의 피와 그의 성령으로 말미암아 그 심령이 하나님께서 그의 은혜의 보좌 위에서 거하시는 성전이 됩니다. 하나님께서 친히 빛이 되시며, 하나님의 뜻이 유일한 법이 되시며, 하나님의 영광이 모든 것이 되는 그런 성전이 되는 것입니다. 오, 하나님의 자녀 여러분, 와서 그리스도의 보혈이 여러분을 준비시켜서 그의 성령으로 충만하게 되도록 하십시오. 그리하여 여러분을 위해서 죽임을 당한 그 어린 양이 그의 수고에 대해 ― 피로 얼룩진 수고에 대해 ― 상급을 받으시고, 그와 여러분이 함께 그의 사랑 안에서 만족을 누리게 되기를 바랍니다.

제 2 장
피로 값 주고 산 무리들: 보혈과 선교의 관계

"새 노래를 불러 이르되 두루마리를 가지시고 그 인봉을 떼기에 합당하시도다 일찍이 죽임을
당하사 각 족속과 방언과 백성과 나라 가운데에서 사람들을 피로 사서 하나님께 드리시고"
– 계 5:9

주의 제단에 주의 일을 위하여 헌물을 드릴 때에, 그저 습관으로나 진지한 생각이 없이 해서는 안 됩니다. 주의 보고(寶庫)에 들어가는 한 푼 한 푼마다 주께 드려질 때에 갖는 의도에 따라 그 가치가 결정되기 때문입니다. 주님과 그의 일에 대한 진실한 사랑만이 우리의 헌물을 영적인 헌물로 변화시키는 것입니다. 그러므로 하나님의 뜻에 따라서 생각하고 행동하기 위해서는 하나님께서 선교의 일에 대해서 어떻게 생각하시고 말씀하시는지를 배우는 것이 합당할 것입니다.

선교의 일은 언제나 믿음의 일입니다. 곧, 보지 못하는 것들에 대한 확실한 증거가 되는 믿음 말입니다. 그것은 곧, 보이지 않는 세계 속에서 보고 들은 바에 따라서 모든 일에 인도함을 받는 것입니다. 선교의 일의 탁월한 가치는 바로 그것이 믿음의 일이라는 데 있습니다. 선교의 일은 언제나 인간의 이해를 뛰어넘는 일이었습니다. 인간의 지혜만으로는 그것을 이해할 수도 없고, 자연인으로서는 그 일을 사랑할 수도 없기 때문입니다. 이교도가 오로지 그리스도 안에 있는 하나님의 사랑의 메시지로만 길들여지고 새로워지는 일이 도대체 어떻게 가능한지를 자연인으로서는 도무지 상상할 수가 없는 것입니다.

시대를 막론하고 위대한 선교의 일에 앞장선 사람들은 언제나 하나님의 말씀과 성령으로 말미암아 하늘로부터 그 일에 필요한 빛과 능력을 받아왔습니다. 그들의 마음을 열어서 주님의 명령과 약속을 받아들이고 거기서 그 일을 위한 원동력과 용기를 찾게 한 것은 바로 예수님을 왕으로 알고 그를 바라본 믿음의 눈이었던 것입니다.

이 본문은 하늘의 일들에 대한 이상을 말씀해 줍니다만, 이것이 선교의 일에 대하여 영원의 빛을 비추어 주고 있습니다. 우리는 구속함을 받은 성도들이 어린 양을 찬양하는 찬양의 노래를 듣습니다. 곧, 어린 양께서 그의 피로써 그들을 값 주고 사셔서 하나님께 드리셨다는 내용입니다. 그리고 이 어린 양을 찬양하는 노래 속에 언급되어 있는 한 가지 중요한 내용은 바로 성도들이 "각 족속과 방언과 백성과 나라 가운데서" 함께 모였다는 사실입니다. 이 사실이 어린 양의 피가 발휘한 그 능력에 대한 찬양 가운데 언급되고 있습니다. 어린 양의 피로 구속함을 받은 성도들은 각 족속과 방언과 나라에서 택함을 받은 사람들입니다. 다시 말하면, 이 세상의 족속과 방언과 백성과 나라 가운데서 구속함을 받은 성도가 끼어 있지 않은 것이 하나도 없다는 사실입니다. 하나님과의 이반(離反)의 사실이 치유함을 받지 못한 언어나 나라나 족속은 없는 것입니다. 모두가 한 사랑의 영으로, 한 몸으로 하나님의 보좌 앞에서 연합되어 있었던 것입니다.

이 이상이 말씀하는 것이 바로 선교 사역의 높은 소명과 그 영광된 결과에 대한 하늘의 계시가 아니고 무엇이겠습니까? 선교 사역이 아니고서는 그 이상이 사실로 이루어질 수도, 그 찬양의 노래가 불려졌을 수도 없습니다. 그 찬양의 노래 속에 선교 사역의 신권(神權)이 제시되어 있고, 또한 그 사역에 힘을 주는 하늘의 역사가 드러나고 있는 것입니다. 그 찬양의 노래를 들을 때마다 선교에 동참하는 사람이나 하나님의 백성은 용기를 새롭게 하고, 헌신을 새롭게 하며, "아무도 능히 셀 수 없는 큰 무리"를 함께 모으는 그 영광된 일에 대하여 새로운 기쁨을 가지라는 중차대한 부름을 받게 되는 것입니다.

"그리스도의 보혈의 능력"을 다루면서 우리는 지금까지 그 보혈이 개개인의 영혼에 미치는 효과를 주로 살펴보았습니다. 그러므로 이제는 그리스도의 보혈이 세상에 미치는 그 광범위하고도 놀라운 능력적인 효과에 대해서 살펴볼 차례가 되었습니다.

선교의 일이 그 고귀한 그리스도의 보혈과 어떤 관계가 있는지를 살펴 보면, 그 일이 새롭게 우리 앞에 다가올 것입니다. 그리고 선교의 일을 뒷받침하는 능력이 바로 다름 아닌 "예수의 피의 능력"이라는 사실을 깨닫게 되면 우리는 힘을 얻어서 선교의 목적을 위하여 더욱 힘있게 섬기게 될 것입니다. 선교의 일을 수행하기 위해서는 반드시 그 일을 믿음의 일로 여겨야 한다는 것을 배우게 될 것입니다. 곧, 그 일을 수행하는 원동력이 이 땅의 보이는 현상에 있는 것이 아니고 하늘에서 들리는 것에 있다는 사실을 배우게 된다는 것입니다.

이를 좀더 잘 이해하기 위해서, 선교의 일을 다음과 같이 나누어 살펴보기로 합시다:

1. 세상에서 만나는 어려움과 관련하여.

2. 하늘에서 비추이는 빛과 관련하여.

1. 선교의 대의(大義)가 이 땅에서 만나는 어려움

이 어려움은 주로 수고의 현장과, 수고하는 자들과, 또한 그 수고의 결실과 관련되어 있습니다. 이러한 어려움들을 우선 남아프리카의 현실에 초점을 맞추어 살펴보고, 또한 선교의 대의에 대한 의지, 또는 주저함에 대해서 생각해 보기로 합시다.

(1) 선교 현장.

수많은 무리들에게 영광과 기쁨을 가져다주면서도, 여기 이 땅에서 선교 사역에 가장 커다란 장애거리가 되는 것이 있습니다만 그것은 사람들과 나라들 사이의 분열입니다. 바벨의 죄에 대한 심판 ― 언어를 혼잡하게 함으로써 인류를 나눈 사실 ― 은 정말 저주가 아닐 수 없습니다. 그 심판 아래서 인류 전체가 탄식하고 있습니다. 옛 이교도 세계에서는 자기 족속이나 파에 속하지 않은 사람은 누구나 날 때부터 원수로 인식되었습니다. 유럽의 사람들 가운데서조차도 얼마나 많은 증오와 갈등이 존재하며, 멸시와 적대감이 얼마나 큰지 모릅니다. 이 사실이 복음에 대해서 야기시키는 어려움은 쉽게 생각할 수가 없습니다.

어떤 경우에는 복음을 전해 주는 선교자가 그 현지 사람들이 멸시하는 족속이나 서로 적대 관계에 있는 족속의 사람일 경우도 있습니다. 그리스도의 나라가 확장되는 중에 저 교만한 로마 사람들이 그들에게서 멸시를 받는 유대인들로부터 복음을 받아야 했다는 사실은 결코 작지 않은 장애거리였습니다. 독일이나 네덜란드나 스코틀랜드에 기독교가 소개된 역사를 보면, 복음을 전하는 전도자들이 적국에 속한 자들이어서 입국조차 하지 못한 사례가 자주 기록되어 있는 것을 봅니다.

그리고 심지어 오늘날에도 가난한 이교도들은 선교사를 향하여 노골적으로 욕을 퍼부어 대는 경우가 허다합니다: "당신네 사람들이 내 민족의 땅을 빼앗아 갔는데, 내가 어떻게 당신네 사람들의 종교를 받아들일 수 있겠느냐?" 혹은 선교사의 출신국의 사람들이 저지른 이런저런 잘못들과 추한 일들을 지적하면서, "먼저 당신네 사람들에게 메시지를 전하시오. 그 사람들은 어째서 당신이 말하는 예수를 영접하지 않는거요?"라고 말하기도 합니다.

그리고 더 나아가서, 다른 면에서 오는 어려움도 있습니다. 복음을 전달 받아야 할 사람들이 무지하여 멸시를 당한다는 것입니다. 세계적으로 볼 때에 언제나 사람들은 말하기를, 복음을 전하기 전에 먼저 이교도들을 개화시켜야 한다고 합니다. 그래야만 복음을 받아들일 수준에 이를 수 있다는 논리입니다. 최초의 독일인 인도 선교사 지겐발크(Ziegenbalg)가 1705년 인도로 가자, 한 유명한 대학교는 그를 비롯하여 그의 동료들을 "광신자들," "파송 받지 않은 사도들"이라고 칭했습니다. 1796년 선교의 대의가 처음으로 스코틀랜드 교회의 총회에 상정되었으나, 그 동의안은 내동댕이쳐지고 말았습니다. 개화되지 않은 사람들에게 복음을 전한다는 것은 인간 본성에 반하는 것이라고 생각했기 때문이었습니다. 유럽에서는, 아프리카 토인이나 미개인이 그 무지한 상태에서 복음의 능력을 체험할 수 있다는 생각은 그야말로 지독한 무지의 소치라는 사고가 오랜 동안 자리잡고 있었습니다. 각 족속과 언어와 나라에서 사람들이 구속함을 받았다는 하늘로부터 온 계시에 대한 살아 있는 믿음만이 선교의 일을 수행할 용기와 힘을 줄 수 있는 것입니다.

(2) 선교사들.

선교의 현장에 못지않게 선교사들 자신도 온갖 장애거리를 만들어 냅니다. 백 여년 전 유럽에서 선교에 대한 열정이 다시 일어났을 때에, 여러 선교 회들에서는 정상적인 과정을 졸업한 목사들 중에서는 선교지로 갈 사람들이 별로 없어서 선교에 대한 열정을 가진 사람들을 쉽게 받아들여서 단기 훈련을 받게 한 다음 그들을 선교지로 파송했습니다. 그리하여 결국 그런 선교사들이 그렇게 어려운 사역에 성공을 거둘 것으로 기대하는 일이 얼마나 어리석은지에 대해서 많은 비판들이 제기되었습니다.

그러나 그런 불완전한 훈련을 받은 사람들 중에서도 "거룩해진 구두수선공"인 윌리엄 캐리 — 그를 경멸해서 그렇게 불렀습니다 — 나 존 윌리엄스처럼 십자가의 영웅들이 된 사람들이 있었습니다. 그들은 그리스도의 교회에서 선교 사역을 알고 사랑하는 자들로, 인류에 유익을 끼친 자들로, 그리고 그리스도의 영광을 위해 일한 자들로 인정을 받고 있습니다. 그리고 학식을 갖추고 고등 교육을 받은 사람들이 선교에 가담하게 되자, 사람들은 이런 의문을 제기했습니다. 곧, 무식한 미개인들 가운데서 일하는 사람이 그렇게 학식이 많을 필요가 어디 있는가? 무식한 이교도들의 정신 수준이 그렇게 낮은데 학식이 높은 선교사들이 어떻게 그 사람들의 낮은 수준을 맞추어 줄 수 있겠는가? 라는 의문이 그것이었습니다. 이 세상의 지혜로 판단할 때에 그런 선교사들은 사탄의 왕국을 뒤집어 엎고 예수님에게 승리자의 면류관을 씌워 드릴 길을 여는 도구들로서의 임무를 제대로 감당할 것으로 믿을 수가 없었습니다.

선교사들 자신을 생각해 보면, 그 이외에도 온갖 어려운 점들이 많습니다. 과연 남아프리카에서 제기되지 않은 비판이 어디 있습니까? 만일 필립 박사(Dr. Pillip)와 런던 선교회(the London Missionary Society)의 초기 선교사들이 이미 그리스도인들이었던 남아프리카의 농민들과, 또한 노예들을 소유하고 있던 지주들과 더 친밀하게 지냈더라면 선교 사역에 대한 증오나 반감을 상당 부분 면할 수 있었을 것이라는 이야기를 우리가 얼마나 많이 들어왔습니까?

우리들 중에서 아직도 기억하는 이들이 있는 일이지만, 1860년 우스터(Worcester)에서 열린 1차 선교 집회에 하나님께서 풍성한 은혜를 베풀어 주셨는데 그때에 한 독일 출신 형제가 우리 농부들을 비난하는 바람에 사랑과 기쁨으로 하나 된 분위기가 거의 깨어질 뻔 했었습니다. 그때에 많은 사람들은 선교사가 농부들과 좀 더 긴밀하게 협력하려 했다면, 선교 사역의 효과가 크게 증대되었을 것이라고들 입을 모았었습니다. 그리고 그 이후에도 여러 선교사들에 대해서 여전히 같은 질책이 자주 제기되었습니다. 그들은 선교사들 가운데서 최고의 칭송을 받는 사람들로서 — 바수토(Basuto) 지역에서 사역하는 프랑스 선교사들 — 자유 국가의 교회와 사랑과 교제의 관계를 더 긴밀히 했더라면 선교 사역을 위해서 더 많은 협력과 지지를 얻어낼 수 있었을 것이라는 것입니다.

그런 비난과 질책이 어느 정도나 사실에 부합하는지에 대해서 판단을 내리는 일은 가능하지도 않고 또 필요도 없습니다. 이 사례들을 언급하는 이유는 그저 족속과 언어와 나라들 사이의 분열이 과연 사실이라는 점을 지적하고 싶기 때문입니다. 언젠가는 구속함을 받은 무수한 무리들의 영광에 함께 참여하여 하나가 될 사람들이 지금 이 땅에서는 바로 그 일을 성취하는 일에 크나큰 장애거리가 되고 있다니 말입니다. 우리의 시각에서 볼 때에 선교의 일은 과연 믿음의 일입니다. 선교에 수고하는 모든 이들이 바람직한 모습이 될 때까지 선교의 일을 하지 않고 그저 기다리는 사람은 "믿음의 일"에 대해서 거의 깨닫지 못하는 사람입니다. 주 예수님의 말씀을 받아들이고 그 말씀을 근거로 생각하고 행동하는 사람은 비록 증인이 불완전하다 할지라도 그런 증인이 있어서 이교도들에게 주님을 알게 한다는 사실에 대해 하나님께 감사할 것입니다.

(3) 선교의 열매.

여기에는 선교 사역의 직접적인 열매, 곧 회심자들이 포함됩니다. 그리고 가르침은 받아들였지만 진정한 신자가 되지 않은 사람들도 여기에 포함됩니다.

회심자들에 대해서 살펴봅시다. 회심자들이 불완전하고, 신실성이 없고, 그리스도인의 특징이 되어야 할 이런저런 의무들을 소홀히 한다는 불평을 얼마나 많이 듣는지 모릅니다. 참된 회심이라 할지라도 당장 충만한 성화가 이루어지지는 않는다는 사실을 잊은 것입니다. 옛 그리스도인들에게서 나타나는 성화의 모습은 하나님의 말씀의 징계와 훈련 아래서 천년 동안 교감을 나눈 열매라는 것을 잊은 것입니다. 사도들도 ─ 예컨대 바울도 ─ 그의 서신서에서 이미 진정 중생한 사람들이라 칭하는 사람들에게 거짓말이나 도둑질이나 간음에 대해서 교훈하여야 했습니다. 그 사람들은 이교도 신앙에서 구원받은지 이제 얼마 되지 않은 상태였기 때문입니다(엡 4:20─28; 골 3:1─10).

그러나 심지어 유럽의 그리스도인들 가운데서도, 때로는 진정 경건한 사람들 가운데서도 진리와 존귀와 사랑과 의에 관계된 것들을 사모하는 데 부족한 점이 많이 나타나는 것을 봅니다. 그러므로 이교도 신앙에서 회심한지 얼마 되지 않은 사람들의 실패나 부족한 점들에 대해서 안타까워하는 것은 당연한 일이지만, 그렇다고 해서 그들을 정죄하거나 해서는 안 되는 것입니다. 하나님의 말씀과 그의 은혜가 열매를 맺으려면 시간이 필요한 것입니다.

그리고 더 나아가서, 회심하지 않은 사람들에 대해 미치는 영향에 대해서도 상당한 불평이 있습니다. "지식으로 교만해진다"는 것입니다. 인간으로서의 자기들의 가치에 대해서 새로운 사고를 갖게 됩니다. 그리하여 봉사에 부적합하게 된다는 것입니다. 학교를 다녀서 배운 카피어(Kaffir)보다는 차라리 교육을 받지 않은 이교도가 더 낫다고들 합니다. 어떤 사람은 선교사들이 유색인들의 첫째가는 의무가 "복종"이라는 사실을 충분히 전하지 않는다고 생각하기도 합니다. 또 어떤 사람은 카피어의 교육을 읽고 쓰는 것으로 제한하지 않는 것이 잘못이라고도 합니다. 성경을 가르쳐야 하고, 구원의 길을 분명하게 전달해야 하지만, 그 이상의 고등 교육은 그들에게 적합하지 않고 그들에게 해만 끼칠 뿐이라는 것입니다. 선교의 일과 사회에 대한 관심이 때때로 서로 상충되는 경우가 있는 것은 어찌된 일입니까? 복음이 우리의 선조들에게 들어와 인격적인 가치와 자유와 진보에 대해서 눈을 뜨게 되었다면, 유색인들에게도 똑같습니다. 그리고 이러한 누룩이 부풀면 온갖 어려운 문제들이 일어납니다.

과연 선교의 일을 방해하는 온갖 것들이 일어나는 상황에서는 우리가 계속 선교에 동참자가 되기 위해서는 믿음이 필수적입니다. 믿음은 기존의 어려움들에 대해 눈을 감지도 않고, 그 어려움들이 제거되기까지 기다리지도 않습니다. 믿음은 보좌에 앉으신 왕에게서 내리는 명령을 듣습니다. 각 족속과 언어와 나라에서 구속함을 받은 성도들의 노랫소리를 듣습니다. 그리스도의 피의 놀라운 능력을 마음으로 몸소 체험합니다. 모든 주저할 거리들과 부족한 점들 가운데서도, 예수님을 전하는 모든 선교사들에 대해 기뻐하며, 또한 비록 연약하지만 복음의 도를 배우고 예수의 이름을 부르기 시작하는 모든 영혼들에 대해 기뻐하는 것입니다.

2. 선교 사역에 대해 하늘로부터 내리는 빛

믿음은 바로 이 빛 속에서 능력을 찾습니다. 선교 사역을 통하여 모여진 큰 무리들의 노래 속에서 우리는 그들이 구속함을 받은 것이 어린 양의 피로 말미암은 것이며 그 피로 말미암아 그들이 구원에 참여하게 되었다는 사실을 봅니다. 그러면 어떻게 해서 그 피가 진정으로 선교 사역의 능력이 되는지를 생각해 봅시다. 선교 사역이 승리를 거두게 해 주는 것은 오로지 어린 양의 피 외에는 없습니다. 그 피가 용기를 주고, 사랑을 일깨우며, 무기를 제공해 주는 것입니다.

(1) 어린 양의 피가 용기를 줍니다. 이교도 왕국에서 사탄의 권세를 공격하고 그에게서 먹이를 탈취하는 그런 엄청난 임무를 수행하고자 하는 생각이 도대체 어떻게 해서 그 연약한 남녀들에게 생겨나느냐는 의문이 생길 수 있습니다. 위대한 정치가들이나 이교도 세계를 정복한 위대한 영웅들에게서 그런 생각이 나왔다면 이해가 될 수 있을 것입니다. 기왕에 그 세계를 정복했으니, 이 면에서도 정복해 보겠다는 생각을 얼마든지 가질 만합니다. 그리고 지식과 문화의 힘을 믿는 위대한 학자에게서 그런 생각이 나왔다 해도 이해가 될 수 있을 것입니다. 그러나 이 사람들은 오히려 선교 사역을 맹렬하게 반대하고 조롱하는 사람들이 대부분이었습니다. 아무도 모르게 숨어 있는 그룹에서 조용히 그런 생각이 태동되어 전수되었습니다. 세상에서 인정을 받거나 영향력을 미치지 못하는 그런 사람들에게서 말입니다.

그렇다면 그들에게 그 필요한 용기를 가져다준 것은 과연 무엇이었습니까? 그것은 다름 아닌 그리스도의 피였고, 그 피의 능력을 믿는 믿음이었습니다. 그들은 하나님의 말씀에서, 하나님께서 그리스도를 그의 피를 믿는 믿음으로 말미암는 화목 제물로 세우셨다는 것을 알았습니다. 온 세상의 죄를 위한 화목 제물로 세우셨다는 것을 말입니다. 그들은 그 피가 각 족속과 방언과 나라에 다 소용된다는 것을 보았습니다. 그들은 그 피가 하늘로 올라가 이제 영혼들을 구원할 속량물로서 하나님의 보좌 앞에 자리잡고 있다는 깨달음을 갖게 되었습니다. 그들은 아버지께서 "내게 구하라 그리하면 내가 네게 열방을 유업으로 주리라"라고 아들에게 말씀하시는 음성을 들었습니다. 주 예수께서 그의 영혼의 수고가 만족을 얻는 것을 보지 못하도록 지옥의 권세가 절대로 가로막을 수가 없다는 것을 알았습니다. 그 피로 말미암아 사탄이 정복되었고, 하늘에서 내쫓김을 당했습니다. 그러므로 그 피가 이 땅에서도 그를 정복하고 그에게 사로잡힌 자들을 그의 손에서 구원해 낼 능력이 있습니다. 하늘에서 그 피를 흘림으로써 죄의 권세가 영원히 깨뜨려졌고, 하나님의 사랑과 축복이 비천한 자들을 향하여 흘러넘치는 것을 가로막는 장애물이 제거되었고, 그의 백성들이 믿음과 기도를 통하여 하늘의 능력을 받아서 그들의 연약함 가운데서 놀라운 일들을 행할 수 있는 길이 활짝 열린 것입니다. 하나님의 아들 예수 그리스도의 피야말로 각 족속과 방언과 나라로부터 사람들이 예수님 앞으로 나아와 머리를 숙이리라는 보증이라는 사실을 그들은 알고 있었던 것입니다.

(2) 그리스도의 피는 이 사실들을 믿을 수 있도록 용기를 주었을 뿐 아니라 그 믿음을 실천에 옮길 사랑을 일깨워 주었습니다. 이 땅에서 사람들은 피를 나눈 관계를 모든 관계 중에서 가장 강한 관계라고들 이야기합니다. 예수님의 피는 하늘에 속한 피의 관계의 정서를 일깨웁니다. 이미 깨끗하게 씻은 바 된 자들 가운데서도 그렇거니와 또한 그 피의 효과 속에 들어 있는 모든 사람들에게서도 그렇습니다. 그리스도의 피는 사랑의 복종을, 죽기까지 복종하신 사랑을 표현하는 것입니다. 그러므로 그것은 이기심의 죽음이요, 마음속에 영원한 사랑의 샘을 여는 것입니다.

그리스도의 피의 능력 속에서 깊이 살면 살수록, 신자는 인류를, 심지어 이방인까지도, 더 분명하게 구속의 빛 속에서 바라보게 됩니다. 아무리 무식하고 질이 낮은 사람들이라 할지라도 그리스도께서 그들을 위해서 피를 흘리셨다는 사실이 모든 사람에게 가치를 부여하게 되고 모든 사람들을 하나로 묶는 사랑의 띠를 형성하게 되는 것입니다.

믿음의 확신 ― 곧, 그리스도의 피가 각 방언과 나라에서 그 보상을 얻을 것이라는 확신 ― 에는 반드시 사랑의 목적이 뒤따릅니다. 나 자신부터 그 피로 말미암아 모든 것을 얻었으니, 내가 그것을 전해야 하겠고, 아직 복음을 듣지 못한 자들에게 그것을 알려 주어야겠다는 마음이 생기는 것입니다.

그 피가 모든 이들을 위한 것이요 또한 나를 위한 것이라는 믿음 속에서 영혼이 그 축복에도 함께 참여하게 됩니다. 그 피가 나를 위한 것이니 또한 모든 사람들을 위한 것입니다. 바로 이러한 믿음 속에서 사랑이 불타올라 자기를 희생시켜서 그것을 다른 이들에게 알게 하는 것입니다. 그렇습니다. 그리스도의 피가 선교 사역의 능력입니다. 그리스도의 사랑에 사로잡힌 바 되어 그 영광된 복음의 소식을 다른 이들에게 전하는 사람들은 바로 그리스도의 피의 충만한 교제 속에 사는 자들이기 때문입니다.

선교에 동참하는 사람들에게는 바로 이 초자연적인 능력을 지닌 사랑이 필요합니다. 오직 이 땅으로 내려온 이 사랑만이 가련한 사람들을 포용할 수 있으며, 또한 모든 소망이 사라진 것 같을 때에도 끝까지 인내할 수 있는 것입니다. 하나님의 종들이 이십 년, 삼십 년 동안 수고해도 수고의 열매가 전혀 나타나지 않는 것 같은 선교 현장들도 있습니다. 그리하여 유럽의 선교회 후원자들은 그곳에서 하나님께서 복음의 문을 열지 않으시는지를 궁금해하기도 합니다. 그러나 영혼의 사랑으로 말미암아 끝까지 인내하게 되고 결국 풍성하고도 복된 수확을 얻는 경우도 있는 것입니다.

선교 사역이 온갖 어려움과 장애에 부딪힐 때에도 그리스도를 향한 사랑으로 불타는 심령은 포기하기를 거부합니다. 수고하는 선교사가 부족할 수도 있고, 그 일의 열매가 아주 적게 나타나서 육신의 눈에는 이익보다는 오히려 손해가 나는 것으로 보일 수도 있습니다만, 그런 상황에서도 사랑은 절대로 두려워하지 않습니다. 그리스도의 피로 말미암아 구속함을 받은 영혼들이 너무도 사랑스럽기 때문에, 온갖 어려움과 난관과 싸우며 둘째 아담의 피에 동참하게 될 영혼들을 구원하는 일을 위하여 전심으로 수고하는 것입니다. 선교 사역의 능력은 그리스도의 피에 있습니다. 곧, 어린 양의 사랑을 말씀하는 그의 피 말입니다.

(3) 그리스도의 피는 동시에 선교사들의 무기이기도 합니다. 신자가 선교 사역을 위해서 용기와 사랑을 갖는 것만으로는 부족합니다. 그 일을 시작하고 끝까지 인내할 능력이 있어야 합니다. 어둠 속에 있는 심령들과 접촉하여 그들을 압도하고 감동시켜서 그 조상 때부터 믿어온 우상들을 버리게 만들며, 십자가의 도를 받아들이고 자연인이 사모하는 모든 것들을 희생시키며 하늘의 영적 생명으로 나아가라는 부름을 듣게 만드는 능력을 과연 어디서 얻을 수 있습니까? 그러한 선교의 능력은 바로 십자가의 피에 있습니다.

그 피야말로 모든 지각을 뛰어넘는 사랑의 증거입니다. 그 피야말로 일깨움을 얻은 영혼에게 필요한 화목과 용서의 보증입니다. 그 피가 죄의 권세를 깨뜨려 사라지게 하는 평화요 씻음입니다. 성령께서 이 사랑과 이 구속을 향한 마음을 여실 때에 그가 그 피로 더불어 증언하시는 것입니다. 그 피로 말미암아 성전의 휘장이 찢어졌듯이, 죄악된 심령 위에 드리워진 두터운 휘장이 지금도 그 피로 말미암아 찢어지는 것입니다. 수많은 무지한 우상 숭배자들의 마음이 깨어지고 새롭게 되어 하나님의 성전이 된 것이 바로 악인을 향한 하나님의 은혜를 선포함으로써 된 일입니다.

선교 역사는 이 점을 입증해 주는 감동적인 증거들을 많이 제공해 줍니다. 그린란드의 선교 사역 초기에 선교사들은 가난한 에스키모들에게 하나님과 그의 법에 대해서, 죄와 의에 대해서 먼저 가르쳐야 한다고 생각했습니다. 그런데 이십 년 이상을 그렇게 가르쳤지만, 그들의 그 지독한 무관심은 변할 줄을 몰랐습니다. 그런데 어느 날 저녁 한 선교사가 자기를 방문한 독신 에스키모에게 자기가 번역한 신약 성경의 한 부분을 읽어 주었습니다. 그것은 바로 겟세마네 동산에서 주님이 고민하며 기도하는 장면이었습니다. 그런데 그 사람은 그 부분을 다시 읽어 달라고 했습니다. 그것을 다시 읽어 주자, 그 사람은 그것이 무슨 뜻인지를 설명해 달라고 했습니다. 선교사가 하나님의 아들의 고난과 죽으심에 대해서 설명해 주기 시작할 때에 그 사람의 마음이 깨어졌습니다. 그리고 그 즉시 믿고서, 영광스럽게 사역을 감당했습니다. 그리스도의 피가 승리를 거둔 것입니다.

그 일이 일어난지 백여 년이 지났습니다. 그러나 선교 현장마다 이 세상의 지혜로는 도저히 이루지 못하는 일을 미천한 남녀들이 전하는 어린 양의 피에 관한 메시지가 이루어 낸 놀라운 증거들이 나타나고 있습니다. 그리고 이 사실을 전심으로 믿는 수천의 하나님의 자녀들이 있습니다. 그들은 그 영광스럽고 고귀한 선교의 일에 대한 사랑을 절대로 돌이키지 않습니다. 무수한 무리들이 함께 모여서 자기 피로 그들을 구속하셔서 하나님의 백성이 되게 한 그 어린 양을 찬양하는 새 노래를 부르도록 만드는 그 일을 절대로 포기하지 않습니다.

사랑하는 그리스도인 여러분, 예수님의 피로 구속함을 받았다고 스스로 고백하는 우리 모두가 당면해야 할 한 가지 중요한 질문이 있습니다. 그것은 곧, "그리스도의 피가 우리에게 무슨 가치가 있는가?" 하는 것입니다.

그 피가 과연 우리 자신들을 제물로 드려서, 그 피를 흘리게 만든 그 장본인들을 사랑하고 또한 그 피를 증언할 만큼 충분한 가치가 있습니까? 그 피를 과연 하늘과 땅에서 가장 영광된 것으로 여겨서, 과연 그 귀한 피가 온 땅에서 충만한 권위를 갖게 되도록 하는 일을 위하여 모든 것을 굴복시킬 수 있겠습니까? 그것이 너무도 귀하기 때문에 이 땅의 모든 생물이 그것을 알고 거기에 동참하게 되기를 과연 사모합니까? 과연 그것이 너무도 귀하고 값진 것이어서 그리스도의 피로 말미암아 구속함을 받은 무수한 무리들을 함께 모아들여서 어린 양의 찬양을 부르게 하고 어린 양의 사랑을 만족시키게 할 수 있는 유일한 사역인 선교 사역을 정말로 귀하게 여기고 있으며, 그리하여 선교 사역에 충심으로, 뜨겁게, 기도로 동참하고 있습니까?

오, 그렇다면 얼마나 좋겠습니까! 온갖 결점들이 있지만, 그래도 선교의 일은 하나님의 일입니다. 이미 하나님께서는 그 일을 통해서 큰 일들을 행하셨습니다. 남아프리카에도 이교도 신앙을 버리고 우리 주님을 진정으로 높이는 삶을 살아온 구속함을 받은 백성들이 수없이 많습니다. 여러분, 부탁하거니와, 육신의 눈으로나 시대의 빛에 비추어서 그 사역을 판단하는 여러 사람들의 이야기에 현혹되지 마시기를 바랍니다.

예수님을 사랑하지 않는 자는 결단코 선교 사역을 이해할 수가 없습니다. 왜냐하면 선교와 영혼들의 구속이 얼마나 고귀하고 복된 것인지에 대해서 아는 것이 아무것도 없기 때문입니다. 선교 사역은 영원의 사역이며, 따라서 믿음의 사역입니다. 주 예수께서도 이 땅에 계실 때에 높임을 받지 않으시고 오히려 멸시를 받으셨으나 하나님의 영광이 그에게 계셨던 것처럼, 선교의 사역도 마찬가지입니다. 하나님께서 그 사역과 함께하시고, 그 사역 속에 계십니다. 외형적인 부족함이나 연약함 때문에 실망하거나 오해하는 일이 있어서는 안 됩니다. 그 일을 위하여 사십시오. 그 일을 위하여 수고하십시오. 그 사역을 위해 목소리를 높이십시오. 그 일을 위해 기도하십시오.

여러분이 과연 그리스도인이라면, 또한 선교의 동참자가 되시기를 바랍니다. 자기 마음속에서 역사하는 그리스도의 피의 능력을 과연 아는 자라면 선교 사역에 동참자가 되지 않을 수가 없습니다. 여러분, 부탁하거니와, 어린 양의 피로 말미암아, 언젠가는 어린 양의 노래에 함께 동참하리라는 소망을 갖고, 무수한 무리들에게 구속의 동료로 영접을 받을 소망을 생각하며 예수님의 피의 증인의 한 사람으로 사시기를 바랍니다. 오직 피로 말미암아 살고, 오직 피를 위해서만 살고, 그리스도께서 값 주고 사신 사람들 모두가 그의 영광을 알게 되기까지 절대로 쉬지 말고 전진해야 하겠습니다.

제 3 장
십자가의 피

"[아버지께서는] 그의 십자가의 피로 화평을 이루사 만물 곧 땅에 있는 것들이나
하늘에 있는 것들이 그로 말미암아 자기와 화목하게 되기를 기뻐하심이라."
– 골 1:20.

사도는 여기서 "그의 십자가의 피"라는 매우 의미 깊은 표현을 사용하고 있습니다. 그가 "그리스도의 십자가"라는 표현을 얼마나 귀하게 사용했는지를 우리는 잘 알고 있습니다. 그 표현은 아주 간단한 문구이지만 우리 주님께서 우리의 구속을 위하여 죽으신 죽음의 능력과 축복을, 그의 전도의 주제를, 그의 삶의 소망과 영광 전체를 나타내 주는 것입니다. 여기서 그 표현을 사용함으로써 사도는 그 피의 가치가 어떻게 해서 십자가와 연관을 갖게 되었는가를 보여 주며, 또한 십자가가 그 효력과 능력을 드러내는 것이 바로 그 피를 통해서라는 것을 보여 줍니다. 그리하여 십자가와 그 피가 서로에게 빛을 반사하는 것입니다. 그리스도의 피의 능력을 살펴보는 가운데, 우리는 이 표현이 우리에게 가르쳐 주는 바를, 그 피가 "십자가의 피"로서 갖는 의미가 과연 무엇일지를, 생각하는 것이 과연 중요한 일임을 깨닫게 될 것입니다. 그것을 생각함으로써 우리는 이미 "피"라는 단어 속에서 발견한 진리들을 새로운 각도에서 바라볼 수 있게 될 것입니다.

다음과 같은 점들에 주의를 모으십시다.

1. 십자가의 가치의 근원인 우리 주님의 성향.

2. 그렇게 해서 얻은 십자가의 능력.

3. 우리에게 모든 것을 베푸시는 사랑.

1. 십자가의 능력의 근원이 되는 성향

그리스도의 십자가에 대해서 이야기할 때에 우리는 거기서 우리를 위해서 이루어진 일에 대해서만 생각하고, 그 일이 그 귀한 가치를 갖게 된 근원에 대해서는 별로 생각하지 않는 경향이 있습니다. 십자가는 그저 우리 주님의 내적인 마음의 성향(inner disposition)이 외형적으로 드러난 표현일 뿐인데, 겉으로 드러난 십자가에 대해서만 생각하고 주님의 내적인 성향에 대해서는 거의 생각하지를 않는 것입니다. 성경은 우리 주님의 그 무겁고 처절한 고난을 가장 중요한 사실로 전면에 내세우지를 않습니다. 물론 신앙적인 감정을 일깨우려는 목적으로 이것을 강조하는 경우는 많지만 말입니다.

오히려 성경이 강조하는 것은 바로 주님의 내적인 성향입니다. 다시 말해서, 주님으로 하여금 십자가로 나아가게 했고 또한 주님이 십자가 위에 계실 때에 그를 감동시켰던 그 마음의 성향을 성경이 강조하는 것입니다. 또한 성경은 우리 주님이 십자가 위에서 우리를 위해서 이루신 그 일에만 직접적인 관심을 쏟지를 않습니다. 십자가가 주님에게 이루신 일과 또한 주님을 통해서 우리에게서도 이루어져야 할 일에 대해서도 특별한 관심을 기울이는 것입니다.

이러한 점은 주님이 십자가 위에서 하신 말씀에서도 나타납니다만, 또한 십자가에 달리시기 전에 여러 차례 제자들에게 하신 말씀 ―"자기 십자가를 지고 나를 따를 것이니라"― 에서도 잘 나타납니다. 주님은 자기 자신이 십자가에 달리실 것을 예언하시면서 여러 번 이 말씀을 하셨습니다. 주님이 십자가와 관련해서 특별히 제자들에게 심어 주고자 하셨던 사상은 바로 주님과의 교제요 또한 주님과의 연합이었습니다. 그리고 이러한 교제와 연합이 그저 겉으로 드러나는 고난과 박해에만 있는 것이 아니라 내적인 마음의 성향에 있다는 사실은 "자기를 부인하고 십자가를 지라"는 말씀을 여러 번 덧붙이신 사실에서 잘 나타납니다. 바로 이것이 주님께서 제자들에게 원하시는 것입니다. 더 나아가서 주님은 주님에게나 제자들에게나 나무로 된 십자가를 어깨에 져야만 비로소 십자가를 지는 일이 시작되는 것이 아니라는 사실을 가르쳐 주십니다. 아닙니다! 주님은 그의 지상 생애의 처음부터 마지막까지 내내 십자가를 지셨습니다. 골고다에서 눈에 보인 십자가는 바로 주님의 전 생애를 이끌고 간 내적인 마음의 성향의 한 표현이었던 것입니다.

그러면 주 예수님께는 십자가를 진다는 것이 무슨 의미였을까요? 그 일이 과연 주님께 어떤 목적을 이룰 수 있게 했을까요? 우리는 죄로 말미암아 하나님을 향한 사람의 마음의 성향에 변화가 일어났고, 또한 사람을 향한 하나님의 성향에 변화가 일어났다는 사실에 죄의 악함이 있다는 것을 잘 알고 있습니다. 사람에게는 죄가 하나님으로부터 떨어져 타락하는, 혹은 하나님을 미워하는 결과를 낳았습니다. 그리고 하나님께는 사람으로부터 돌아서시고 사람에 대해서 진노하시는 결과를 가져왔습니다. 사람에게 생긴 결과에서 우리는 죄가 사람을 장악하여 벌이는 끔찍한 횡포를 봅니다. 그리고 하나님께 생긴 결과에서는 죄에 대한 끔찍한 책임(guilt)을 봅니다. 이 죄에 대한 끔찍한 책임이 하나님께 사람을 심판하실 것을 요구하는 것입니다.

죄에서 사람을 구원하시기 위하여 오신 주 예수께서는 죄의 책임은 물론 죄의 권세까지도 — 먼저 죄의 권세를 처리하시고 그 다음에 죄에 대한 책임을 — 처리하셔야 했습니다. 물론 우리는 진리를 분명하게 드러내기 위해서 이 두 가지를 서로 구별하지만, 죄는 언제나 하나(a unity)입니다. 그러므로 우리는 주님이 십자가 상에서 이루신 속죄로 말미암아 죄의 책임을 제거하셨다는 것을 이해해야 하는 것은 물론이요, 그가 먼저 죄의 권세를 깨뜨리시고 이기심으로써 그 일이 가능하게 되었다는 것도 이해해야 합니다. 십자가의 영광은 바로 그것이 이런 목적들을 이루기 위해서 하나님이 제정하신 수단이었다는 사실에 있는 것입니다.

주 예수께서는 죄의 권세를 무(無)로 만드셔야 했습니다. 그리고 그 일은 오직 자기 자신으로서만 가능한 일이었습니다. 그러므로 그는 죄악된 사람과 가장 가까운 모양으로 이 세상에 오셨습니다. 곧, 육체의 연약함을 그대로 지니시고, 우리와 마찬가지로 유혹을 받으실 수 있는 충만한 가능성을 지닌 상태로 오신 것입니다. 성령으로 세례를 받으시고, 이어서 사탄의 시험을 받으실 때부터 겟세마네 동산에서 처절한 영혼의 고뇌를 겪으시고 십자가에서 자기를 드리시기까지 그의 생애는 자기 의지와 자기 존귀와의 끊임없는 싸움이었습니다. 그는 육체적이고 세상적인 수단으로 자기의 목표 ― 그의 나라를 세우는 ― 를 이루고자 하는 육체 및 세상과 끊임없이 싸움을 하셔야 했던 것입니다.

그는 날마다 자기 십자가를 지셔야 했습니다. 즉, 자기 자신 밖으로 나아가서 오직 아버지께로부터 보고 들으시는 것 이외에는 아무것도 행하거나 말씀하지 않음으로써 자기 자신의 목숨과 의지를 버려셔야 했던 것입니다. 광야에서 시험 받으실 때에, 그리고 겟세마네 동산의 고뇌 시에 ― 그의 공생애 시초와 마지막에 ― 일어난 일은 그가 전 생애 동안 드러내신 성향이 특별히 분명하게 드러난 하나의 사례에 불과한 것입니다. 그는 자기 주장의 죄에 대하여 시험을 받으셨으나 ― 굶주림을 채우기 위해서 떡을 만들라는 첫 시험에서부터 쓰라린 죽음의 잔을 피할 수 있게 해 주겠다는 마지막 시험에 이르기까지 ― 그는 아버지의 뜻에 철저하게 순복하심으로써 그 시험을 이기셨습니다.

그는 자기 자신과 자기의 목숨까지 드리셨습니다. 자기를 부인하셨고 자기 십자가를 지셨습니다. 순종을 배우셔서 온전해지셨습니다. 그는 친히 죄의 권세에 대해 완전한 승리를 얻으셨고, 그리하여 그는 악한 자가 자기를 책할 것이 전혀 없음을 입증하신 것입니다.

십자가 상의 죽으심은 죄의 권세에 대하여 그가 친히 거두신 승리의 가장 영광스러운 마지막 성취였습니다. 십자가 상의 속죄의 죽으심이 가치가 있는 것은 바로 이 점 때문입니다. 죄에 대한 책임이 제거되기 위해서는 화목 (a reconciliation)이 필요했습니다. 죄에 빠지게 되면 동시에 하나님의 진노를 당하게 되어 있는 것입니다. 이 두 가지는 서로 분리시킬 수가 없습니다. 그러므로 이 문제를 해결하시기 위해서, 주님은 중보자로서 죽음을 당하셔야 했고, 그 죽음 속에서 죄를 향한 하나님의 진노의 저주를 당하시고 견디셔야 했던 것입니다. 그러나 죄에 대한 책임과 죄에 대한 저주를 제거하는 주님의 능력은 단순히 그가 엄청난 고통을 당하시고 죽음을 당하셨다는 사실에만 기인하는 것이 아닙니다. 오히려 주님이, 아버지의 의(義)를 유지하고 영화롭게 하기 위하여 아버지를 향한 기꺼운 순종으로 그 모든 고난을 당하셨다는 사실에 기인하는 것입니다. 십자가에 능력을 가져다준 것은 이러한 주님의 자기 희생의 성향, 자의로 기꺼이 십자가를 지시고자 하는 그의 성향이었던 것입니다.

그리하여 성경은 이렇게 말씀합니다: "자기를 낮추시고 죽기까지 복종하셨으니 곧 십자가에 죽으심이라 이러므로 하나님이 그를 지극히 높여 모든 이름 위에 뛰어난 이름을 주사 … "(빌 2:8—9).

또한 다시 이렇게 말씀합니다: "그가 아들이시면서도 받으신 고난으로 순종함을 배워서 온전하게 되셨은즉 자기를 순종하는 모든 자에게 영원한 구원의 근원이 되시고 … "(히 5:8—9). 주께서 우리에게서 죄에 대한 책임을 제거하시고, 그리하여 죄의 권세와 책임에서 우리를 구원하실 수 있으신 것은 그가 자기 자신의 생애에서 먼저 죄의 권세를 깨뜨리시고 정복하셨기 때문인 것입니다. 십자가는 바로, 하나님의 생명으로 나아가는 유일한 길은 바로 자기의 목숨을 희생시키며 드리는 길밖에는 없다는 것을 선포하는 하나님의 표적인 것입니다.

이 순종의 자세가, 이 자기 자신을 희생시키는 자세가 십자가에게 무한한 가치를 주었는데, 그것이 또한 십자가에서 흘린 피에게도 가치를 주었습니다. 여기서 또다시 하나님은 우리에게 그 피의 능력의 비밀을 드러내십니다. 그 피는 사랑하시는 아들이 죽기까지 순종하셨다는 증거입니다. 피를 드리고 흘리시기로, 자기 자신을 기쁘게 하는 죄를 범하는 대신 자기 목숨을 내어 놓기로, 작정하신 성향의 증거입니다. 아버지를 영화롭게 하기 위하여 모든 것을, 자기 목숨까지도 희생시키신 증거인 것입니다. 그 피는 하나님과 그의 뜻을 향한 사랑과 헌신으로 번쩍였으며, 그 피 속에 있는 생명은 바로 하나님을 향한 전적인 헌신과 순종이었습니다.

자, 이제 여러분은 어떻게 생각하십니까? 성령으로 말미암아 살아 있고 능력을 발휘하는 그 피가 우리의 마음과 교감하게 되면, 그리고 그 십자가에서 흘리신 피의 의미를 우리가 올바로 깨닫는다면, 그 피가 그 거룩한 본질을 우리에게 베풀어 주지 않을 수가 있겠습니까? 그러나, 그 피를 흘리신 것이 십자가 상에서 "자기"를 희생시키신 것과 전혀 별개로 행하신 것이 아니기 때문에, 우리로서도 "자기"를 희생시키지 않고서는 그 피의 생명과 능력을 받을 수도, 누릴 수도 없는 것입니다. 그 피가 우리에게 "자기"를 희생시키는 성향을 주게 됩니다.

그리하여 우리가 행위로 십자가에 달리신 그분과 일치하며 그분을 닮게 되고, 자기를 희생시키는 일을 우리 삶의 최고의 법칙으로, 가장 복된 법칙으로 삼게 되는 것입니다. 그리스도의 보혈은 살아 있는 영적인 하늘의 능력입니다. 그리스도의 보혈은 거기에 온전히 굴복되어 있는 심령으로 하여금 하나님의 충만한 생명 가운데로 들어가는 길은 오직 십자가의 자기 희생밖에는 없다는 사실을 체험으로 보고 알게 해 주는 것입니다.

2. 이 성향을 통하여 얻어진 십자가의 능력

이 점에 대해 주의를 기울이면, 십자가의 의미에 대해서, 그리고 "십자가의 피"의 의미에 대해서 더 깊은 통찰을 갖게 될 것입니다. 사도 바울은 십자가의 복음을 가리켜 "하나님의 능력"이라고 말씀하고 있습니다.

십자가가 하나님의 능력으로서 과연 무엇을 이룰 수 있는지를 살펴봅시다. 우리는 앞에서 우리 주님이 죄에 대하여 가지신 이중적인 관계를 보았습니다. 주님은 먼저 사람으로서 자기 스스로 그 죄의 권세를 이기셔야 했습니다. 그리고 그런 다음에 비로소 하나님 앞에서 죄가 야기시킨 효과들, 곧 죄에 대한 책임을 제거시키실 수 있으셨습니다. 죄의 권세를 이기는 일은 그의 전 생애 동안 계속 수행된 과정이었고, 죄의 책임을 제거하는 일은 그의 십자가 상의 고난을 통해서 이루어졌습니다. 그런데 이제는 주께서 그의 모든 사역을 완수하셨습니다. 그리하여 우리는 두 가지 축복을 동시에 받게 되었습니다. 죄가 하나이듯이, 구속도 마찬가지입니다. 우리는 죄의 권세로부터의 구원과 죄에 대한 책임의 면제를 동시에 받은 것입니다. 그러나 사람의 의식 속에서는 죄에 대한 책임을 면했다는 사실이 죄에 대하여 용서를 받았다는 분명한 느낌보다 먼저 일어납니다만, 사실 그렇지 않을 수가 없습니다.

우리 주님은 먼저 죄에 대하여 승리를 거두어서 죄에 대한 책임을 제거하시고 난 다음에 비로소 하늘에 들어가셨습니다. 그런데 우리에게 임하는 축복은 순서가 뒤바뀝니다. 구속이 위로부터 내리는 선물로 우리에게 임합니다. 그러므로 죄에 대한 책임으로부터 구원 받아서 하나님과의 올바른 관계를 회복하는 것이 먼저 있고, 거기서부터 죄의 권세로부터 구원받는 일이 이어지는 것입니다.

이러한 이중적인 구원은 과연 십자가의 능력에서 비롯되는 것입니다. 사도 바울은 이 장의 본문에 나타나는 말씀 속에서 먼저 죄에 대한 책임으로부터 구원받는 면을 말씀합니다. 그는 말씀하기를, 하나님께서 그리스도의 "십자가의 피로 화평을" 이루셨고, 이로써 만물을 자기와 화목하게 하시려 하셨다고 합니다.

죄는 하나님 편에서도 변화를 초래하게 했습니다. 하나님 자신의 본성이 아니라 우리들과의 관계에 변화를 초래하게 한 것입니다. 곧, 하나님께서 진노 가운데서 우리에게서 돌이키게 되신 것입니다. 그런데 그리스도의 십자가로 말미암아 화평이 이루어졌습니다. 죄 문제에 대하여 우리와 화목하시고, 우리를 자기 자신에게로 연합시키신 것입니다.

십자가의 능력으로 말미암아 하늘에서는 하나님과 멀어지게 했던, 혹은 하나님의 진노를 불러일으켰던 모든 것이 완전히 제거되었고, 그리하여 그리스도 안에서 우리가 하나님과 지극히 친밀한 교제 속으로 들어갈 완전한 자유를 누리게 되었습니다. 화평이 이루어졌고 선포되었습니다. 하늘에서 화평이 다스리고 있습니다. 우리가 하나님과 완전히 화목되어서 다시 하나님과의 교제 속에서 영접을 받게 된 것입니다.

이 모든 것이 십자가의 능력으로 말미암아 된 것입니다. 오, 휘장이 완전히 찢어진 것을 우리의 눈으로 볼 수 있다면, 하나님께 나아가는 길이 완전히 자유롭게 열려 있다는 것을 볼 수 있다면, 하나님의 축복이 우리를 향하여 값없이 흘러내리고 있는 것을 볼 수 있다면 얼마나 좋을까요! 하나님의 사랑과 능력의 충만한 것이 우리에게로 임하여 우리 속에서 역사하고 있습니다. 이것을 가로막고 방해하는 것은 절대로 아무것도 없습니다. 다만 우리의 불신앙과 우리의 마음의 게으름만 아니라면, 아무것도 방해할 것이 없습니다. 그러므로 그리스도의 피가 하늘에서 발휘하는 능력에 대해서 묵상합시다. 그래서 우리의 불신앙이 정복되어, 우리가 믿음으로 이러한 하늘의 능력들을 소유할 권세가 있다는 사실로 말미암아 우리의 삶에 기쁨이 충만하게 합시다.

그런데, 십자가가 하늘에서 하나님께 역사하는 능력적인 역사, 곧 죄에 대한 책임을 제거하고 하나님과 우리를 새로이 연합시키는 역사는, 이미 살펴보았듯이, "자기"를 희생시킴으로써 사람을 장악하는 죄의 권세를 깨뜨리는 역사와 분리될 수가 없습니다. 그러므로 성경은 십자가가 그런 희생을 할 수 있는 성향 또는 욕망을 이루어 내는 동시에 실제로 그렇게 할 수 있는 능력을 주어서 그 일을 완성시킨다는 사실을 가르쳐 줍니다. 이 사실은 갈라디아서에서 놀라우리 만큼 명확하게 나타나고 있습니다.

한 구절에서는 십자가를 죄에 대한 책임 문제를 해결하는 것으로 말씀합니다: "그리스도께서 우리를 위하여 저주를 받은 바 되사 율법의 저주에서 우리를 속량하셨으니 기록된 바 나무에 달린 자마다 저주 아래에 있는 자라 하였음이라"(갈 3:13). 그런데 다른 세 구절에서는 이보다 더 분명하게 십자가를 죄의 권세에 대한 승리로, 자기 중심의 삶에 대하여, 육체에 대하여, 세상에 대하여 "나"를 죽이는 능력으로 말씀하고 있는 것을 봅니다: "내가 그리스도와 함께 십자가에 못 박혔나니 그런즉 이제는 내가 사는 것이 아니요 오직 내 안에 그리스도께서 사시는 것이라"(갈 2:20); "그리스도 예수의 사람들은 육체와 함께 그 정과 탐심을 십자가에 못 박았느니라"(갈 5:24); "그러나 내게는 우리 주 예수 그리스도의 십자가 외에 결코 자랑할 것이 없으니 그리스도로 말미암아 세상이 나를 대하여 십자가에 못 박히고 내가 또한 세상을 대하여 그러하니라"(갈 6:14). 이 구절들에서는 십자가에 달리신 그리스도와 우리가 연합된 사실과 또한 그 연합의 결과로 우리가 그와 일치하게 된 사실이 바로 십자가로 말미암아 우리에게 발휘된 능력의 결과로 제시되고 있는 것입니다.

이 사실을 이해하기 위해서 우리는 예수께서 십자가를 선택하시고 그 십자가를 지시고 거기에 달리셔서 죽으셨을 때에 둘째 아담으로서, 그의 백성의 머리요 보증으로서 그렇게 하셨다는 것을 기억해야 합니다. 그러므로 그가 행하신 일이 그 백성들에게 능력이 되며, 또한 이 사실을 깨닫고 믿는 자들 속에서 그 능력을 발휘하는 것입니다. 그리스도께서 그들에게 베푸시는 생명은 십자가가 가장 두드러진 특질이 되는 그런 생명입니다. 우리 주님은 중보자로서의 그의 생애 전체를 통틀어서 자기 십자가를 지셨습니다. 그리고 중보자로서 그 십자가 위에서 죽으심으로써 영광의 생명을 얻으셨습니다. 신자가 그에게 연합하여 그리스도의 생명을 얻을 때에, 그는 십자가로 말미암아 죄의 권세를 무너뜨린 생명을 받게 됩니다. 그리하여 그는 이제부터 "내가 그리스도와 함께 십자가에 못 박혔나니"라고 말할 수 있게 되는 것입니다. "우리가 알거니와 우리 옛 사람이 예수와 함께 십자가에 못 박혔으니," "우리가 그리스도와 함께 죽었으니," "죄에 대하여 죽은 자요 그리스도 예수 안에서 하나님께 대하여는 살아 있는 자로 여길지어다"(롬 6:6, 11).

하나님의 말씀의 이러한 모든 표현들은 이제 지나간 과거에 일어난 일을 가리킵니다. 십자가에서 얻은 죄에 대한 승리의 몫을 성령과 예수님의 생명이 신자들에게 베풀어 주는 것입니다. 그러므로 이제 이러한 교제와 참여의 능력 속에서 그들은 예수님이 사신 것처럼 살게 됩니다. 언제나 자기 자신에 대하여 십자가에 못 박힌 자로서 살며, 자기의 "옛 사람"과 "육체"가 십자가에 달려 죽음에 넘기우고 있음을 아는 자로서 사는 것입니다. 이러한 교제의 능력 가운데서 그들은 예수님이 사신 것처럼 사는 것입니다. "옛 사람"과 세상이 아직 존재하지만 그럼에도 불구하고 언제나 모든 일 가운데서 십자가를 택하며, 그 십자가로 하여금 역사하도록 하는 능력이 그들에게 있는 것입니다.

예수님의 삶의 법칙은 자기 자신의 뜻을 아버지의 뜻에 온전히 굴복시키며 자기의 목숨을 드려 죽으심으로써 하늘의 구속의 생명에로 들어가는 것이었습니다. 곧, 십자가로 말미암아 보좌로 나아가는 것이었습니다. 죄의 나라가 있는 것과 마찬가지로 ─ 우리가 첫째 아담과의 관련으로 말미암아 그 나라의 권세 아래 들어가 있었습니다만 ─ 그리스도 예수 안에 있는 새로운 은혜의 나라가 세워졌습니다. 그리고 우리는 그 나라의 능력 있는 영향력 아래서 믿음으로 말미암아 사는 것입니다. 예수 그리스도께서 십자가 상에서 죄를 이기신 그 놀라운 능력이 우리 속에서 살아 역사합니다. 그리고 그 능력이 우리로 하여금 그리스도께서 사신 것처럼 살도록 촉구할 뿐 아니라, 우리로 하여금 실제로 그렇게 살도록 힘을 주는 것입니다. 그리하여 십자가를 우리 삶의 모토요 법칙으로 삼게 하는 것입니다.

신자 여러분, 여러분에게 뿌려진 바 된 그 피는, 그리고 여러분이 그 아래서 날마다 살아가는 그 피는 바로 십자가의 보혈입니다. 그것이 능력 있는 것은 바로 그 피가 생명을 완전히 하나님께 희생하여 드린 것이라는 사실에서 비롯됩니다. 피와 십자가는 불가분리의 관계로 연합되어 있습니다. 그 피는 십자가에서 비롯됩니다. 그리고 십자가를 증언하며, 십자가로 인도합니다. 십자가의 능력이 그 피 속에 있습니다. 그 피를 접할 때마다 여러분은 십자가를 여러분의 삶의 법칙으로 취할 수 있는 새로운 능력을 얻게 되어야마땅합니다.

그 피의 능력 가운데서 "내 뜻대로 마옵시고 아버지의 뜻대로 하옵소서"가 이제 우리의 날마다의 헌신의 노래가 됩니다. 십자가가 가르치는 바가 바로 여러분에게 베풀어집니다. 그리고 십자가가 요구하는 것이 또한 여러분에게 가능해지는 것입니다. 십자가의 보혈이 뿌려질 때마다 그 보혈을 통하여 십자가의 능력과 성향이 여러분에게서 드러나게 되기를 바랍니다.

3. 십자가가 드러내는 사랑

십자가 보혈의 충만한 영광을 배우기 위해서는 이제 이 점에 대해 주의를 기울이지 않을 수가 없습니다.

우리는 앞에서 십자가로 표현된 그리스도의 성향에 대해 말씀드렸고, 또한 우리가 십자가의 보혈이 우리에게 충만한 능력을 발휘하도록 허용할 때에 그 성향이 우리 속에 역사하여 일으키는 능력적인 영향력에 대해서도 말씀드렸습니다. 그러나, 많은 그리스도인들은 그런 성향을 항상 보존하며 드러낸다는 것이 너무나 무거운 짐이 아니냐는 두려움을 표시합니다. 그리고 심지어 십자가가 이러한 성향을 만들어 내는 "하나님의 능력"이라는 확신이 있어도 그런 두려움이 완전히 제거되지를 않습니다. 왜냐하면 그 능력이 발휘되는 일은 어느 정도는 우리의 복종과 믿음에 따라 좌우되는데, 그런 복종과 믿음이 우리 편에서 따라 주지를 못하는 경우가 많기 때문입니다. 과연 이러한 부족함에서 구원받을 길이, 이러한 질병을 치유할 길이 십자가에 있을까요? "십자가의 피"가 우리로 하여금 끊임없이 언제나 우리의 죄책을 씻어내고, 또한 죄의 권세에 대해 승리하는 일에 참여하도록 해 줄 수 있을까요?

예. 그렇습니다. 자, 가까이 와서 십자가가 여러분에게 선포하는 내용을 다시 한 번 들어 보십시오. 십자가가 말씀하는 사랑을 올바로 깨닫고 우리 마음속에 받아들일 때에 비로소, 우리는 십자가의 충만한 능력과 축복을 체험할 수가 있습니다. 사도 바울은 이 사실을 이렇게 증거하고 있습니다: "내가 그리스도와 함께 십자가에 못 박혔나니 그런즉 이제는 내가 사는 것이 아니요 오직 내 안에 그리스도께서 사시는 것이라 이제 내가 육체 가운데 사는 것은 나를 사랑하사 나를 위하여 자기 자신을 버리신 하나님의 아들을 믿는 믿음 안에서 사는 것이라"(갈 2:20).

십자가 위에서 "나를 위하여 자기 자신을 버리신" 그분의 사랑을 믿는 믿음이 나로 하여금 그리스도와 함께 십자가에 못 박힌 자로서 살도록 해 주는 것입니다.

십자가는 사랑의 계시입니다. 주님은 십자가에서 친히 피를 흘리시는 것 이외에는 자기가 그렇게 사랑하는 자들을 사랑으로 구속할 방법이 없음을 보셨습니다. 그렇기 때문에 그는 십자가의 공포도 굴하지 않으셨고, 그 때문에 영혼이 두려워 떨릴지라도 십자가를 피하려 하지 않으신 것입니다. 십자가는 그리스도께서 그의 사랑으로 모든 어려움을 ― 죄의 저주와 인간의 적대를 ― 다 이기시고 승리를 거두셨고, 우리를 얻으실 만큼 우리를 진정으로 사랑하셨다는 사실을 말씀해 줍니다. 십자가야말로 영원한 사랑의 승리의 상징인 것입니다. 십자가로 말미암아 사랑이 보좌에 앉게 되었고, 그리하여 이제 전능의 자리에서 그 사랑이 자기의 사랑하는 자들이 원하는 모든 일들을 행할 수 있게 된 것입니다.

이렇게 해서 십자가가 내게 제시하는 요구에 대해서, 그리고 십자가가 내게 베풀어 주는 것에 대해서, 십자가의 의미와 영광과 생명에 대해서 새롭고 영광스러운 빛이 비쳐지고 있습니다. 육체가 곁길로 나가려는 성향이 너무나 크기 때문에 성령의 약속과 하늘의 능력이라도 내게 필요한 용기를 주기에는 부족한 것 같은 그런 내가 말씀으로 말미암아 십자가로 부름을 받은 것입니다.

그러나 여러분! 능력에 대한 약속보다 훨씬 더 나은 것이 여기에 있습니다. 십자가가 나에게 영원하시고 모든 것을 정복하시는 사랑의 예수님, 살아 계신 주님을 가리켜 주는 것입니다. 주님은 우리를 향한 사랑으로 말미암아 자기 자신을 버려 십자가로 나아가셨고, 그리하여 자기 자신을 위하여 한 백성을 구속하신 것입니다. 이러한 사랑 가운데서 주님은 십자가의 교제 속에서 자기에게 나아오는 모든 사람들을 다 영접하십니다. 그리고 십자가에서 얻으신 모든 축복들을 그들에게 베풀어 주십니다. 그리고 이제 그의 영원하시고 언제나 효력 있는 사랑의 능력으로 우리를 영접해 주십니다. 그가 십자가 위에서 우리를 위하여 이루신 것을 그 능력이 한순간도 쉬지 않고 우리 속에서 이루어가는 것입니다.

그것이 보입니다! 우리에게 필요한 것은 예수님 자신과, 모든 것을 이기는 영원한 그의 사랑을 올바로 바라보는 것입니다. 그리스도의 보혈은 그 사랑의 하늘의 영광의 지상적인 보증입니다. 그의 보혈이 바로 그 사랑을 지적해 주는 것입니다. 우리에게 필요한 것은 예수님 자신을 십자가의 빛 가운데서 바라보는 것입니다. 십자가로 말미암아 나타나는 모든 사랑이 오늘 우리에게 주님이 베푸시는 사랑의 척도가 됩니다. 이 세상의 그 어떠한 권세나 죄의 대적에도 굴하지 않은 그 사랑이 이제 우리 속에 있는 방해가 될 모든 요소들을 다 정복할 것입니다. 저주 받은 나무 위에서 승리를 거둔 그 사랑은 우리에 대해서 완전한 승리를 거두고 또한 유지할 수 있을 만큼 강력한 사랑입니다.

"죽임 당하신 어린 양"이 보좌 한가운데서 드러내시는 사랑은 언제나 십자가의 표지를 함께 지니고 있습니다. 그리고 그 사랑은 살아서 우리에게 십자가의 성향과 능력과 축복을 베풀어 주는 것입니다. 주님의 사랑을 알고 그 사랑 안에서 살며 그 사랑으로 마음이 충만해지는 것이야말로 십자가가 우리에게 가져다줄 수 있는 가장 큰 축복입니다. 그것이야말로 십자가의 모든 축복들을 누리는 길인 것입니다.

영광된 십자가여! 영광된 십자가야말로 우리에게 영원한 사랑을 베풀어 주며, 또한 그 사랑을 우리에게 알려 주는 것입니다. 그리스도의 피는 십자가의 열매요 능력입니다. 그 피는 그 십자가의 사랑의 선물인 것입니다. 그리스도의 보혈과 그렇게 놀랍게 접촉하게 되어 그 피의 깨끗이 씻으심 아래서 매순간마다 살아가는 그 사람들은 과연 그 사랑을 얼마나 충만하게 누리면서 살아가겠습니까! 그리스도의 피가 얼마나 놀랍게 우리를 예수님과 그의 사랑과 연합시켜 주는지 모르는 것입니다. 그리스도는 대제사장이십니다. 그의 마음에서 그 피가 흘러나오고, 그 마음에로 그 피가 돌아갑니다. 그리고 그 자신이 그 피를 흘리는 목적이시요, 그 자신이 그 피 흘림을 완전하게 하시는 분이십니다. 그는 대제사장으로서 온유한 사랑 가운데서 지금도 살아 계셔서 우리 속에 있는 모든 것을 완전하게 하시며, 그리하여 십자가가 우리의 삶의 법칙으로 세워놓은 그 성향이, 그리고 십자가가 우리 삶의 능력으로 우리에게 베풀어 주는 바 승리가 우리로 말미암아 실현되도록 하시는 분이신 것입니다.

사랑하는 그리스도인 여러분, 우리의 소망은 십자가의 보혈에 있습니다. 그러나 그 충만한 축복을 체험하도록 우리 자신을 드려야 하겠습니다. 그 피 한 방울 한 방울은 굴복과 자기 의지의 죽음을, 나 중심의 삶의 죽음을, 하나님께로 나아가는 길로 제시하고 있습니다. 그 피의 한 방울 한 방울은 예수님께서 십자가에서 얻으신 생명의 능력과 천국의 삶을 여러분에게 확신시켜 줍니다. 그리하여 여러분 속에서 그 십자가의 성향을, 그 십자가에 못 박히는 생활을 유지하게 해 주는 것입니다. 그 피 한 방울 한 방울은 예수님과 그의 영원한 사랑을 여러분에게 제시합니다. 그리고 십자가의 모든 축복을 여러분 속에서 이루며, 여러분을 그 사랑 속에서 지키는 것입니다.

십자가와 그리스도의 보혈을 생각할 때마다 여러분이 구주 예수님께 더 가까이 가게 되며, 또한 그리스도와 더 깊은 연합 속으로 이끌려 들어가게 되기를 바랍니다.

제 4 장
피로써 거룩해지는 제단

"너는 이레 동안 제단을 위하여 속죄하여 거룩하게 하라
그리하면 지극히 거룩한 제단이 되리니 제단에 접촉하는 모든 것이 거룩하리라"
– 출 29:37.

장막의 기구들 가운데 제단이야말로 여러 가지 점에서 가장 중요한 것이 었습니다. 거기에는 물론 금으로 만든 속죄소도 있었고, 하나님께서는 휘장으로 가려진 지성소 안에 있는 속죄소 위에서 자기의 영광을 드러내셨으므로, 속죄소는 다른 무엇보다도 더 영광스러운 것이었습니다. 그러나 그것은 하늘의 하나님의 숨겨진 임재를 상징하는 것으로서 이스라엘 사람들의 눈에는 감추어져 있었습니다. 일 년에 단 한 차례만 이스라엘의 믿음이 의도적으로 거기에 고정되었습니다. 그러나 반면에, 제단의 경우는 날마다 하나님의 제사장들이 계속해서 일을 보았습니다. 말하자면, 제단은 성소에서 하나님을 섬기는 모든 봉사로 들어가는 입구와도 같다 할 수 있겠습니다.

성전이나 성막이 있기 전, 예를 들어서 노아와 족장들의 시대에는 제단이 하나님을 예배하는 장소로 쓰였습니다. 제단이 있으면 성전이 없이도 하나님께 예배할 수가 있습니다. 그러나 성전이 있다 하더라도 제단이 없으면 하나님께 예배할 수가 없습니다. 하나님께서는 시내 산에서 모세에게 자신이 그 백성 중에 거하실 성막에 대해서 말씀하셨습니다만, 그에 앞서서 희생 제사를 통한 예배에 대해서 먼저 말씀하셨습니다. 곧, 제단을 통한 예배가 성

막과 성전의 예배의 시작이요 중심이라는 것입니다.

어째서 그렇습니까? 제단이란 무엇이었습니까? 그리고 그 제단이 어째서 그렇게 중요한 위치를 차지했습니까? '제단'을 뜻하는 히브리어 단어가 이에 대해 해답을 줍니다. 그 단어의 뜻은 특별히 죽이는 장소를 뜻합니다. 향을 드리는 장소도 — 거기에는 죽임을 당한 희생물이 없었는데도 — 제단이라는 이름으로 불렸습니다. 왜냐하면 하나님께 희생으로 드려진 제물들이 그 위에 놓여지기 때문이었습니다. 여기서 나타나는 주요한 사상은 이것입니다. 곧, 사람이 하나님을 위하여 드리는 예배는 그 사람 자신은 물론 자기가 가진 모든 것을 하나님께 희생하여 드리며 성별하여 드리는 데 있다는 것입니다. 이 목적을 위해서는 구별된 장소가 있어야 했고, 하나님께서는 친히 이를 명하셨고, 거룩하게 세우신 것입니다.

제단이 하나님께서 명하신 것이요 거룩하게 구별하신 것이기 때문에, 그 제단은 거기에 놓여지는 제물들을 거룩하게 하여 하나님께서 받으실 만한 것이 되도록 만들어 줍니다. 제물을 드리는 사람은 자기의 죄를 속해 줄 희생 제물을 그 제단에 가지고 오며, 또한 화목에 이어서 감사의 제물도 가져오는데, 이는 사랑과 감사의 표현이요 또한 하나님과 더 가까운 교제를 가지며 하나님의 사랑을 충만히 누리고자 하는 바람의 표시입니다. 제단은 희생의 장소요, 헌신의 장소요, 하나님과의 교제의 장소인 것입니다.

구약의 제단은 반드시 신약에 그 원형이 있습니다. 구약의 제단이 그림자로 비추어 주는 완전한 영적 예배의 실체에 해당하는 무엇이 신약에 있다는 말입니다. 성령께서는 히브리서 13:10에서 "우리에게 제단이 있는데"라고 말씀합니다. 하늘의 영원한 활동 가운데도 제단이 있습니다. "또 다른 천사가 와서 제단 곁에 서서 금 향로를 가지고 많은 향을 받았으니 … 천사가 향로를 가지고 제단 위의 불을 담다가 땅에 쏟으매 … "(계 8:3, 5). 신약에 나타나는 제단 역시 구약의 제단과 마찬가지로 죽이는 장소요 희생의 장소였습니다. 신약 성경에서 말씀하는 그곳이 어디인가는 어렵지 않게 알 수 있습니다. 그곳은 바로 하나님의 어린 양께서 속죄 제물이 되셔서 "단번에" 자기를 희생시키신 바로 그 제단이요, 신자들은 각자 그 제단 위에 자기 자신을 하나님께 감사 제물로 드려야 합니다. 그 제단은 바로 십자가인 것입니다.

지금 본문에서 우리는 제단 그 자체가 피로 말미암아 거룩히 구별되어져야만 비로소 거기에 접촉하는 모든 것이 거룩히 구별될 수 있다는 사실을 알게 됩니다. 본문에서 우리는 다음과 같은 사실을 알 수 있습니다:

1. 제단이 피로써 거룩해진다는 사실.

2. 그 제단으로 말미암아 제물이 거룩해진다는 사실.

하나님의 성령께서 우리의 눈을 여시사 십자가에서 흘리신 피의 충만한 능력을 보게 하시기를 바랍니다.

1. 제단이 피로써 거룩해짐

본문은 아론을 대제사장으로, 그리고 그의 아들들을 제사장으로, 구별하여 세우는 일에 관한 여러 가지 지침 가운데 나타나는 말씀입니다. 제사장에게는 반드시 제단이 있어야 합니다. 그러나 제사장 자신이 피로써 거룩하게 되어야 했던 것처럼 제단 역시 마찬가지로 피로써 거룩하게 되어야 했습니다. 그리하여 하나님은 제단을 깨끗하게 하고 그 제단을 속하기 위하여 속죄제를 드릴 것을 명하셨습니다.

모세는 칠 일 동안에 제단을 속하는 이 일을 수행하여야 했습니다.

성경은 이렇게 말씀합니다: "모세가 (속죄 제물을) 잡고 그 피를 가져다가 손가락으로 그 피를 제단의 네 귀퉁이 뿔에 발라 제단을 깨끗하게 하고 그 피는 제단 밑에 쏟아 제단을 속하여 거룩하게 하고"(레 8:15). 이로써 그 제단이 거룩하게 되었음은 물론, "지극히 거룩하게 되었"습니다. 곧 "지성소"가 된 것입니다. 이 표현은 하나님께서 거하시는 성막 안쪽의 거룩한 곳을 묘사하는 표현과 동일한 것입니다. 그런데 여기서는 그 표현이 제단에 대해서 사용되고 있는 것입니다. 곧, 제단이 그 지성소와 동일하게 거룩하다는 표시입니다. 지성소는 가리워진 하나님의 거룩한 곳이었고, 제단은 사람이 다가갈 수 있는 "지성소"였던 것입니다. 그 다음에 보면 이렇게 기록하고 있습니다: "제단에 접촉하는 모든 것이 거룩하리라"(출 29:37). 일곱 번씩 피로 속함으로써 제단은 거기에 접촉하는 모든 것을 거룩하게 하는 능력을 지닐 만큼 거룩한 것이 되었습니다. 이스라엘 백성은 자기들의 제물이 너무 작거나 너무 무가치하여 하나님께 열납되지 못하면 어떻게 할까 하고 염려할 필요가 없게 되었습니다. 그 제단이 거기에 놓여진 모든 것을 거룩한 것으로 만들어 주었기 때문입니다. 우리 주님은 "맹인들이여 어느 것이 크냐 그 예물이냐 그 예물을 거룩하게 하는 제단이냐"(마 23:19)라고 물으신 적이 있는데, 이때에 주님은 이 사실을 염두에 두고서 그렇게 물으신 것입니다. 제단은 피로 일곱 번씩 뿌림을 받음으로써, 거기에 놓여지는 모든 것을 거룩하게 만드는 능력을 부여받은 것입니다.

이 말씀을 깨닫게 되면, 과연 "예수의 보혈의 능력"에 대해서 영광스러운 찬란한 빛이 드리워지는 것을 경험하게 됩니다. 그리고 그 보혈로 말미암아 거룩하게 된 그의 십자가에 대해서도 새로운 깨달음을 얻게 됩니다. 그리스도의 보혈이 어떻게 해서 십자가에서 그 가치를 얻게 되는지에 대해서는 이미 살펴본 바 있습니다. 그리스도의 보혈은 곧 그의 삶 전체가 죽기까지 순종하는 삶임을 증명하는 증거로서 화목시키는 능력이 있고 또한 죄에 대하여 승리를 얻게 하는 능력이 있습니다. 그런데, 바로 여기서 그 보혈의 새로운 영광이 우리에게 다시 나타납니다. 그 보혈을 흘린 십자가는 예수께서 거룩하게 되신 제단일 뿐 아니라 그 제단 자체가 그 피로 말미암아 거룩하게 되어서 우리도 그 제단 위에서 거룩하게 되어 하나님께 받으실 만한 것이 될 수가 있는 것입니다.

그리스도의 피로 말미암아 거룩하게 된 십자가만이 "지성소"요, 그것과 접촉하는 모든 것을 거룩하게 만드는 능력을 지닌 것입니다.

이교도들의 예배에서도, 또한 로마 가톨릭 교회의 예배에서도 십자가에 대한 가르침이 종종 가르쳐지곤 합니다. 자기 자신의 의지로 자기 자신을 희생시키면 하나님께서 그것을 기뻐 받으신다는 가르침입니다. 그들은 자기 자신을 희생시키는 데에서, 육체를 죽이는 데에서, 가치를 찾으려 합니다. 그러나, 사람이 하는 일은 그것이 희생이든 고난이든간에, 모든 것이 죄로 물들어 있으며 따라서 진정으로 죄를 정복할 수도, 하나님을 기쁘시게 할 수도 없다는 사실을 그들은 전혀 깨닫지 못하고 있는 것입니다. 십자가라 할지라도 그것이 자기를 희생시키는 수단인 한에는 결코 그것이 자기 자신을 거룩하게 할 수가 없다는 사실도 그들은 깨닫지 못합니다. 십자가의 고난이 우리를 거룩하게 할 수 있기 위해서는, 십자가 자체가 먼저 거룩하게 되어야 하는 것입니다.

이를 위하여 하나님은 지극히 영광스러운 일을 예비하셨습니다. 하나님은 제단을 세우게 하시고 그 제단을 위하여 일곱 번으로 완전히 속하게 하셔서 그것과 접촉하는 것은 무엇이든 다 거룩하게 되도록 하신 것입니다. 하나님의 아들의 피로 말미암아 십자가가 "지극히 거룩하게" 되었습니다. 곧 우리를 거룩하게 할 능력을 지닌 "지성소"가 되게 하신 것입니다.

이 일이 어떻게 이루어졌는지를 우리는 잘 알고 있습니다. 이 일에 대해서는 아무리 자주 이야기하고 아무리 많이 생각하고, 믿고 감사한다 해도 오히려 부족한 것입니다. 그의 고귀한 신적인 피를 우리의 죄를 위한 희생물로 드리시고, 아버지의 뜻에 완전히 순종하여 자기 자신을 굴복시키시고, 또한 죄에 대하여 그 스스로 승리하시고, 우리의 형벌과 저주를 친히 지고 가심으로써 예수님은 죄를 정복하셨고, 또한 우리에게도 그 죄의 능력을 무력화시키신 것입니다.

예수께서 십자가 상에서 행하시고 당하신 일은 둘째 아담으로서, 우리의 머리요 보증인으로서 당하신 것입니다. 그는 십자가 상에서 우리에게 육체로부터 자유를 얻어서 하나님과 성령의 생명 가운데로 들어갈 수 있는 유일한 길은 바로 육체를 하나님의 의로우신 심판에 굴복시키는 길뿐임을 보여 주셨습니다. 하나님의 생명 속으로 들어가는 유일한 길은 바로 육체의 죽음을 통한 길뿐이었던 것입니다.

그러나 그가 이것이 유일한 길이라는 것만 보여 주신 것은 아닙니다. 주님은 그의 죽으심으로 말미암아 우리로 하여금 바로 그 길을 걸어갈 수 있도록 하는 권리와 능력을 취득하신 것입니다. 우리의 본성적인 삶은 철저하게 죄의 권세 아래 있기 때문에 우리로서는 아무리 우리 자신을 희생시키고 애쓴다 할지라도 그 권세에서 구원받을 수가 없습니다. 그러나 예수님의 삶과 고난이 바로 죄의 권세를 완전히 무너뜨리는 신적인 능력을 지녔으므로, 누구든지 예수님과의 교제 속에서 희생과 죽음을 통하여 하나님의 생명으로 나아가는 길을 찾는 사람은 그 길을 찾게 되고, 또한 그 길을 걸어갈 수 있게 되는 것입니다.

예수님의 보혈을 통해서, 그의 피가 드러낸 그 완전한 화목과 영생의 능력을 통해서, 예수님의 십자가는 영원토록 제단으로 거룩하게 되었습니다. 하나님께 무엇을 드릴 때에는 오직 그 제단을 통해서만 하나님께 드릴 수 있는 것입니다.

십자가는 제단입니다. 우리가 이미 살펴본 바대로 제단은 죽이는 장소요 희생의 장소입니다. 향을 드리는 장소 또한 제단이라고 불렀습니다. 희생의 제단과 향단 위에 불이 타오릅니다. 하나님께 드려지는 것은 먼저 죽음을 통과해야 하고, 그 다음에는 불로 태워져야 합니다. 그 천연의 상태로는 부정합니다. 그러므로 죽음으로써 죄에 대한 심판이 시행되어야 하며, 또한 불로써 태워져야 합니다. 그러면 새로운 영적 형상으로 화하여 하늘에 열납되는 상태가 되는 것입니다.

희생의 제단이 선포하는 것은 ― 십자가가 그리스도에 대해 선포하는 것은 ― 거룩하신 하나님의 성전의 법입니다. 하나님으로서는 죽음을 통해서, 생명을 희생시키는 것 이외에는 길이 없다는 것입니다. 하나님으로서는 십자가 이외에는 우리를 구원하실 길이 없다는 것입니다.

그러므로 십자가는 예수께서 우리 죄를 위하여 죽으신 그 십자가만이 아닙니다. 그 십자가는 우리도 죽어야 하는 십자가인 것입니다. 주 예수께서는 일찍이 제자들에게 자신이 십자가에 달리실 것을 거듭거듭 경고하셨고, 또한 제자들도 그를 따라서 십자가를 져야 한다는 사실을 말씀하셨습니다. 주께서 하신 것처럼 제자들 각자가 십자가에 달릴 준비를 해야 한다는 것이었습니다. 주님의 이 말씀은 그저 외형적인 고난이나 죽음을 뜻하는 것이 아닙니다. 오히려 주님은 내적인 자기 부인을 말씀하신 것이며, 또한 주님의 십자가의 교제로서 자기 자신의 삶을 미워하고 버리는 것을 뜻하신 것입니다. 이것은 주님이 십자가에 달리시기 이전에 주신 말씀이었습니다.

그런데 성령께서는 사도 바울을 통해서 예수께서 십자가에 달리신 이후에 과연 우리가 십자가에 대해서 어떻게 말해야 할지를 가르쳐 주십니다. 곧, "내가 그리스도와 함께 십자가에 못 박혔나니", "그리스도 예수의 사람들은 육체와 함께 그 정과 욕심을 십자가에 못 박았느니라", "내게는 우리 주 예수 그리스도의 십자가 외에 결코 자랑할 것이 없으니 그리스도로 말미암아 세상이 나를 대하여 십자가에 못 박히고 내가 또한 세상을 대하여 그러하니라."

갈라디아서에 나타나는 이 세 구절은 우리가 십자가의 고난을 우리의 죄책에 대한 희생으로만이 아니라 우리의 삶의 특징이요 능력으로 여겨야 한다는 사실을 가르쳐 줍니다. 십자가 위에서 예수님의 지상 생애는 그 목적에, 그 절정에, 그 완전함에 도달했습니다. 십자가가 없었다면 그가 그리스도이셨을 수가 없습니다. 하늘로부터 임하는 그리스도의 생명도 우리 속에서 똑같은 특징을 드러냅니다. 그것은 십자가에 달린 자의 생명인 것입니다. "내가 그리스도와 함께 십자가에 못 박혔나니"라는 말은 그 다음에 곧바로 이어지는 "내 안에 그리스도께서 사시는 것이라"라는 말과 도저히 떼어낼 수가 없습니다.

날마다 시간마다 우리는 십자가에 못 박는 장소에 거하여야 합니다. 매순간마다 그리스도의 십자가의 능력이 우리 속에서 역사해야 합니다. 그리스도의 죽으심과 합한 자로 만들어져야 하는 것입니다. 그럴 때에 하나님의 능력이 우리 속에서 드러나게 됩니다. 십자가의 연약함과 죽음에 하나님의 생명과 능력이 덧붙여지는 것입니다. 사도 바울은 이렇게 말씀합니다: "그리스도께서 약하심으로 십자가에 못 박히셨으나 오직 하나님의 능력으로 살아 계시니 우리도 그 안에서 약하나 너희에게 대하여 하나님의 능력으로 그와 함께 살리라"(고후 13:4).

이 사실을 깨닫지 못하는 그리스도인들이 많습니다. 이는 그들이 자랑하는 십자가가 사도 바울이 자랑한 십자가와 다르기 때문입니다. 바울이 자랑한 십자가는 그리스도께서 못 박히셨고 또한 바울 자신이 함께 못 박힌 십자가였습니다. 그러나 많은 그리스도인들은 그리스도께서 죽으신 십자가를 자랑하기는 하지만, 자기 자신들은 그 위에서 죽기를 원하지 않는 것입니다.

그러나 거기서 죽는 것이 하나님께서 계획하시는 일입니다. 십자가 위에서 우리의 죄를 속하신 그 보혈이 그 십자가를 거룩하게 만들었기 때문에, 그 십자가 위에서 우리 주님과 교제를 갖는 우리가 생명의 길을 찾게 된 것입니다.

속죄의 피와 육체를 죽이는 일이 서로 구별되면서도 이처럼 서로 연관된다는 사실을 신약의 아주 유명한 구절에서 얼마나 분명하게 가르쳐 주는지 보십시다: "그러므로 형제들아 우리가 예수의 피를 힘입어 성소에 들어갈 담력을 얻었나니 그 길은 우리를 위하여 휘장 가운데로 열어 놓으신 새로운 살 길이요 휘장은 곧 그의 육체니라 또 하나님의 집 다스리는 큰 제사장이 계시매 우리가 마음에 뿌림을 받아 악한 양심으로부터 벗어나고 몸은 맑은 물로 씻음을 받았으니 참 마음과 온전한 믿음으로 하나님께 나아가자"(히 10:19—22).

여기서 "새로운 살 길"은 "피를 힘입어 얻은 담력"과는 다른 것입니다. 그 길은 예수님께서 친히 걸으신 길입니다. 자기의 피를 흘리사 자기 육체의 휘장을 찢으시고, 그리하여 우리를 위하여 거룩하게 만드신 길입니다. 이 길은 언제나 찢어진 육체의 휘장을 통과하는 것입니다. 십자가에 못 박힘과 육체를 죽이는 것이 바로 보혈을 흘리신 길이었습니다. 그 보혈에 참여하는 자는 누구든지 그 보혈로 말미암아 바로 이 길 속으로 인도되는 것입니다. 그것이 바로 십자가의 길입니다. 자기 자신의 생명을 전적으로 희생시키는 것이야말로 하나님의 생명으로 나아가는 길입니다. 자기를 전적으로 부인하는 십자가야말로 우리 자신을 하나님께 드릴 수 있는 유일한 제단인 것입니다.

십자가는 예수님의 피로 말미암아 거룩한 제단이 되었습니다. 우리는 그 십자가의 제단 위에서 하나님께서 기뻐 받으실 만한 거룩한 제물이 될 수 있는 것입니다.

그러므로 이제 우리는 제단과, 그리고 십자가와 관련되어 있는 다음의 구절의 의미를 보게 됩니다: "제단에 접촉하는 모든 것이 거룩하리라"(출 29:37). 제물이 작다든지 무가치하다고 해서 하나님께서 그것을 받으시지 않는 것이 아닙니다. 피로 말미암아 거룩해진 제단이 그 제물을 거룩하게 만드는 능력이 있기 때문입니다. 그러므로 내가 나 자신을 희생한다 해도 완전하지 못하다거나, 아니면 나 '자신'에 대하여 죽어야 하는데 이에 대해서 내가 완전하지 못하다 하여 그것 때문에 염려가 될 때에, 우리는 나 자신에게서 생각을 돌려서, 십자가에서 흘리신 주님의 거룩하신 피의 놀라운 능력을 바라보아야 마땅한 것입니다. 그 피가 그것에 접촉하는 모든 것을 거룩하게 만들기 때문입니다.

십자가가 ― 십자가에 달리신 예수님이 ― 하나님의 능력입니다. 그러므로 내가 십자가의 의미를 더욱 깊이 깨달아서 그 십자가를 택하여 그것을 든든히 붙잡을 때에, 그리스도의 영으로 말미암아 십자가에서 생명의 능력이 솟아나와서 그것이 나를 든든히 붙잡아서 나로 하여금 십자가에 못 박힌 자의 삶을 살게 해 주는 것입니다.

매순간마다 내가 나의 십자가에 못 박힘을, 나 자신을 전적으로 죽임을, 의식하며 행할 수가 있습니다. 십자가에 달리신 그리스도의 영께서 그의 십자가를, 자기 자신의 삶이 죽고 그 죽음에서 일어나는 하나님의 새 삶의 능력으로 만들어 주기 때문입니다. 십자가가 거룩하게 된 제단이 되어서 거기서부터 거룩하게 하는 능력이 내게 역사하는 것입니다. 내가 십자가를 신뢰하고 거기에 나 자신을 굴복시키는 그 순간부터 나는 거룩해진 사람이 됩니다. 곧, 하나님의 성도의 일원이 된다는 말씀입니다. 그리고 내가 십자가의 거룩하게 하는 능력을 믿고 그 십자가와 교제하는 삶을 추구하는 정도만큼, 내가 점차적으로, 그리고 점점 더 거룩함에 참여하는 자가 되는 것입니다.

예수님과 함께 내가 못 박힌 그 십자가가 날마다 그것과 접촉하는 모든 것을 신적인 거룩함으로 거룩하게 하며, 나를 또한 거룩하게 해 주는 제단이 되는 것입니다. 피로써 거룩하게 된 제단이 거기에 접촉하는 제물을 거룩하게 하는 것입니다.

그러나 이제 여기서 좀 더 면밀하게 살펴보기로 합시다.

2. 제단으로 말미암아 제물이 거룩해짐

제단이 피로써 거룩해지며, 바로 그와 동시에 그 제단은 거기에 접촉하는 제물을 거룩하게 만들어 줍니다. 그러면 우리가 제단 위에 올려 놓는 제물은 과연 무엇일까요? 사도 바울이 로마서에서 하신 말씀에서 이에 대한 해답을 찾을 수 있습니다: "그러므로 형제들아 내가 하나님의 모든 자비하심으로 너희를 권하노니 너희 몸을 하나님이 기뻐하시는 거룩한 산 제물로 드리라 이는 너희가 드릴 영적 예배니라"(롬 12:1). 제물의 몸이 제단 위에 올려 놓여졌습니다. 그리스도께서는 그의 몸으로 나무 위에 달리사 우리 죄를 담당하셨습니다. 우리가 하나님께 드리는 제물로 제단 위에 올려 놓아야 할 것은 바로 우리의 몸입니다. 몸에는 여러 지체들이 있고, 또한 여러 가지 기능들이 놀랍게 하나로 연합되어 있습니다. 이 모든 것 하나하나를 별도로, 그리고 모두 모아서 함께 제단 위에 올려 놓아야 합니다.

몸에는 머리가 있습니다. 인간의 이해력의 좌소(座所)인 두뇌를 지닌 머리를 지칭하는 것입니다. 머리와 그 머리의 모든 생각들을 전부 제단 위에 올려 놓아야 합니다. 나의 이성과 생각 전체를 하나님을 섬기는 데 드려야 합니다. 그것은 전적으로 하나님의 통치와 지시 아래 놓아두고 하나님께서 사용하시도록 해야 합니다. 곧, "모든 생각을 사로잡아 그리스도에게 복종하게" 해야 한다는 말입니다(고후 10:5).

머리에는 또한 눈, 입, 귀 등 여러 지체들이 있습니다. 눈을 통해서는 가시적인 세상과 또한 그 정욕과 접촉합니다. 그러므로 눈을 허망한 것들에게서 돌이켜 전적으로 하나님의 것이 되게 하고, 하나님의 뜻에 따라서 보거나 보지 않거나 하도록 해야 합니다. 귀를 통해서는 동료 사람들과 교제 속으로 들어갑니다. 귀 역시 하나님께 거룩하게 구별하여서, 내 육체를 기쁘게 하는 언어나 대화를 듣지 않도록 하며, 주께서 내게 보내시는 음성을 주의 깊게 듣도록 해야 합니다. 입을 통해서는 내 속에 있는 것을, 내가 생각하고 구하고 뜻하는 바를 드러냅니다. 그리고 입을 통해서 다른 이들에게 영향력을 행사합니다. 그러므로 입과 혀와 입술을 하나님께 드려서 하나님의 뜻에 합당한 것과 하나님께 영광이 되는 것 이외에는 말하지 않도록 하여야 합니다. 눈과 귀와 입과 두뇌와 거기에 속한 모든 것들을 제단 위에 올려 놓아서 십자가로 말미암아 정결하게 되고 거룩하게 되도록 해야 하는 것입니다.

그것들을 운용하는 나의 모든 권리를 포기해야 합니다. 나의 철저한 죄악성을 시인해야 하며, 그것들을 통제하거나 거룩하게 사용할 힘이 내게 없다는 것을 인정해야 합니다. 그것들을 값을 주고 사신 그분께서 그것들을 받으시고 그의 십자가와의 교제 속에서 그것들을 보존하시리라는 것을 믿어야 하는 것입니다. 그러한 믿음으로 그것들을 제단 위에 올려 놓아 하나님께 드려야 하는 것입니다. 그리스도의 피가 제단을 거룩하게 했고, 그 제단을 "지성소"로 만들어 놓았습니다. 그러므로 그 제단에 접촉하는 모든 것이 거룩하게 됩니다. 그처럼 접촉하는 행위는 살아 있고 신령한 실질적인 행위요, 믿음에게는 영구한 것입니다. 십자가의 화목이 십자가의 교제를 위하여 길을 열어 놓았습니다. 그리스도의 보혈이 십자가를 나의 제단으로 거룩하게 만들어 준 것입니다.

몸에는 또한 손과 발도 있습니다. 손은 일을 하는 능력을 대표합니다. 나의 작업, 나의 사업, 나의 봉사, 나의 소유들을 모두 제단 위에 올려 놓아서 거룩하게 되고 죄에서 정결하게 되고 하나님께 거룩하게 드려지도록 해야 합니다. 나의 발은 나의 길과 나의 삶을 대표합니다. 내가 택하는 길, 내가 가꾸어 가는 친구 관계, 내가 방문하는 곳들이 다 여기에 속합니다. 제단으로 말미암아 거룩해진 발은 자기 자신의 길을 갈 수가 없습니다. 하나님께 드려진 바 되었으니 전적으로 그의 인도하심을 따라야 하고, 그를 섬기도록 차비를 갖추고 있어야 하며, 복음을 전하며, 슬퍼하는 자들과 잃어버린 자들을 돕는 "아름다운" 발이 되어야 마땅합니다. 이렇듯 손과 발을 고정시키고, 몸을 제단 위에 올려 놓고서, 하나님께서 영혼으로 하여금 "여호와여 나는 진실로 주의 종이라. 주께서 나의 결박을 푸셨나이다"(시 116:16)라고 외치도록 은혜를 베푸실 때까지, 조금도 자기 뜻대로 움직이려 하지 말아야 하는 것입니다.

우리 주님께서는 십자가에 달리셔서 손과 발에 못이 박히셨습니다. 그러므로 주님과의 놀라운 신령한 연합 가운데서 우리의 손과 발도 주님과 함께 못이 박히는 것입니다. 그것들을 죄악되게 사용한 과거의 모든 것이 정죄를 받고, 그 정죄의 선고 아래에서 날마다 거하는 것입니다. 그리고 살아 계신 그리스도의 십자가의 거룩하게 하시는 능력 안에서, 그것들이 자유를 얻고 거룩해지며 하나님을 위하여 일하기에 합당하게 되는 것입니다.

몸에는 또한 마음도 있습니다. 마음은 생명의 중심이요, 영이 거하는 좌소입니다. 마음은 사람의 온갖 욕심과 열심이, 사람이 뜻하고 선택하는 모든 것들이, 사랑과 미움이 만나는 장소입니다. 예수님의 마음이 십자가에서 찢어지셨습니다. 마음에서 나오고 들어가는 모든 것이 제단 위에 올려 놓아져야 합니다. 나 자신의 소원에 따라서 무엇을 구하고 뜻하는 권리를, 나의 정욕에 따라서 무엇을 사랑하고 미워하는 권리를, 포기해야 합니다. 예수님의 경우에 십자가는 바로, "나의 뜻은 아무것도 아니요, 하나님의 뜻이 모든 것이로다", "어떠한 희생이 있더라도, 내 목숨을 희생시키는 한이 있더라도 하나님의 뜻이 이루어져야 하도다"라는 마음의 발로였던 것입니다. 지극히 작은 일에서나 지극히 큰 일에서나 똑같이 하나님의 뜻이 이루어져야 합니다. 그 어떠한 일에서도 나의 뜻이 시행되어서는 안 되고, 모든 일에 하나님의 뜻이 시행되어야 하는 것입니다.

예수께서 우리를 위한 제단으로서 거룩하게 하신 그 십자가 위에 그것을 올려 놓아야 하는 것입니다. 의지(意志)는 마음의 왕적인 능력입니다. 우리의 사랑이나 미움에 의해서 의지가 지배를 받고, 다시 의지에 의해서 전인(全人)이 지배를 받습니다. 그 의지를 제단 위에, 곧 십자가 위에 올려 놓으면, 십자가의 교제의 능력이 전인에게 확대될 것입니다. 죄악되고 우매한 나의 의지를, 정죄받은 나의 의지를, 그런 나의 의지를 십자가에서 죽이는 것입니다. 그리하면, 예수님과의 교제 속에 있는 나의 의지가 다시 살아나 자유를 얻습니다. 그러면 이제 나의 의지는 전적으로 주님의 인도하심과 권위에 복종합니다.

바로 이렇게 하여 신자는 십자가라는 제단 위에 올라가 있다는 것이 무슨 의미인지를 깨닫게 되는 것입니다. 그리고 신자는 얼핏 보기에 서로 반대되는 것 같은 두 가지 조건들이 영광스럽게 하나로 연합되어 있는 것을 체험하게 됩니다. 그의 의지가 십자가에 매여 있으나, 그러면서도 자유롭습니다. 그의 의지가 십자가 위에서 죽어 있으나, 또한 살아 있다는 것 말입니다. 이렇게 해서, "내가 그리스도와 함께 십자가에 못 박혔나니", "그리스도께서 내 안에 사신 것이라", 그리고 "내가 믿음으로 사는 것이라"라는 놀라운 진리가 이제 비로소 처음으로 영광스럽게 보여지는 것입니다.

마음과 머리, 손과 발이 모두 함께 한 몸을 이루고 있습니다. 이것들이 육체의 놀라운 구조 속에 연합되어 있고 그 육체 속에 영혼이 거하고 있습니다. 육체는 애초에 영혼의 종으로서 영이 인도하는 대로 계속해서 굴복하도록 창조함을 받았습니다. 그런데 죄가 이러한 질서를 뒤집어 놓았습니다. 감각적인 몸이 영혼을 꾀고 유혹하는 존재가 되어 버렸고, 영을 질질 끌어 종노릇 하는 상태로 전락시켜 버린 것입니다. 하나님께서 제정하신 그 질서를 회복시키는 유일한 길은 몸을 단 위에 올려 놓는 것뿐입니다. 성령으로 말미암아 몸을 십자가에 못 박는 것뿐입니다. 먹고 마시는 몸을, 잠자고 일하는 몸을, 영혼으로 하여금 세계와 접촉하게 만들어 주는 놀라운 신경 체계까지도 포함해서, 몸 전체를 제단 위에 올려 놓는 것입니다. 그렇게 하면, 성령으로 말미암아 그리스도의 십자가의 능력이 즉시 계속적으로 발휘되고 몸 전체에 대하여 권위를 행사하여, 몸이 그 속에 거하는 영혼과 더불어 하나님께 산 제사가 되는 것입니다. 그리하여 다음과 같은 의미심장한 말씀이 성취됩니다: "몸은 … 오직 주를 위하여 있으며 주는 몸을 위하여 계시느니라"(고전 6:13).

사랑하는 형제 여러분, 우리가 주님의 성찬상 앞에 모일 때에 — 그분과 함께 만나서 우리를 위해 십자가 위에서 자신을 희생시키신 그분을 받아들이기 위하여 — 우리 주님께서 우리에게 요구하시는 것은 우리 자신을 그분께, 또한 그분을 위하여 드리는 일입니다. 그렇다면 주님은 우리를 위해 무슨 일을 하시겠습니까? 우리를 받으시고 그의 십자가의 교제 속으로 들어가게 하실 것입니다. 십자가야말로 주님이 소유하시는 가장 영광된 것이요, 주님은 그 십자가로 말미암아 아버지의 영광 가운데로 들어가신 것입니다. 제단이 피로 말미암아 거룩하게 되어 다시 그 제단과 접촉하는 제물을 거룩하게 한다는 이 말씀 속에서, 주님은 그를 만날 수 있는 길과 장소를 지적해 주시는 것입니다.

여러분, 제단 위로 올라가기를 원하십니까? 저 죽음의 장소로 가기를 원하십니까? 십자가를 여러분의 거처로 삼으기를 바라십니까? 그리하여, 거기서 십자가에 달리신 예수님과 교제를 나누며 여러분의 인생의 매시간을 보내기를 원하십니까? 아니면, 여러분 자신을, 여러분의 의지를, 여러분의 인생을 그렇게 철저하게 죽음에 굴복시키고, 주 예수님의 죽으심을 날마다 지고 간다는 것이 여러분으로서는 너무나 힘든 일 같아 보이십니까? 여러분, 이 일을 절대로 너무 어려운 일로 생각해서는 안 됩니다. 그것이야말로 복되신 예수님과 친밀한 교제 가운데 있고, 그로 말미암아 영원하신 아버지와 그의 사랑에게로 값없이 들어가는 유일한 길인 것입니다.

여러분에게 그 일이 그렇게 어려울 필요가 없습니다! 예수님과의 교제 속에 있으면 그 일이 즐거움과 구원이 됩니다. 여러분, 그렇게 되기를 원하시기를 바랍니다. 제단 위로 올라가서 거기서 죽어서 다시 살게 되기를 바랍니다. 아니면, 혹시 여러분 자신은 그런 제사를 완성시키기에는 너무나 부족하다고 생각하고 두려워하십니까? 그렇다면 하나님의 말씀이 여러분에게 주시는 이 영광된 위로에 귀를 기울이십시오. "제단이 제물을 거룩하게 한다"고 말씀하지 않습니까? 일곱 번의 화목을 통해서, 구약의 제단도 거기에 접촉하는 모든 것을 거룩하게 하는 능력을 얻었습니다. 그렇다면, 하물며 영원한 성령으로 말미암아 자기 자신을 하나님께 흠 없이 드리신 그리스도의 피야 그보다 얼마나 더하겠습니까? 여러분, 그 고귀한 보혈의 놀라운 능력에 대해서 이미 배우셨습니다. 그 피가 죄를 정복했고, "지성소"로 들어가는 길을 활짝 열어 놓았고, 지성소에, 하나님 앞에, 뿌려져서 하나님의 보좌를 은혜의 보좌로 만들어 놓았다는 것을 이미 다 배우지 않았습니까?

은밀한 "지성소"(Most Holy Place)와 제단을 지칭하는 데 똑같은 단어가 사용되고 있습니다. 둘 다 "지성소"(Holy of Holies)라 불립니다. 그리스도의 보혈이 눈에 보이지 않는 지성소에서 그 놀라운 능력으로 말미암아 하나님 앞에서 죄의 권세를 깨뜨릴 때에 이룬 그 일이, 여러분이 자신을 드리는 그 "지성소"에서도 그대로 이루어지는 것입니다. 하나님께서 거하시는 지성소에서, 그리스도의 보혈이 그 놀라운 능력으로 말미암아 모든 것을 온전하게 만들었습니다. 그러므로 여러분이 거하는 여러분의 "지성소" — 제단 — 에서도 그 보혈의 능력은 그에 못지않게 역사합니다.

여러분 자신을 제단 위에 올려 놓으십시오. 그리스도의 보혈의 그 거룩하게 하는 능력이 제단에 전달되었음을 믿으십시오. 그리스도의 보혈과 십자가가 대제사장이시요 살아 계신 예수님과, 또한 불이신 그의 성령과 분리될 수 없다는 것을 믿으십시오. 그러면 제물을 거룩하게 하는 제단의 능력이 너무도 분명하고 효과적이어서 여러분의 부정함과 온갖 연약함을 온전한 것으로 바꾸어 준다는 확신을 얻게 될 것입니다. 여러분 자신을 헌신의 제단 위에 올려 놓으십시오. 그 제단이야말로 하나님의 복되신 임재의 장소입니다. 그리스도와 함께 죽음으로써 그와 함께 아버지의 사랑 안에서 다시 살게 되는 것입니다.

때때로 예수께서 제사장이요 제물이시라는 말을 합니다만, 그는 동시에 제단이시기도 합니다. 이러한 표현은 일리가 있습니다. 십자가는 그 십자가에 달리신 그리스도를 떠나서는 존재하지 않습니다. 살아 계신 그리스도께서 십자가에서 드러나는 것입니다. 만일 이러한 표현이 여러분의 믿음에 도움이 된다면, 십자가에 달리신 그리스도를 여러분의 제단으로 취하고, 여러분의 몸과 거기에 속한 모든 것들을, 그 안에 거하는 생명 전체를 그의 위에 올려 놓아서 아버지 앞에 드리십시오. 그러면 여러분은 하나님께서 받으실 만한 살아 있는 거룩한 제물이 되는 것입니다. 그러면, 주의 성찬이 예표하는 그 복되고 영광된 교제에 충만히 이를 것입니다.

"우리가 떼는 떡이 그리스도의 몸에 참여함이 아니냐? 우리가 마시는 잔이 그리스도의 피에 참여함이 아니냐?" 십자가에 달린 육체와 또한 흘리신 피와 충만한 교제를 나누는 그것이 바로 주께서 우리에게 주시기를 원하시는 것입니다. 그리고, 주께서 죽으신 것처럼 우리 자신을 전적으로 죽음에 내어주어서 우리가 십자가에 달리신 그와 함께 살게 될 때에, 또한 우리가 우리 자신을 제단 위에 올려 놓고 우리 자신을 십자가에 내어 놓음으로써 십자가에 달리신 예수님과 믿음으로 하나가 될 때에, 바로 그러한 교제를 갖게 되는 것입니다.

　형제 여러분, 우리에게는 제단이 있습니다. 그리고 그 제단이 제물을 거룩하게 해 줍니다. 제단에 접촉하는 모든 것이 다 거룩하게 된다는 것입니다. 하나님의 자비하심으로 권하노니, 여러분의 몸을 살아 있고 거룩하며 하나님께서 받으실 만한 제물로 드리시기를 바랍니다.

제 5 장
피를 믿는 믿음

"이 예수를 하나님이 그의 피로써 믿음으로 말미암는 화목 제물로 세우셨으니"
– 롬 3:25.

예수님의 보혈의 능력에 관해서 성경이 가르치는 바를 공부해 가는 동안, 우리는 그리스도의 보혈에 관한 진리가 인간 구원과 관계된 하나님의 계시의 핵심이라는 사실을 여러 가지 교훈들을 통해서 분명하게 보았습니다.

그리스도의 피를 믿는 믿음이야말로 하나님의 거룩하심과 은혜의 교리, 그리스도의 신성과 인성의 교리, 그리고 죄에서부터 우리가 구원받아 하나님과 연합되는 교리를 깨달을 수 있도록 해 주는 것입니다. 최초의 낙원으로부터 둘째 낙원에 이르기까지의 기간을 포괄하는 하나님 나라의 역사에서, 또는 각 신자의 체험에서, 그리스도의 보혈에 하나님의 지혜와 능력과 사랑이 극진하게 드러나 있다는 사실이 분명해집니다.

그러면, 지금까지 배운 내용을 모두 모아서 그 실질적인 중요성을 간단히 분명하게 정리해 보도록 합시다. 그리고 이를 위해서 오늘 본문의 말씀 중에 "그의 피로써 믿음으로 말미암아"를 취하여 봅시다. 사도 바울은 이 말씀들을 그리스도의 피로 말미암아 이룬 한 가지 특정한 효과, 즉 화목과 관련하여 사용하고 있습니다. 화목은 그리스도의 피로 이룬 다른 모든 효과들의 기반이 되는 것이므로, 이 말씀들은 성경이 그리스도의 피에 관하여 다른 곳에서 가르치는 모든 내용에도 그대로 적용할 수가 있습니다. 이 말씀을 좀 더 잘 깨닫고 우리 속으로 좀 더 충만하게 그 의미를 음미할 수 있게 된다면, 우리의 수고가 헛되지 않을 것입니다. 다음의 내용들을 살피는 동안, 우리 주하나님께서 그의 성령의 가르침을 허락해 주시기를 바랍니다:

1. 믿음으로 말미암아 우리가 그 보혈의 능력에 참여하는 자가 된다는 사실.

2. 믿음이 그 보혈로 말미암아, 피로 값 주고 산 축복을 누리는 능력을 드러낸다는 사실.

1. 믿음으로 말미암아 우리가 그 보혈의 능력에 참여하는 자가 된다는 사실

"네 믿음대로 될지니라." 은혜의 나라의 이 기본적인 법이 영적 삶의 모든 정황에 다 적용 가능하다는 것을 우리는 잘 알고 있습니다. 믿음이란 마음의 기질입니다. 믿음이 없다면, 하나님의 지극히 영광된 축복이 우리에게 헛되이 베풀어지는 것이 되고 맙니다. 그러나 반대로, 믿음이 있으면 하나님의 은혜의 모든 충만함을 확실히 얻고 누릴 수가 있습니다. 그러므로 우리로서는 그리스도의 보혈을 믿는 믿음을 올바로 시행하는 데 필요한 것들이 무엇인지를 다시 살펴보는 것이 매우 중요한 일입니다. 그리스도의 보혈이 우리에게 베풀어 준 모든 것들을 오직 믿음으로만 충만히 누릴 수가 있기 때문입니다. 하지만 이런 것들을 살피기 전에, 믿음은 필요의 인식에서 생겨난다는 사실을 알아야 할 것입니다.

하늘과 땅과 지옥을 움직인 그 큰 사건, 그것을 위하여 세상이 대비를 했어야 했고 또한 4천여 년 동안 기다려야 했던 그 사건, 그 결과가 영원토록 이어질 그 사건, 곧 하나님의 아들이 십자가에서 피를 흘리신 사건은 과연 말로 다할 수 없는 위대한 사건이요, 죄 자체를 궤멸시킬 뿐 아니라, 죄의 결과들까지도 멸절시키는 사건이었습니다.

오직 이 사건을 인정하며 그 공효를 얻고자 힘쓰는 사람만이 그 보혈의 축복 가운데서 충만한 믿음의 교제 속으로 들어갈 수가 있습니다. 죄의 형벌에서만 구원받기를 바라는 사람이나 혹은 죄가 천국에 들어가지 못하게 하기 때문에 그 죄에서 구원받기를 바라는 사람은 말씀이 보혈을 통해서 약속하는 바를 강한 믿음으로 소유하는 상태에 있지 못한 것입니다. 그러나 영혼이 다른 무엇보다도 죄 자체에서 깨끗이 씻음 받고, 거룩하신 하나님과의 지속적인 교제 가운데서 살기를 진정으로 구하면 — 그리스도의 보혈의 능력을 소유함으로 체험할 수 있는 모든 것을 다 체험하고자 하는 굳은 의지를 갖고서 진정으로 자기 자신을 굴복시키면 — 참된 믿음의 첫째 요건을 이루는 것입니다.

우리의 영적 삶의 잘못된 것과 결핍된 것에 대하여 만족이 깊어지면 깊어질수록, 죄에서 진정으로 구원받기를 바라는 갈망이 더욱 강해집니다. "지성소"에서 하나님의 임재와 끊임없는 교제를 갖기를 바라는 소원이 생생할수록, 그러한 영혼은 하나님이 주시마고 약속하시는 것을 믿음으로 받을 준비를 더욱 갖추게 되는 것입니다. 오! 하나님께서 우리에게 되고자 하시는 바를 우리 눈으로 볼 수만 있다면, 하나님께로부터 돌아서고 소외되는 일이 도저히 견딜 수 없게 된다면, 온 영혼이 살아 계신 하나님과 그의 사랑을 갈급해하며 부르짖는다면, "그의 피를 믿는 믿음으로 말미암는" 구원이 전혀 새로운 의미를 갖게 될 것이요, 또한 그 구원을 향한 새로운 갈망이 일깨워질 것입니다.

필요에 대한 인식이 존재할 때에, 그리스도의 보혈을 믿는 충만한 믿음을 위한 첫째 요건은 바로 이것입니다:

(1) 하나님의 말씀에 대한 영적인 지식이 **필요합니다**. 하나님의 말씀에 대한

단순한 지식만으로는 거의 유익이 없는 것처럼, 그 말씀이 성령으로 말미암아 적용되지 않고서는 믿음이 자랄 수도, 강하게 될 수도 없는 것입니다. 개중에는 자기들이 언제나 그리스도의 보혈을 구원의 근거로 알아 거기에 소망을 두어 왔기 때문에 그것에 대해서 아직도 배워야 할 것이 더 남아 있을 수가 없다고 생각하는 사람들이 많습니다. 그들은 자기들이 교회의 가르침을 잘 받고 있고 또한 그 가르침을 굳게 붙잡고 있으니 하나님의 말씀이 그리스도의 보혈에 대해서 새로운 어떤 내용을 드러내 보일 것이 더 이상 없다는 식으로 생각하는 것입니다. 그들이 그렇게 생각하는 것은 자기들을 성령의 인도하심 아래 둔다는 것이 무슨 의미인지 거의 깨닫지 못하고 있기 때문입니다. 성령의 인도하심 아래 있어서, 이미 잘 알고 있는 성경의 말씀이나 진리들이 성령의 가르치심으로 말미암아 새로운 의미를 불러일으키는 그런 것을 깨닫지 못하기 때문에 그런 생각을 하는 것입니다.

이들은 오직 "기름부음"이 모든 것을 가르친다는 것(요일 2:27)과 "우리가 … 오직 하나님으로부터 온 영을 받았으니 이는 우리로 하여금 하나님께서 우리에게 은혜로 주신 것들을 알게 하려 하심이라"(고전 2:12)는 것을 잊고 있는 것입니다.

그리스도의 효력 있는 복된 능력을 올바로 깨닫고자 하는 사람은 반드시 성령을 통해서 개인에게 주어지는 말씀의 가르침에 전적으로 복종해야 합니다. 하나님의 말씀에는 사람이 스스로 거기에 붙일 수 있는 것보다 훨씬 더 넓은 의미를 갖고 있다는 것을 깨달아야 합니다. 그리고 하나님께서 말씀하시는 문제들에는 사람이 전혀 개념을 형성할 수 없는 그런 실재와 능력과 영광이 있다는 것을 깨달아야 합니다. 그러나 성령께서 신자에게 이런 것들을 깨닫도록 가르치실 것입니다. 단번에 그렇게 하시는 것이 아니라, 신자가 그 일에 시간과 정력을 기울여 배우고자 애쓸 때에 그렇게 하시는 것입니다.

하나님의 각 말씀 말씀의 풍성하며 신령하며 살아 있는 내용을 믿을 뿐 아니라, 신자는 또한 "하나님의 아들의 피"가 하나님께서 홀로 아시며 또한 하나님께서 홀로 계시하실 수 있는 주제라는 것을 깨달아야 합니다. 그리스도의 보혈의 효과 하나하나마다 우리의 사고를 뛰어넘는 신적인 능력의 나타남을 통해서 일어날 수가 있다는 사실도 믿어야 합니다. 이러한 마음의 자세를 갖고서 그는 우선 성경의 어느 한 부분이 그리스도의 피에 대해서 말씀하는 바를 취하여 묵상하여야 하고, 그리고 다른 부분이 말씀하는 바를 취하여 묵상하여, 성령께서 생명을 주는 그 피의 능력을 그 영혼에 적용시키시도록 하여야 합니다. 그렇게 "말씀"을 성령의 가르침에 의지하여 사용하여야만 비로소 믿음이 강건해져서 그리스도의 피가 베푸는 바를 인식하고 받아들이게 되는 것입니다.

그러므로 이런 일에 시간을 들이는 것이 얼마나 절실하냐 하는 것은 두말할 필요도 없습니다. 하나님의 말씀을 개인적으로 묵상하는 데 시간을 들여서, 그 말씀이 마음속에 잠기도록 해야 합니다. 성경 한 부분을 그저 읽고, 무언가 신선한 생각을 잠깐 한 다음, 이제 축복이 이어지겠지 하는 희망을 갖고 그저 덮어 버리면 거의 아무런 소용이 없습니다. 말씀에게 시간을 들여야 합니다. 고요한 가운데 하나님 앞에 서서 마음을 고정시켜야 한다는 말입니다. 그렇게 하지 않으면 세상의 바쁘고 복잡한 일에 다시 빼앗겨 버리고 말 것입니다. 생각은 남아 있을 수 있으나 능력은 없는 것입니다. 그저 이따금씩 시간을 들이는 것이 아니라, 정기적으로, 꾸준하게 시간을 들여야 합니다. 날마다, 매주마다 내가 바라는 "말씀" 아래 나 자신을 놓으며 또한 나 자신을 드려야 하는 것입니다. 그 말씀이 정말로 내 영혼의 소유가 되는 것은 오직 그 말씀이 나의 영적 삶에 거할 자리가 있을 때에, 그리고 그 삶의 일부가 될 때에만 가능한 것입니다. 그러므로 "믿음은 하나님의 말씀에서 난다"고

하는 것입니다.

(2) 말씀과 대비를 이루는 것으로서 소유하는 믿음, 아니 소유당하도록 굴복하는 믿음의 진정한 활동이 있습니다. 믿음이란 하나님의 말씀을 듣고 받아들이는 귀(耳)입니다. 하나님께서 말씀하시는 바를 주의 깊게 들어서 깨닫습니다. 믿음은 달리는 그저 생각으로만 남아 있을 것을 참된 안목으로 바라보며, 본질적으로 중요한 대상으로 자기 앞에 놓기를 힘쓰는 눈(眼)입니다. 그리하여 믿음은 눈에 보이지 않는 것을 바라봅니다. 눈에 보이지 않는 것을 관찰하며, 그런 것들의 증거가 되는 것입니다. 믿음은 하나님의 말씀이 하늘의 실체들로 깨닫도록 인도하는 그런 것들에 둘러싸여 있고 또한 그 가운데 거하기에 익숙합니다. 그러므로 믿음은 그리스도의 보혈이 하늘로 들어가 보좌에 뿌려지며, 또한 성령으로 말미암아 심령에 뿌려져서 능력의 역사들을 일으키는 것을 영으로 바라보기를 힘쓰는 것입니다.

그러나 믿음은 그저 눈과 귀로써 사물을 확증하는 것만이 아닙니다. 믿음은 또한 손과 입이 되어 신령한 것들을 받아들이기도 합니다. 말씀으로부터 듣고 영으로 바라보는 바를, 믿음은 또한 자기 스스로 받아들여 누리는 것입니다. 믿음은 듣는 바 말씀에서 얻어진 감동에 자기 자신을 굴복시키며, 눈에 보이지 않는 대상들의 영향력 아래에 자기 자신을 놓음으로써, 그것들이 마음속에 자리를 확보하여 천상의 생명을 주는 능력을 발휘하도록 하는 것입니다. 믿음은 하나님의 말씀이 하시는 말씀을, 하나님의 능력이 객관적으로 사실화시키는 내용을 분명한 사실로 받아들이는 것입니다.

말씀을 받아들이지만 아직 그렇게 사모하는 체험이 없을 경우에 그것은 다만 자신이 이미 소유한 그것을 아직 내적으로 실증할 만큼 강해지지 않았기 때문이라는 것을 믿음은 잘 압니다. 믿음은 이런 현상으로 인해서 상심하도록 허용하지 않고 오직 그 축복을 받아들이도록 전심으로 마음을 열기까지 더욱더 인내하는 것입니다. 신뢰한다면 또한 반드시 굴복해야 한다는 것도 잘 압니다. 그러므로 지체된다 해도 굴복이 온전히 이루어지기까지만 지체되는 것이고, 그 다음에는 믿음이 반드시 찬란하게 드러날 것입니다.

"그의 피로써 믿음으로 말미암아" 충만한 구원의 모든 축복들을 얻는다는 것은 우리로서 어려운 일이 아닙니다. 피에 대해서 성경은 여러 가지 다른 단어들을 사용하여 표현합니다만 — "구속", "깨끗이 씻음", "거룩하게 함", "구속함을 받은 자", "깨끗이 씻음 받은 자", "거룩하게 된 자," "값 주고 사신 자", "피로 인하여 가까워짐" 등 — 이 하나하나의 단어에 대해서 믿음은 다음과 같이 이야기합니다: "이 단어에는 하늘의 신적인 의미가 담겨 있다. 내가 깨달을 수 있는 것보다 더 풍성하고 더 깊은 의미가 있다. 그러나 그것이 말씀하는 주제 자체, 곧 하나님께서 이해하시는 대로 그 하늘의 능력이 충만한 그 축복 자체는 내 것이다. 하나님께서 친히 그의 신적인 능력으로 말미암아 이 문제를 내가 진정으로 알게 하실 것이다. 감히 확신하건대, 어떤 의미에서 모든 인간의 이해를 뛰어넘는 이 축복이 바로 내 것이다. 나는 그저 하나님의 때를 기다리는 것뿐이다. 나로서는 그저 성령을 따라 살고, 그로 말미암아 인도함을 받고, 나 자신을 전적으로 굴복시켜서 하나님께서 나를 온전히 소유하시도록 하는 것뿐이다. 하나님께서 친히 그 충만한 능력 가운데서 이 축복을 내게 가져다주실 것이다."

(3) 믿음이 발휘되고 강건하게 되는 일은 주 예수님 자신과의 교제 속에서 가능합니다. 하나님께서 우리에게 구원을 베풀어 주시되 다른 방식이 아니라 오직 구주 안에서 — 그저 구주를 **통해서**만이 아니라 구주 안에서 — 베풀어 주신다는 것을 잘 이해하지 못하는 경우를 많이 봅니다. 살아 계신 예수님께

서 구원이십니다. 자기의 피를 쏟으셨고 이제 그 피를 베풀어 주시는 그분이야말로 우리가 날마다 우리의 생명과 우리의 구원으로 알아야 할 바로 그분인 것입니다. 더욱이, 우리의 믿음이 자라고 승리를 거두는 일은 오직 그분과의 직접적인 살아 있는 교제 안에서만 가능한 것입니다. 말씀을 진지하게 가까이함으로써나 아니면 자기들의 능력을 총동원하여 믿으려고 애씀으로써 충만한 믿음의 삶에 도달하려고 갖은 노력을 다하면서도 그런 노력들이 별로 열매를 거두지 못하는 것을 실망스럽게 바라보는 사람들이 많습니다.

그런데 여러 경우에 그 이유는 말씀을 공부하고 믿으려고 애쓰는 가운데 무엇보다 그들 자신이 구주의 사랑에서 안식을 찾아야 하는 데 그러지를 않기 때문입니다. 하나님을 믿는 믿음은 영적 생명의 활동입니다. 우리의 생명이 되시며 우리에게 믿음을 베풀어 주시는 분이 바로 그리스도이십니다. 그러나, 그는 자기 자신과 분리된 상태로 어떤 행동을 하시거나 선물을 주시는 것이 아닙니다. 그 자신과의 교제 속에서 믿음이 역할을 하는 것입니다. 바로 그가 "믿음의 주요 또 온전하게 하시는 이"이십니다.

그와 함께 행하는 자들은 자기들 스스로는 할 줄을 모르지만 그 주님으로부터 믿음을 발휘하는 법을 배우는 것입니다. "충만한 믿음의 확신"으로 이어지는 빛이 언제나 예수님의 얼굴에 있습니다. 그러므로 그의 얼굴을 바라보며 그의 발 아래 조용히 앉아서 그의 사랑의 빛이 영혼에 비치도록 하는 것이야말로 강한 믿음을 얻는 확실한 방법입니다. 그 피의 충만한 능력에 대한 지식에 이르도록 그런 믿음을 갖기를 사모하는 사람은 그저 이 교제를 실천에 옮기기만 하면 되는 것입니다.

그의 피를 흘리셨다는 것이야말로 우리를 향하신 그의 말할 수 없는 사랑의 증거였습니다. "그가 우리를 대신하여 자신을 주심은 모든 불법에서 우리를 속량하시고 우리를 깨끗하게 하사 선한 일을 열심히 하는 자기 백성이 되게 하려 하심이라"(딛 2:14). 그의 피가 바로 그 스스로 우리를 취하사 거룩하게 하시는 능력인 것입니다. 그 피가 우리 속에서 더 능력적으로 역사하도록 하기 위하여 필요한 것은 바로 그 피를 믿는 믿음이 더 넓어지고 더 밝아지고 더 강건하게 되는 것뿐입니다. 그런 충만한 믿음을 사모하는 사람은 오직 예수님과의 교제 속에서만 그 믿음을 찾을 것입니다. 피를 베풀어 주시는 것이 바로 그의 일입니다. 또한 믿음을 자라게 하는 일도 그의 일입니다. 오직 주 예수님을 향한 전심적인 굴복과, "자기" 중심의 삶 ─ "나" ─ 을 희생함이 있도록 합시다. 그렇게 하면 그와 동행하며, 그 동행 가운데서 불신앙이 시들어갈 것입니다.

그러나 이러한 전심적인 굴복이 필수적으로 있어야 합니다. 참된 믿음에는 언제나 전적인 굴복이 내포되어 있습니다. 전심으로 믿는다는 것은 예수님께 온 마음으로 굴복한다는 것을 의미합니다. 예수님 안에 생명과 구원이 있는 것입니다. 주 예수님의 뜻과 법은 그 자신과, 그리고 그의 사랑과 분리되지 않습니다. 그의 뜻을 알고 받아들이지 않으면 그를 알고 영접할 수가 없습니다. 순종이야말로 믿음의 굴복의 확실한 특징인 것입니다. 순종이 없는 믿음은 그저 상상이나 겉모양만의 허식에 불과합니다. 그리스도를 향한 진정한 굴복이 거기에 없기 때문입니다.

그러나 이런 진정한 굴복이 있는 믿음은 그리스도의 피의 의미에 대하여 더 깊은 안목을 갖고 그것을 체험하는 방향으로 전진합니다. 그 피가 그런 믿음의 생명을 유지시키는 능력이기 때문입니다. 그 피로 말미암아 그 믿음이 그 피의 복된 충족성을 언제나 더욱 영광스럽게 체험하도록 늘 각성을 받는 것입니다.

2. 믿음이 그 보혈로 말미암아, 피로 값 주고 산 축복을 누리는 능력을 드러

낸다는 사실

이것이 우리가 주목하여야 할 두 번째 사실입니다. 그리스도의 피의 다른 효과들에 대해서 앞에서 말씀드린 내용을 다시 반복하지는 않겠습니다. 다만 그 피가 그 역할을 행하는 방식에서 나타나는 몇 가지 특별한 특징들을 지적하고자 합니다. 먼저 믿음이 일깨움을 받아 그리스도의 피의 복된 효과들이 모든 일을 가능하게 하며 그 효과들이 언제나 지속되며 모든 것을 포괄한다는 사실을 인정하고 받아들여야 합니다.

(1) 모든 일이 가능합니다. 그 피에 신적인 효능이 있습니다.

예수께서 피를 흘리신 직후 그의 피가 드러낸 그 놀라운 능력에 대해서 지금까지 몇 차례 말씀을 했습니다. 예수께서 그의 거룩하신 승리의 행진을 통해서 사망과 하데스의 문들을 깨뜨리시고 거기에 갇힌 자들을 그와 함께 이끌어 내신 것은 바로 그의 피로 말미암아서 그렇게 하신 것입니다. 그리고 그는 정복자가 되셔서 하늘의 문들이 "그 피"를 위하여 열려진 것을 보셨습니다. 그리고 그는 우리를 대신하여 하나님의 지성소를 소유하셨습니다. 그 때에 죄를 위하여 화목을 이루는 데, 죄의 저주를 제거하는 데, 지성소를 여는 데, 하나님과의 교제를 회복시키는 데에서 그 피가 드러내었던 것과 유사한 놀라운 능력이 오늘날도 역사하는 것입니다. 그 최고의 역사들 — 죄와 그 권세에 대하여, 하나님과 그의 율법에 대하여, 지옥과 천국에 대하여 — 에서 나타났던 것과 정확히 동일한 능력이, 그 신적인 피가 지금도 한 영혼에 뿌려질 때에 거기에 역사하는 것입니다.

그런데 우리는 그 신적인 효능을 거의 잘 체험하지 못한다고 고백할 수밖에 없습니다. 그러나 그것은 우리의 불신앙 때문입니다. 이 불신앙만 아니었다면, 하나님의 독생자의 피로 말미암아 속량되고 깨끗이 씻음을 얻었다는 생각만으로도 우리의 영혼들은 기뻐 뛰었을 것이고, 사랑이 넘쳐 흐르게 되었을 것입니다. 그 피를 믿는 믿음을 발휘할 때마다 하나님의 사랑과 가까이 계심을 느끼게 되며, 죄의 저주와 권세에서 구원받은 영광이 영혼 속에서 넘쳐흐르게 되지 않겠습니까?

그러나 안타깝게도 그 피에 대해서 생각하고 노래하면서도 그 능력이 우리에게 거의 영향을 미치지 못하는 경우도 있습니다. 그 피가 언제나 그토록 놀라운 신적인 능력을 드러낸다는 생각 자체도 이상스럽고 비현실적인 것으로 여기는 사람들이 많습니다. 그러한 불신앙 때문에 우리에게 놀라운 역사가 하나도 일어나지 않는 것입니다.

우리의 믿음이 일깨움을 받아 모든 것을 정복하는 그 피의 능력을 기대하도록 되어야 합니다. 심지어 우리의 느낌에 당장 무슨 변화가 일어나거나 새로운 축복을 지각하지 못한다 할지라도, 고요한 가운데 우리의 마음을 하나님의 이 진리들에 고정시키십시오. 성령으로 말미암아 그 피가 효능을 발휘하면, 그 피는 화목을 위해서나 혹은 하나님과의 연합을 위해서나 혹은 거룩하게 하는 일을 위해서 신적인 능력으로 역사하는 것입니다. 그 피의 무한한 능력을 믿읍시다. 그리고 언제나 계속 그 능력을 믿읍시다. 그런 믿음은 절대로 헛되지 않을 것입니다. 지금 당장 눈 앞에 보이지 않고 기대하는 때에 그것이 나타나지 않는다 할지라도, 우리는 그 피를 믿는 믿음으로 말미암아 구원을 새롭게 또한 더 깊이 체험하게 될 것입니다. 오직 전심으로 하나님의 진리를 붙들기를 힘쓰도록 합시다. 그 피가 신적인 능력으로 역사한다는 진리 말입니다.

(2) 모든 일을 가능하게 만드는 능력 다음으로, 우리의 믿음은 그 피의 영속적인 효능을 확신해야 합니다.

믿음이 무엇에 기반을 두고 있는지를 이미 살펴보았습니다. 영원하신 성령으로 말미암아 그 피가 단번에 드려졌습니다. 그리고 영원하신 대제사장으로 말미암아 끝없는 생명의 능력 속에서 그 일이 진행되었습니다. 그 피의 능력이 영원토록 역사하는 것입니다. 어느 한순간이라도 그 피가 그 충만한 능력을 발휘하지 않는 때가 없습니다. 하늘의 지성소의 보좌 앞 그 피가 있는 그곳에는 모든 것이 영원한 능력 가운데서 사라짐도 감소도 없이 존재합니다. 하늘의 성전에서 이루어지는 모든 활동들은 우리를 위한 것이며, 또한 성령으로 말미암아 그 활동의 결과들이 우리에게 전달됩니다. 그가 스스로 영원한 영이시며 또한 우리로 하여금 우리 주 예수님으로 말미암아 지성소에 있는 모든 것들과 그리고 장차 거기서 이루어질 모든 것들에 참여하도록 은혜를 베풀어 주시는 분도 바로 그분이십니다. 그는 아주 효과 있고도 복된 방식으로 우리를 단 한순간도 끊어짐이 없었던 그 피의 쉬임 없는 계속적인 활동들에 참여하는 자로 만들어 주실 수가 있습니다.

우리가 제사장으로서 섬기는 그 하나님과의 친밀한 교제를 충만히 누리며 거하기를 사모한다면, 그 피로 말미암아 죄의 얼룩들에서 우리의 영혼을 늘상 깨끗이 씻는 체험을 하기를 바란다면, 그의 피의 교제 가운데서 예수님의 십자가의 평화와 기쁨과 능력을 알기를 바란다면, 이 모든 일이 가능합니다. 왜냐하면 그 피가 하늘에서 행하는 그 영원하고 절대로 끊이지 않는 활동들이 여기 이 땅에 있는 우리의 마음에서도 행해질 수 있기 때문입니다.

이러한 진리들을 분명하게 통찰한다는 것은 크나큰 복입니다. 영적 삶에 대하여 신자들이 보이는 전반적인 불평은 그 삶이 불안정하다는 데 있습니다. 특별한 시간에 겪는 영광스러운 체험들이 지속적인 마음의 상태가 되기를 그들은 강하게 바랍니다. 그리고 그렇게 되는 것이 하나님의 뜻이기도 합니다. 여러분이 이것을 바란다면, 지금까지 체험한 모든 것을 뛰어 넘는 그 무엇에 여러분의 마음을 고정시키고 이제 여러분 앞에 열려 있는 지성소와 그 하늘의 삶에 주의를 기울이시고, 그리고 영원한 구속과 변함이 없는 주 예수님의 제사장 직분에 주의를 집중시키십시오. 그러면 하나님과의 끊임 없는 교제를 누리게 하시는 하나님의 역사하심이 완전하다는 사실을 몸소 확신하게 될 것입니다.

일터로 나가서 하루의 일과를 시작하기 전 이른 아침 시간에, 언제나 동일하신 하나님께서 언제나 살아 있는 그의 피의 역사를 여러분 속에 드러내 주시도록 하루의 삶을 하나님께 맡기십시오. 그러면 하나님께서 그렇게 해 주실 것입니다. 일과 시간 중에 다른 것을 생각할 여가가 없지만, 그때에도 그 피 뿌림과 하나님께 가까이 있음과 깨끗이 씻음과 죄에 대한 승리의 복된 결과들이 여러분의 것이 될 것입니다. 믿음의 활동은 반드시 지속적인 것입니다만, 그렇다고 해서 매순간마다 오로지 그것에 대해서만 생각하도록 정신을 거기에다만 집중시켜야 된다는 뜻은 아닙니다. 그렇지 않습니다.

다만 그 "영원한 구속"이 우리를 소유로 삼고 그 하늘의 역사로 말미암아 우리를 든든히 붙잡아 주기 때문에 우리로서는 그저 신뢰할 것밖에는 없다는 것을 우리의 영혼 깊은 곳으로부터 고요히 든든히 믿고 나아가면 되는 것입니다. 두려워할 필요가 없으니 얼마나 감사한 일입니까? 매순간마다 끊임없이 우리는 그 피가 우리를 위하여 확보해 놓은 그 축복을 이 땅에서 누리며 살 수가 있게 되었습니다. 그 피의 효과들은 영원토록 지속되는 것들이기 때문입니다.

(3) 이에 못지않게 모든 것을 포용하며 모든 것을 꿰뚫는 그 피의 능력을 믿어야 합니다.

제사장들은 그 직분을 위하여 거룩하게 세움을 받을 때에 귀의 끝부분과 엄지 손가락과 발가락 끝에 피를 발랐습니다. 곧, 하나님을 위하여 그 사람의 전인(全人)을 소유로 취하였다는 뜻입니다. 그의 모든 권세가 거룩하게 되었다는 의미입니다. 그의 귀로는 하나님께 — 또한 하나님을 위하여 — 듣고, 그의 손으로는 하나님으로부터 힘입어 — 또한 하나님을 위하여 — 일하며, 그의 발로는 하나님과 함께 걸으며 그를 섬기게 되었다는 뜻이 거기에 담겨 있는 것입니다. 신자의 경우에도 그리스도의 보배로운 피가 신자의 전인에 대하여 그와 비슷한 권세를 발휘하여 그를 거룩하게 세워서 주를 섬기도록 할 것입니다.

그리스도인들이 자기들의 이중적인 삶에 대해서 안타까워하는 모습을 자주 봅니다. 그들의 삶이나 일에 하나님과 동행하는 데 방해거리가 되는 부분들이 있다는 것입니다. 이런 상태에서 구원받을 수 있는 유일한 길은 그리스도의 피가 모든 것을 덮는다는 사실을 깨닫는 것입니다. "율법을 따라 거의 모든 물건이 피로써 정결하게 되나니"(히 9:22). 신자의 전 인격을, 그의 온갖 정황과 형편과 함께 지성소 안으로 가져가야 하는 것입니다.

그런데 분명한 것은 그런 체험을 누리기 위해서는 주님께 완전히 굴복하는 일이 필수적이라는 사실입니다. 제사장은 귀와 손가락과 발 끝에 피로 표시를 하여 그 지체들의 모든 활동들이 거룩하게 되었습니다만, 그는 자신이 하나님을 섬기는 일을 위하여 구별되었다는 것을 인식하고 있어야 했습니다. 신자도 이에 못지않게 전적으로 예수님을 위해서만 살도록 자신을 드려야 하는 것입니다. 그의 삶의 모든 인간 관계에서, 가정에서나 직장에서나 상업적 · 정치적 사안들에 있어서도, 그는 자신을 드려서 성령님의 인도하심을 받고, 하나님의 율법에 따라서 살고, 그의 영광을 위하여 살아야만 합니다. 그래야 그리스도의 피의 화목하게 하고 깨끗이 씻으며 거룩하게 하는 능력이 모든 것을 덮어 줄 것입니다. 하나님의 평강이, 그리고 그분이 가까이에 있다는 의식이 하늘의 생명의 능력으로 말미암아 모든 일들 가운데 드러날 것입니다. 죄의 권세에서 완전히 구원받았다는 사실을, 그리고 거룩하신 하나님의 빛과 그의 사랑 안에서 행하는 자유를 체험하게 될 것입니다.

그러나 단 한 가지 조건이 언제나 붙어 다닙니다. 곧, 모든 것을 지성소 안으로 가져가서 거기 두어야 한다는 것 말입니다. 삶 전체를 지성소 안에서 보내야 합니다. 왜냐하면 그곳이야말로 그리스도의 피가 있는 곳이요, 바로 거기서 그 피가 능력을 발휘하기 때문입니다. 이런 일은 믿음으로 되는 것입니다. 그 피가 지성소 안에서 무엇을 이루었으며 거기서 어떠한 능력을 지금 발휘하고 있는가 하는 것을 깊이 생각하는 데 몰두해 있는 그런 믿음이요, 또한 하나님의 말씀의 권위 위에서 그 피의 모든 능력이 개인의 삶 속에 아무런 방해도 받지 않고 개인의 삶 속에서 역사할 수 있다고 믿는 그런 믿음 말입니다.

그렇게 되면, 신자가 자신의 체험 가운데서 모든 것을 포용하는 이 피의 효과들이 얼마나 광범위하게 미치는가를 배우는 만큼, 마음을 열고 자기 주변의 세계에서 그 피의 능력을 더욱 폭넓게 체험하기를 사모하게 되는 것입니다.

"아버지께서는 모든 충만으로 예수 안에 거하게 하시고 그의 십자가의 피로 화평을 이루사 만물 곧 땅에 있는 것들이나 하늘에 있는 것들이 그로 말미암아 자기와 화목하게 되기를 기뻐하심이라"(골 1:19, 20). 그리스도의 피의 능력은 모든 피조물에게 미칩니다. "자기를 거룩하게 한 언약의 피를 부정한 것으로 여기는"(히 10:29) 자들이나 "자기들을 사신 주를 부인하는"(벧후 2:1) 자들도 포함해서 말입니다. 믿는 자들을 위하여 그 피가 이룰 수 있는 일이 어떤 것인지를 체험하게 되면 형제들에 대해서도 함께 하나님의 부드러우신 긍휼 아래, 구속 아래, 그리고 보배로운 피로 말미암는 구원에 대한 초청 아래 사는 자들로 대하기를 배우게 될 것입니다.

그러면 그들의 삶이 그 피로 말미암아 사신 바 되었고 그 피를 증거하도록 하나님께 거룩히 드려졌다는 것을 깨닫고 자기들의 삶을 말씀과 재능과 기도를 통해서 온전히 헌신하여 하나님의 동역자들이 되어 그 피를 존귀하게 하고픈 억제할 수 없는 열심으로 가득 차게 됩니다. "은이나 금같이 없어질 것으로 한 것이 아니요 오직 흠 없고 점 없는 어린 양 같은 그리스도의 보배로운 피로 한 것이라"는 말씀이 그들의 삶을 헌신하여 추구하는 모든 것들을 다 포괄하는 것이 될 것입니다.

한 그리스도인 작가(하버갈 양[Miss F. R. Havergal])는 항상 깨끗이 씻어 주는 그 피의 능력이 이룰 수 있는 역사에 대하여 깨닫고서 비로소 그녀의 영적 생활에 새로운 체험이 시작되었다고 증언한 바 있습니다. 얼마 후 그녀는, "이 감추어진 피의 능력은 오로지 계속해서 내주하시는 성령으로 말미암아서만 드러나고 체험될 수 있다는 것을 갈수록 더 분명하게 깨닫는다"고 쓰고 있습니다. 우리의 삶도 역시 성령의 가르침을 받아서, 그가 항상 우리를 지키사 그 피가 우리를 위하여 확보해 놓은 그 하늘의 복락과 기쁨을 늘 누리게 되기를 바랍니다.

제 6 장
어린 양의 피

"이는 큰 환난에서 나오는 자들인데 어린 양의 피에 그 옷을 씻어 희게 하였느니라"
– 계 7:14.

그리스도의 보배로운 피에 대해서 묵상하는 중에 우리는 이미 몇 차례에 걸쳐서 그 피에 그런 가치를 베풀어 주는 것이 과연 무엇인가 하는 질문을 생각해 왔습니다. 성경은 여러 각도에서 우리에게 대답을 제시해 주고 있습니다. 그것은 그의 영원하신 신격과 그의 참되신 인성(人性), 그의 무한하신 사랑, 그의 완전하신 순종 때문입니다. 이런 모든 사실에서 우리는 그의 피가 하나님과 사람에게 그토록 측량할 수 없는 능력을 발휘하는 이유를 발견했습니다.

위에 인용한 본문은 이 문제를 또 다른 시각에서 생각하게 만들어 줍니다. 여기서 그 피를 "어린 양의 피"라는 새로운 명칭으로 부릅니다만, 이 새 이름에서 우리는 과연 무슨 특별한 의도로 이런 표현이 사용되었으며, 다른 표현으로는 도저히 배울 수 없고 반드시 이 "어린 양의 피"라는 표현으로만 계시해 주는 바가 무엇인지를 궁구하게 되는 것입니다.

우리 주님을 가리켜 하나님의 어린 양이라 칭할 때에는 그 이름에 두 가지 주요한 사상이 결부되어 있습니다. 그 하나는 그를 하나님의 어린 양이라 부르는 것은 그가 죄를 위한 희생 제물로 죽임을 당했기 때문이라는 것입니다. 그리고 나머지 하나는 그가 어린 양을 닮아서 부드럽고 온유하며 길이 참으시는 분이시라는 것입니다. 첫 번째의 사상은 그가 어린 양으로서 반드시 이루셔야 했던 일이 무엇이었는지를 강조해 줍니다. 그리고 두 번째 사상은 어린 양으로서 그의 특징이 되는 온유함을 강조해 줍니다. 첫 번째 사상이 좀 더 일반적으로 알려져 있습니다. 그래서 그 피의 가치를 그런 시각에서 논할 기회를 앞에서 자주 가져왔습니다. 예를 들어서 "제단과 피"를 다루는 부분 같은 데서 말입니다(본서의 제4장). 그런데 두 번째의 것은 전혀 염두에 두지 않는 경우가 너무나 많았습니다. 그러므로 이 기회에 바로 이 점에 주의를 집중시켜서 거기에 우리를 위하여 담겨 있는 그 풍성한 축복을 함께 나누도록 합시다. 하나님의 어린 양이신 우리 주님을 주도해 간 그런 기질을 우리의 시각으로 삼아서, 바로 그것이야말로 그 피를 그렇게 보배로운 것으로 만들어 주는 것이라는 사실을 살펴보고자 합니다. 그 피는 바로 온유하신 하나님의 어린 양의 피인 것입니다.

하늘에서 그 피가 어린 양의 피로 찬양을 받는다는 것이 무슨 의미인지를 함께 살펴봅시다.

1. 이것이 그 피에 가치를 부여해 준다.

2. 이것이 구속의 본질을 드러내 준다.

3. 이것이 우리에게 완전한 구원을 확신시켜 준다.

1. 어린 양의 피: 이것이 그 피에 가치를 부여해 준다

예수께서는 세상에 계실 때에, "다 내게로 오라 … 나는 마음이 온유하고 겸손하니 … 내게 배우라 그러면 너희 마음이 쉼을 얻으리라"고 말씀하셨습니다. 이때 주님은 온유함을 그에게서 배워야 할 여러 가지 덕목들 가운데 하나로 언급하신 것이 아니라 자신의 주요 특징을 이루는 바로 그 덕목으로 말씀하신 것입니다. 제자들이 마음의 쉼을 얻기 위해서 그에게 반드시 배위야 할 그 덕목으로 말입니다. 이를 올바로 깨닫기 위해서 힘쓰는 사람은 우리의 구속이 이루어진 그 역사의 참된 내향성(inwardness)을 보게 될 것입니다.

주님은 우리를 죄에서 구원하시기 위하여 오셨습니다. 그러면 과연 죄가 무엇에 있습니까? 자기를 높이는 교만에 있습니다. 이것이야말로 타락한 천사들의 죄였습니다. 그들은 오직 하나님 안에서만 생명을 찾도록 창조함을 받았습니다. 그런데 그들은 하나님께서 자기들에게 부여하신 그 놀라운 은사들을 교만으로 바라보기 시작했습니다. 자기들이 하나님을 의지하고 그에게 굴복한다는 사실을 굴욕으로, 자기들의 자유와 즐거움을 박탈하는 것으로 생각하기 시작했습니다. 그리하여 그들은 하나님을 대적하여 자기 자신을 높이고 하나님의 영광이 아니라 자기들의 영광을 추구한 것입니다. 그리고 바로 그 순간 그들은 멸망의 깊은 나락으로 타락하고 만 것입니다. 교만, 자기를 추구하는 것이 그들을 천사에서 마귀로 바꾸어 놓았고, 천국에서 지옥으로 내쫓았으며, 하늘의 빛과 복락을 지옥의 어둠과 불꽃으로 만들어 버린 것입니다.

하나님께서는 천사의 타락으로 말미암아 일어난 멸망을 회복시키시기 위하여 새 세상을 창조하시고 새 사람을 창조하셨습니다. 그런데 사탄이 와서 사람을 이끌어 자기와 똑같이 하나님을 대적하게 만들었습니다. 뱀이 여자에게 유혹한 것은 한 마디로 사람을 하나님께 굴복하던 데서 벗어나도록 만들고자 하는 의도에서 행한 것입니다. 사탄은 하와의 귀에 말로 속삭임과 동시에 교만이라는 치명적인 독약을 그녀의 영혼에 불어넣었습니다. 그리고 사람이 그의 말을 들은 이후로 자기를 높이는 것이 모든 죄와 슬픔의 뿌리가 되었습니다. 그의 삶이 자기에 대한 사랑, 자기 의지, 자기를 기쁘게 하는 것으로 가득 차게 된 것입니다. 자아(自我)가, "나"가 바로 그가 섬기는 우상이 된 것입니다. 자아는 천의 얼굴을 가진 괴물입니다. 자기를 구하고, 자기를 기쁘게 하고, 자기를 신뢰하고, 자기를 높이는 것이야말로 세상에 나타나 있는 모든 죄와 비참의 어머니인 것입니다.

사탄의 권세가 바로 이 "자아", "나", "교만"에 속한 모든 것을 장악하며, 지옥의 불길이 그 속에서 이글거립니다. 그리하여 영혼은 그 불길 속에서 절대로 사라지지 않는 갈증을 가진 채로 계속 활활 타는 것입니다.

주 예수께서 우리의 참된 구주가 되시려면 한 가지 가장 절실하게 필요한 것이 있습니다. 곧, 그가 우리를 우리 자신에게서 구원하셔야 한다는 것입니다. "자아", "나", 자기 중심의 삶을 죽이시고, 다시금 하나님을 위하여 살도록 만드셔서 우리가 더 이상 우리 자신을 위하여 살지 않도록 만드셔야 한다는 것입니다. 이것이 사람이 참으로 복을 누리는 자가 되는 유일한 길입니다. 더 나아가서 이 길을 예비하는 수단은 오직 예수 그리스도께서 친히 그 길을 우리에게 열어 주시고, 우리를 위하여 새 생명을 얻으사 우리에게 그것을 베풀어 주시는 것밖에는 없습니다. 그렇게 해서 하나님께서 그 새 생명 가운데서 다시금 그의 마땅한 자리를 차지하시고 우리의 만유가 되시는 것밖에는 다른 도리가 없습니다.

그렇기 때문에 주 예수께서 하나님의 어린 양으로서 이 세상에 임하셔야한 것입니다. 그가 하나님을 향한 참된 굴복을 드러내는 그런 마음의 온유함과 겸손함을 다시금 세상에 회복시키셔야 했던 것입니다. 그것을 더 이상 세상에서 찾을 수가 없는 상태였는데, 그가 친히 그것을 하늘에서 가져오신 것입니다. 하늘에서 아들이신 그가 아버지 앞에서 자신을 낮추셔서 종으로서 세상에 보내심을 받으셨습니다. 그는 자신을 낮추사 사람이 되셨습니다. 그리고 사람으로서도 자신을 십자가에 죽으시기까지 낮추셨습니다. "하나님의 어린 양"으로서 우리의 생각을 뛰어넘는 하늘의 온유함으로 자기 자신을 부인하셔서 하나님과 사람의 종이 되셨고, 그리하여 하나님과 사람을 기쁘게 하고자 하셨습니다. 이것이 바로 그를 주도한 기질이었고 그가 당하신 고난의 참된 본질이었습니다. 바로 이것이 그로 하여금 죄에 대하여 완전한 승리를 거두게 만든 것입니다. 그는 "하나님의 어린 양"으로서 세상의 죄를 지고 가신 것입니다.

이것이 그의 피에 그러한 고귀한 가치를 부여해 주는 것입니다. 그는 죄에 대하여 치명적인 상처를 가하셨고 그 스스로 승리를 얻으셨습니다. 자기 자신을 하나님의 뜻에 굴복시키시고 자신의 전 생애 동안 끔찍한 시험들을 당하시면서 그는 자기 자신을 온전히 하나님의 영광을 위하여 희생시키셨습니다. 아버지와 모든 천군 천사들에게 기쁨이 되는 그런 겸손함과 인내와 온유함으로 말입니다. 그는 이 모든 일을 "하나님의 어린 양"으로서 행하셨습니다. 그는 죄를 위한 화목과 우리 영혼을 깨끗이 씻으시기 위하여 "하나님의 어린 양"으로서 자기 피를 흘리심으로써 그 모든 일에 관을 씌우셨습니다. 그렇기 때문에 하늘에서 그의 피를 향하여 "하나님의 어린 양"으로 찬양을 드리는 것입니다. 그렇기 때문에 아버지께서 그를 "죽임당하신 어린 양"으로서 "보좌에" 두신 것입니다. 그렇기 때문에 신자들이 온유한 사랑으로 "어린 양의 피"를 높이고 기리며, 그의 온유하심과 겸손하심을 그들의 가장 큰 기쁨과 소망으로 찬송하는 것입니다. 그 피는 "어린 양의 피"로서 완전한 구속을 위한 가치와 능력을 소유하고 있는 것입니다.

2. "어린 양의 피"는 구속의 참된 본질을 드러내 준다

그 피는 바로 그러한 기질 때문에 그 가치를 지닙니다. 그 귀한 능력이 그 기질 속에서 드러나는 것입니다. 주 예수께서는 우리로서는 할 수 없는 일을 친히 행하시러 오셨고, 그리하여 본래 보화를 소유하지 못한 상태에 있는 우리로 하여금 자신이 확보해 놓으신 보화를 함께 소유한 자들로 만들고자 하신 것입니다. 그의 겸손이 바로 그가 하늘에서 가져오신 은사요, 그의 겸손이야말로 그가 우리에게 베풀어 주고자 원하시는 것입니다. 그 피가 그의 속에 있는 신적인 온유함의 표현이요 결과였듯이, 우리 속에서도 또한 그 피와의 접촉의 결과로 겸손이 나타나야 마땅한 것입니다.

그의 피 가운데서 나누는 우리의 교제가 그의 죽으심 가운데서 나누는 교제가 아니면 무엇이겠습니까? 그런데 그의 죽으심은 그의 굴욕과 희생의 절정일 뿐이었습니다. 그의 죽으심은, 곧 하나님의 생명의 충만함 — 부활 생명 — 에 이르는 길은 오직 죽음을 통한 길밖에는 없다는 확실한 증거였습니다. 그렇기 때문에 그 피가 — 주의 죽으심과의 교제로서, 그의 죽으심의 내적 능력에 참여하는 것으로서 — 우리에게 우리 자신을 죽음에 내어주도록 요청하는 것입니다. 그의 굴욕과 자기 희생이 하나님의 생명에 이르는 유일한 길이기 때문입니다. 스스로 그 피를 신뢰한다고 생각하는 그리스도인도 교만과 자기 의지와 자기를 높이는 데 빠지는 경우가 많습니다만, "어린 양의 피"가 진정으로 자기 속에서 매순간마다 살아 있는 능력으로 역사하고 있다는 것을 정말 알고 있기만 한다면, 이 사실에서 능력이 공급되는 것과 아울러 그리스도의 온유하심이 그 피를 믿는 자신의 믿음에서 드러나도록 해야 한다는 결정적인 부르심을 깨닫게 될 것입니다.

이것이야말로 지금까지 관심을 가져온 것보다 훨씬 더 집중적으로 그리스도인들이 관심을 기울여야 하는 주제입니다. 겸손과, 우리의 교만에 대해 전적으로 죽는 일과, 전적으로 예수님의 겸손 속에서 사는 길 이외에는 천국에 들어가는 길이 없다는 것을 배워야 합니다.

교만은 지옥에서 나오는 것입니다. 그것은 우리 피 속에 사탄이 집어넣은 독약입니다. 교만이 죽어야 합니다. 그렇지 않으면 하늘에 속한 그 어떠한 것도 여러분 속에서 살 수가 없습니다. 이 진리의 깃발 아래서, 그 온유하고 겸손하신 어린 양의 성령께, 모든 교만을 이기신 "하나님의 어린 양"께 여러분 자신을 굴복시켜야만 하는 것입니다.

"어린 양의 피"를 믿는 믿음을 발휘할 때마다, 그 믿음으로 말미암아 여러분에게 주어지는 사랑과 복락에 대하여 감사할 때마다, 그런 믿음과 감사가 여러분으로 하여금 "하나님의 어린 양"의 겸손을 알고 드러내기를 극진히 바라도록 능력으로 역사하여야 하는 것입니다. 그 피로 말미암아 깨끗이 씻음받은 마음으로 하나님께 예배드릴 때마다, "어린 양의 피"가 있는 곳에는 온유하신 주님께서 친히 계셔서 예배자의 마음을 하나님의 성전으로 거룩하게 하신다는 사실을 믿는 복된 확신으로 우리가 강건하게 되어야 마땅한 것입니다.

하나님 보시기에 고귀한 가치가 있는 이 온유한 심령이 우리의 바람과 노력의 대상이어야 한다는 것을 깨닫는 것은 물론, 또한 그 겸손함을 우리도 나누어 소유하는 일이 진정 가능하다는 사실을 반드시 믿어야 합니다. 예수 그리스도는 둘째 아담으로서 첫째 아담이 잃어버린 것을 진정 회복해 주시는 분이십니다. 우리의 교만과 자기를 추구하는 것, 자아가 행하고 만들어내는 모든 것, 그리고 우리의 자기 의지와 자기 사랑에서 나오는 온갖 슬픔들은 사탄의 권세 아래 빠져 들어가 하나님으로부터 처음 등을 돌린 첫째 아담의 행위의 연속일 뿐입니다. 결정적으로 하나님께 의지하고 겸손히 굴복하는 삶으로 완전히 돌아가지 않고서는 구속이나 하나님께 나아가는 일은 생각도 할 수가 없습니다. 교만의 상태로부터 구속되는 유일한 길은 죽음밖에는 없습니다. 자기 중심의 삶에 대하여 죽는 것이요, 자기 중심의 삶을 죽음에 굴복시키는 것이요 새 생명을 위하여 여지를 남겨 두는 것입니다. 우주 전체에서 그런 죽음을 가능하게 만들어 주고 새 생명을 이루어 주는 것은 오직 "하나님의 어린 양"이 하늘로서 가져오신 하늘의 겸손밖에는 없습니다. 그가 그의 죽으심으로 그 겸손이 우리에게 전해지도록 해 놓으셨습니다. 그는 죽으실 때의 그 신분으로 죽은 자 가운데서 다시 사셨습니다. "하나님의 어린 양"으로서 그는 둘째 아담이시요, 우리의 머리이시며, 살아 계셔서 그의 영을 우리 위에 베풀어 주시는 것입니다.

그렇습니다. 하나님의 어린 양이 그 피의 능력에 전적으로 자기의 삶을 굴복시키는 모든 이의 마음속에 그의 성령으로 말미암아 이 온유함을 베풀어 주시고 그 온유함을 이루어가실 것입니다. 피 흘림에 이어서 성령의 부으심이 일어났으며, 성령과 피가 함께 증인이 되며, 성령께서 계시는 그곳에 그 피도 함께 있다는 사실을 앞에서 이미 보았습니다. 사도 요한은 어린 양이 보좌 옆에서 마치 죽임을 당한 것처럼 서 있는 모습을 보았는데, 어린 양에게 "일곱 뿔과 일곱 눈이 있으니 이 눈들은 온 땅에 보내심을 받은 하나님의 일곱 영이더라"(계 5:6)고 합니다. 성령이 어린 양의 영으로서 역사하시는 것입니다. 그는 감추어진 신적인 능력으로 역사하시며, 그의 백성들의 마음속에 어린 양의 신적 영광이 되는 것, 즉 그의 온유함을 불어넣으시는 것입니다.

그리스도의 피와 성령의 이러한 효과들을 어떻게 체험하는지를 알고 싶으십니까? 그 체험에 대해서 아는 것이 별로 없는 안타까움이 여러분에게 있습니까? 여러분에게는 그런 체험이 도무지 불가능한 것 같아서 두려움을 갖고 있지는 않습니까? 성령께서 하나님의 씨로서 여러분 속에 계시다는 것을 믿는다면, 어떻게 하면 그런 체험이 가능한지를 배울 수 있습니다. 그 씨가 작고 죽은 것처럼 보이고, 그 씨의 생명력이 감추어져 있고 아직 그 활동이 드러나지 않고 있는 것뿐입니다. 그 씨의 신적인 본질을 알고 높이 기리기 시작하십시오. 여러분 속에 그 성령께서 계시다는 것을 고요히 믿으시기를 바랍니다. 어린 양의 온유함이 여러분 속에도 씨로, 성령의 감추어진 능력으로 존재하고 있다는 것을 믿으십시오. 그 믿음 안에서 하나님께 기도를 시작하십시오. 그의 성령으로 여러분의 속사람을 강건하게 해주시기를 위해서 말입니다. 날마다 시간을 정하여 — 예를 들면 아홉시에 — 어린 양의 온유함과 겸손함을 여러분의 기업으로 베풀어 주시기를 간구하십시오. 아주 짧은 시간이라도 그렇게 하시기를 바랍니다. 겸손을 불러일으키거나 겸손하도록 도움을 주는 모든 것을 환영하는 그런 마음 자세를 배양하십시오. 지금까지 감추어져 있던 씨앗이, 예수님의 영이 여러분 속에서 샘솟아나도록 그것을 의지하십시오. 그러면 어린 양의 피가 여러분으로 하여금 모든 상상을 뛰어넘는 강력하고도 복된 겸손과 접촉하도록 해 주시는 것을 체험하게 될 것입니다.

3. 어린 양의 피: 완전한 구원의 확신이 된다

우리 주님을 "어린 양"이라 부를 때에 이 이름은 오직 지상 생애 동안 그가 보여주신 겸손에만 관련되어 사용된다는 식으로 생각할 수도 있을 것입니다. 그러나 성경에서는 하늘의 그의 영광을 지칭하는 것으로 주로 사용되고 있습니다. 사도 요한은 그가 죽임을 당한 어린 양으로서 보좌 가운데 서 계신 것을 보았습니다. 네 생물들과 스물네 장로들과 하늘의 천군들이 그를 찬송하며 이르기를, 그의 피로써 우리를 값 주고 사서 하나님께 드리신 어린 양이라고 합니다. "구원이 우리 하나님과 어린 양께 있도다." 심판을 시행하시는 것도 어린 양이시요 사탄과 그의 모든 권세를 정복하신 것도 어린 양이십니다. 어린 양은 새 예루살렘의 성전이요 등잔이십니다. 하나님과 어린 양의 보좌 아래로부터 생명수 강이 흘러내립니다. 하늘에서는 영원토록 어린 양이 모든 것이 되십니다. 그야말로 하늘의 영광이요 기쁨이십니다. 영원토록 그를 찬송하는 찬양의 노래가 울려 퍼질 것입니다: "죽임을 당하신 어린 양은 능력과 부와 지혜와 힘과 존귀와 영광과 찬송을 받으시기에 합당하도다."

이것이 어째서 그럴까요? "합당하시도다 … 일찍이 죽임을 당하사 각 족속과 방언과 백성과 나라 가운데에서 사람들을 피로 사서 하나님께 드리시고"(계 5:9)라고 말씀하고 있습니다. 그에게 이러한 영광을 돌리는 것이 바로 어린 양의 피입니다. 그 자신의 피로 말미암아 그가 지성소에 들어가서서 하늘의 위엄의 보좌 오른편에 앉아 계십니다. 그의 피가 이를 이루었습니다. 그가 죽음에 이르기까지 자신을 낮추셨기 때문에, 하나님께서 그를 그렇게 높이 올리신 것입니다. "어린 양"으로서 마음이 온유하고 겸손하셔서, 그는 자기 생명을 부어 주시기까지 하나님을 영화롭게 하셨습니다. 그러므로 영원토록 우주의 노래로 찬양 받으시기에 합당하시도록 높임을 받으시는 것입니다. "구원이 보좌에 앉으신 우리 하나님께와 어린 양께 있도다." 그의 피가 이 놀라운 역사를 이룬 것입니다.

그 피가 우리에게도 효과를 낼 것입니다. 보배로운 피가 뿌려진 모든 이들은, 어린 양이 계시고 그의 피가 있고 또한 그 피로 말미암아 깨끗이 씻음을 받은 모든 이들이 어린 양을 영원토록 높이며 찬양하게 될 그곳으로 와야 합니다. 보배로운 피를 뿌림 받은 모든 사람들은 어린 양의 인도함을 받아 생명수 샘으로 나아갈 것이며, 그리하여 그가 그들 속에서 시작하신 그 구원을 완성하게 될 것입니다. 어린 양의 혼인 잔치에 함께 참여하여 영원토록 하나님을 경배할 것입니다. 어린 양이 성전이요 빛이 되시는 천국에서 말입니다.

그렇습니다. 어린 양의 피야말로 완전한 구원의 유일한 보증이요 확실한 보장인 것입니다. 영원 속에서만이 아니라 여기 이 땅에서도 그렇습니다. 영원의 영광을 묵상하면서 놀라움으로 어린 양의 예배를 들으며 그가 베푸시는 말할 수 없는 복락을 깊이 생각할수록, 하늘에서 그런 놀라운 일들을 이루는 그 피가 여기서도 우리 속에 하늘의 놀라운 능력을 발휘할 수 있으리라는 것에 대한 우리의 믿음이 더욱더 안정될 것입니다.

그렇습니다. 어린 양의 피가 죄를 멸하고 죄인들을 위하여 하늘을 열고 그들의 구원을 완성시키기에 충분한 능력을 지니고 있으므로 우리의 마음을 깨끗이 씻고 보좌 위에 계신 어린 양께서 우리에게 부어 주실 그 모든 능력과 기쁨으로 그 마음을 가득 채워 줄 것입니다.

그 피는 우리의 교만을 깨끗이 씻어 주고 어린 양의 거룩함으로, 그의 하늘의 온유함과 겸손함으로 우리를 거룩하게 하는 능력이 있습니다. 그에게서 우리는 하나님께서 관 씌우시는 겸손을 봅니다. 그리고 모든 것을 정복하는 온유함이 보좌에까지 높이 올리우신 것을 봅니다. 그는 우리 마음속에 이를 드러내실 수가 있습니다.

어린 양의 피가 완전한 구원의 보증입니다! 오, 이 귀한 진리가 우리 마음속 깊이 가득 찼으면 얼마나 좋겠습니까? 그리하여 깊은 경이와 예배의 마음이 솟아난다면 얼마나 좋겠습니까? 우리의 믿음이 여기서 우리에게 계시되는 사실에서, 오늘 하늘에서 일어나고 있으며 영원토록 계속 일어날 일의 실체에서, 여기 이 땅에서 매순간마다 피로부터 흘러나오는 능력적인 역사의 실체에서, 영양분을 섭취하여야 할 것입니다. 그 믿음 가운데서 우리는 어린 양 앞에 우리 자신을 내어 놓아야 합니다. 그의 피로써 우리를 깨끗이 씻으시고 우리를 왕과 제사장들로 삼으신 바로 그분 앞에 말입니다. 그가 친히 그 피의 효과적인 적용을 우리 속에서 계속 유지시켜 주실 것입니다.

옷감에 물감을 들이려면 색을 담은 용액 속에 그것을 집어넣어서 그 속에 완전히 적셔야 하는 것처럼, 영혼도 어린 양의 피에 담가서 깨끗이 씻어서 그 피가 담고 있는 기질로 완전히 젖어서 그것으로 충만하게 해야 합니다. 그러면 어린 양의 온유함과 겸손함이 그 영혼의 장식물이 될 것입니다. 그가 친히 우리로 하여금 그 피로 말미암아 제사장으로서 하나님께로 들어가는 산 체험을 하도록 하실 것입니다. 그리하여 하나님과의 교제가 영원히 지속되도록 하실 것입니다. 그가 친히 우리들을 왕으로 여기셔서 우리에게 어린 양의 피로 말미암아 주권과 승리를 베풀어 주실 것입니다.

그렇습니다. 그가 친히 그의 피를 완전한 구원의 보증으로 삼으실 것입니다. 오, 우리가 어린 양의 피에 영광을 돌리게만 된다면 얼마나 좋을까요! 오, 날마다 우리의 마음으로 "예수의 피에 능력 있도다"라고 찬송을 부른다면 얼마나 좋을까요! 오, 날마다 우리가 마음으로 다음과 같은 확신을 갖는다면 얼마나 좋을까요: "하늘에서 능력을 발휘하는 그 피가 내 마음에서도 능력을 발휘하도다. 하늘에서 이적을 일으키는 그 피가 내 마음속에서도 이적을 일으키도다. 어린 양의 피가 나의 생명이요 나의 노래요 나의 능력이요 나의 완전한 구원이로다."

그가 소유한 하늘의 온유함과 겸손함으로부터 그 피가 임하였으니, 그 피가 내게도 하늘의 온유함과 겸손함을 베풀어 주어서 내가 그것으로 하늘에 들어갈 것입니다. 어린 양의 피라고 합니다. 우리는 그 피가 그런 신적인 가치와 능력을 지닌 것이 바로 "어린 양의 피"이기 때문이라는 사실을 배웠습니다. 우리를 구속하신 분이 바로 온유하시고 겸손하신 어린 양이십니다. 구속의 능력과 기질과 내적 본질을 구성하는 것이 바로 온유함과 겸손함입니다. 그는 온유함과 겸손함으로 자기 자신의 뜻과 생명을 희생시키셔서 죽으셨고, 그리하여 하나님께로부터 새 생명을 받으신 것입니다.

여러분, 바라건대, 이것이 영적 복락에 이르는 길이라는 것을 배우십시오. 그 피를 접촉할 때마다 그것이 어린 양과의, 특별히 그의 겸손함과 온유함과의 접촉이 되도록 하십시오. 믿음으로 그의 의복의 가장자리를 만지십시오. 그러면 그에게서 능력이 나올 것입니다. "자아"가 우리의 죄요 슬픔입니다. 자아를 언제나 부인하는 것이 우리의 유일한 구속입니다. 어린 양의 죽으심과의 교제야말로 그가 베푸시는 삶 속으로 들어가는 유일한 길입니다.

하나님의 어린 양을 감동시켜 그의 피를 흘리게 한 그의 겸손 속에 얼마나 아름답고 마음을 변화시키는 하늘의 능력이 있는지를 알기만 해도, 사탄과 교만의 독약이 우리의 타락한 본성에서 내쫓김을 당하지 않겠으며, 우리에게 생명수를 베풀어서 우리 자신을 추구하는 그 악한 불길을 끄고도 남음이 있지 않겠습니까! 그것을 충만히 소유하지 못하는 것보다도 오히려 모든 것을 희생시키지 않겠습니까! 어린 양의 피를 겸손을 드러내는 것으로, 우리에게 겸손을 심어 주는 것으로, 겸손의 영원한 영광으로 찬양해야 옳지 않겠습니까!

제 7 장
"내가 피를 볼 때에"

"내가 애굽 땅을 칠 때에 그 피가 너희가 사는 집에 있어서 너희를 위하여 표적이 될지라
내가 피를 볼 때에 너희를 넘어가리니 재앙이 너희에게 내려 멸하지 아니하리라"
– 출 12:13.

유월절에 관한 이야기는 우리 모두 잘 알고 있습니다.

주께서 그의 백성을 애굽에서 이끌어 내시려 할 바로 그때에 그들이 떠나기 바로 전날 밤에 심판이 애굽에 가해졌습니다. 여호와께서는 이스라엘을 열방 중에 처음 난 아들로 여기셨습니다. 애굽은 이 맏아들인 이스라엘을 학대함으로서 여호와께 범죄하였습니다. 그리하여 애굽의 "장자"(맏아들)들에게 형벌이 가해진 것입니다. 집집마다 맏아들이 한밤중에 애굽 땅을 통과한 멸망의 천사에게 맞아 죽임을 당했습니다.

애굽 사람들과 이스라엘 사람들이 서로 가까이 거주하는 경우가 많았으므로, 이스라엘 사람의 집에는 그 멸망의 천사가 들어가서 살해하는 일이 없도록 문마다 표지를 해 두어야 했습니다. 그 표지가 바로 어린 양의 피였습니다. 집안의 가장이 하나님께서 주신 명령에 따라서 죽인 어린 양의 피를 문에 발라두었던 것입니다. "그 피가 … 너희를 위하여 표적이 될지라" 라고 하나님께서 말씀하셨습니다. 그것이 표적이었습니다. 이스라엘 사람에게 자기 가족의 안전에 대하여 전적으로 신뢰를 가질 수 있도록 해 주는 것이었습니다. 또한 그것은 하나님 앞에서도 표적이 되었습니다. 곧, 그 집의 가장

(家長)의 믿음의 순종을 나타내 보이는 표적이었던 것입니다. "내가 피를 볼 때에 너희를 넘어가리라"라는 말씀에 대한 믿음의 순종 말입니다.

하나님께서 다른 것이 아니고 하필 피를 표적으로 삼으신 이유가 무엇인지에 대해서는 우리가 이미 잘 알고 있습니다. 이스라엘이 하나님의 백성이었지만, 그들은 또한 안타깝게도 죄악된 백성이었습니다. 죄 문제에 관해서 말하면, 죄는 그 합당한 벌을 반드시 받도록 되어 있었습니다. 그러므로 멸망의 천사가 이스라엘에도 심판을 시행하도록 되어 있었습니다. 그러나 피가 구속의 증표가 되었습니다. 죽임을 당한 어린 양의 그 죽음이, 사람이 그의 죄로 말미암아 얻은 죽음을 대신하는 것으로 간주되도록 된 것입니다. 그러나 이스라엘의 구속은 그저 능력을 시행한다고 이루어지는 것이 아니었습니다. 반드시 율법과 의에 따라서 이루어지도록 되어 있었습니다. 그러므로 유월절 어린 양의 피로써 이스라엘 사람의 집의 죄에 대한 형벌을 대신하도록 한 것입니다. 집집마다 가장이 집의 문설주에 피를 발라서 자기가 자신의 죄성과 구원의 필요성을 인식하고 있다는 증거를 보여야 했습니다. 그가 하나님의 구속의 약속을 신뢰하고 있다는 것을 하나님의 명령에 기꺼이 순종함으로써 증거로 보여야 했습니다. 이 모든 일이 아주 놀라운 방식으로 유월절 어린 양의 피로써 대신 행해진 것입니다.

신약 성경에서는 "우리의 유월절 양이신 그리스도께서 우리를 위하여 죽으셨다"고 말씀합니다. 그가 하늘에서 지니신 그 놀라운 이름은, 즉 하나님의 어린 양은, 그가 우리의 유월절 어린 양으로서 우리의 구속을 위하여 행하신 일을 주로 지목하는 것입니다. 그러므로 그의 피가 어떻게 우리의 구원을 이루는지를 가장 간단하게 선언하려면, 애굽에서의 유월절의 모형을 통하는 것이 가장 좋은 방법입니다. 지금까지 우리는 예수님의 피의 능력을 해명하는 중에 주로 신자들을 다루어 왔습니다. 그러므로 이제는 영적인 일에 대하여 가장 단순하고 지극히 무지한 자들에게, 아직 이 피에 대해서 아무것도 깨닫지 못하는 이들에게 말씀을 드리고자 합니다. 하나님께서 그들에게 지식을 주셔서 유월절을 통해서 제시되는 영광스러운 모형에서 그리스도의 피의 보배로움을 이해할 수 있게 되기를 바랍니다!

자, 다음의 사실들에 주의를 기울이기로 합시다:

1. 그 피로 말미암아 위험을 피한다.

2. 그 피로 말미암아 구원이 효력을 발생한다.

3. 그 피로 말미암아 복을 얻을 수 있다.

1. 그 피로 말미암아 위험을 피한다

그 위험은 (1) 무시무시한 것이었습니다. 영원하신 하나님께서 멸망의 천사에게 그의 칼을 들려서 그 땅에 보내실 찰나였습니다.

그 위험은 (2) 전반적이었습니다. 어느 집도 예외가 없었습니다. 각 가정마다 그 보배를 빼앗길 찰나였습니다. 장자가 죽도록 되어 있었던 것입니다.

그 위험은 (3) 분명했습니다. 사람의 능력으로는 도저히 구속을 확보할 수가 없었습니다.

그 위험은 (4) 예기치 못한 것이었습니다. 그 위험의 끔찍한 광경이 우리에게 위협을 줍니다. 거기서 구원받을 방법은 어린 양의 피 이외에는 없었습니다.

(1) 그 위험은 무시무시한 것입니다. 위엄을 깨닫지 못한다면, 아무리 숨고, 아무리 구속의 수단을 써도 소용이 없습니다. 하나님과 구속함을 받은 자들이 보기에 예수님의 피가 아무리 보배로운 것이라 할지라도 자기의 위험을 깨닫지 못하고 있는 자에게는 아무런 가치도 없습니다. 온 세상이 하나님의

진노 아래 있습니다. 아무리 행복하게 인생을 보내도, 우리의 현재의 문명과 번영과 발전이 아무리 자랑스럽다 해도, 이 세상 위에는 두텁고 어두운 구름이 끼여 있는 것입니다. 애굽에 끼여 있던 것보다 훨씬 더 끔찍스럽고 무서운 구름이 말입니다. 심판의 날이 다가오고 있습니다만, 그 날에는 화(禍)와 진노와 환난과 곤고가 모든 불순종과 죄를 갚아 줄 것입니다. 그리스도께서 불꽃 가운데서 나타나셔서 "하나님을 모르는 자들과 우리 주 예수의 복음에 복종하지 않는 자들에게" 형벌을 내리실 것입니다(살후 1:8). 그에게 속하지 않은 모든 자들에게 그는 무서운 심판을 선언하실 것입니다: "저주받은 자들아, 내게서 떠나 마귀와 그의 수하들에게 예비된 영원한 불에 들어갈지어다." "그의 임하는 날을 누가 능히 당하며 그의 나타나는 때에 누가 능히 서리요?" "보라. 용광로 불 같은 날이 이르리니 교만한 자와 악을 행하는 자는 다 지푸라기 같을 것이라"(말 3:1; 4:1).

(2) 그 위험은 전반적인 것이었습니다. 애굽의 그 어떠한 집도 그냥 지나치지 않았습니다. 왕의 궁전에서부터 거지의 헛간에 이르기까지 집집마다 장자가 죽어 나갔습니다. 거기에는 차별이 없었습니다. 부자도 가난한 자도, 불경한 자도 교양 있는 자도, 이스라엘의 친구도 이스라엘의 원수도, 죄 없는 어린아이들도, 친절한 자도, 극악무도한 악인도 그날 밤에는 그런 구별이 있을 수가 없었습니다. 온 민족이 죄를 범하였고, 심판이 그 누구의 예외도 없이 모두에게 임하였던 것입니다.

장차 이 세상에 임할 심판도 그와 똑같을 것입니다. 우리 모두가 죄를 지었습니다. 우리 모두가 저주와 진노 아래 있습니다. 어느 누구도 — 하나님께서 친히 이적적으로 구속해 주시지 않는 한 — 그 처절한 심판을 피할 수가 없습니다. 이 말씀을 읽는 독자들도, 그가 누구든지 상관 없이 하나님의 보좌 앞에 서서, 자기의 죄 때문에 바깥 어두운 데로 내어 쫓기지 않을 사람이 없는 것입니다. 하나님의 긍휼하심이 그에게 은혜라는 이적을 일으키시지 않으셨다면 말입니다.

(3) 그 심판은 확실합니다. 우리는 성경이 말씀하는 대로 기롱하는 자들이 자기들의 악한 정욕을 따라서 살면서 다음과 같이 말하는 시대에 살고 있습니다: "주께서 강림하신다는 약속이 어디 있느냐 조상들이 잔 후로부터 만물이 처음 창조할 때와 같이 그냥 있다." 하나님이 오래 참으시며 은혜의 날들을 연장시키고 계십니다만, 그 심판의 날은 반드시 올 것입니다. 그 어떠한 권세나 힘도, 그 어떠한 지혜나 간계도, 그 어떠한 부귀나 명예도 사람을 그 심판에서 피하도록 해줄 수가 없습니다. 그 심판은 분명히 옵니다. 이 사실은 의로우신 심판주이신 하나님께서 하늘에 계시다는 사실만큼이나 확실합니다. 이 땅에 죄가 있어서 하나님의 거룩하신 율법을 대적한다는 사실만큼이나 확실하게, 죄가 반드시 재판관에 의해서 형벌을 받아야 한다는 사실을 모든 사람이 의식하고 있는 것만큼이나 확실하게, 그 날이 반드시 임할 것입니다.

잃어버린 상태에 있는 무수한 사람들의 처지가, 하나님의 진노의 풀무불이 한꺼번에 쏟아지는 그 끔찍한 광경이, 하나님의 임재로부터 영원토록 멸망당한다는 비극이 도저히 생각할 수조차 없을 정도로 끔찍하지만, 그럼에도 불구하고 이것은 명백한 사실인 것입니다. 온 세상 위에와 각 영혼 위에 어두운 하나님의 진노의 구름이 가득 끼어 있어서, 그것이 풀어져 영원토록 꺼지지 않는 불이 쏟아져 내릴 때가 속히 임할 것입니다.

(4) 그 위험은 예상이 불가능합니다. 애굽 사람들은 사고 팔고 집 짓고 무역

하느라 바빴습니다. 교묘하게 재치를 부리며 살면서 자기들의 힘과 지혜를 자랑했습니다만, 어느 날 밤 갑자기 온 땅이 깊고 깊은 슬픔 속으로 빠져들었습니다. "그 밤에 바로와 그 모든 신하와 모든 애굽 사람이 일어나고 애굽에 큰 부르짖음이 있었으니"(출 12:30). 애굽에서도 그러했고, 노아 시대의 홍수 때에도 그러했고, 소돔과 고모라에서도 그러했습니다. 그 누구도 전혀 예상하지 못하던 시각에 멸망의 천사가 임한 것입니다.

언제나 그럴 것입니다. 마귀가 사람들을 이 세상의 사업과 쾌락에 빠뜨려 잠자도록 유혹하고 있습니다. 그런데 사망이 임합니다. 전혀 예상하지 못하는 때에 말입니다. 심판이 임합니다. 아무도 생각하지 못하는 시각에 말입니다. 어떤 사람의 경우는 좀 더 편안한 때에 그 문제를 해결하려고 뒤로 밀어 놓고 있는 동안에, 또 어떤 사람은 심판이 오면 누군가가 건져 줄 것이라는 막연한 소망으로 스스로 위로를 삼고 있는 동안에, 또 어떤 사람은 이런 일에 대해서 아예 관심조차 두지 않고 있는 동안에, 심판이 시시각각으로 가까이 다가오는 것입니다.

사람이 기차 선로 위에서 잠드는 사건이 여러 번 일어났습니다. 그 사람 주위에 고요와 정적이 있는 것 같았습니다. 그런데 고속 열차가 갑자기 달려와 순식간에 그를 죽음에 빠뜨리고 만 것입니다.

하나님의 심판은 도저히 상상할 수 없을 만큼 급하고도 강력하게 다가오고 있습니다. 여러분 주위가 온통 고요하고 안전하며 즐겁게 보인다 할지라도, 여러분, 간절히 구합니다만, 여러분 스스로 속지 마시기 바랍니다. 전혀 예기치 않는 때에 심판이 임하고, 그때가 되면 이미 때가 늦어 버리는 것입니다. 바라건대, 그 위험이 여러분이 상상하는 것보다 훨씬 더 크고 가까이 있다는 것을 믿으십시오. 속히 서둘러 구원받으셔야 합니다.

2. 그 피로 말미암아 구원이 효력을 발생한다

(1) 하나님께서 친히 구원을 계획하셨습니다. 여러분, 인간의 지혜는 여기서 전혀 소용이 없다는 사실을 분명히 해야 하겠습니다. 우리는 그렇게도 끔찍하고 도저히 저항이 불가능한 하나님의 심판에서 반드시 피해야 합니다. 피할 길을 알려 줄 수 있는 분은 오직 하나님밖에는 없습니다. 어린 양의 피로 말미암아 구원하는 것이 신적인 지혜의 결과였습니다. 그러므로 죄인이 구원받기를 원하면, 이 문제에 있어서 전적으로 하나님께 굴복하기를 배워야 하고, 전적으로 그를 의지하기를 배워야 합니다. 과연 신적인 목적이 무엇인가 하는 문제를 자기가 해결해야 하고, 또한 멸망이 확실하고 강력한 만큼 자기를 위하여 예비된 구원도 그만큼 확실하고 강력하다는 사실을 깨달아야 하는 것입니다.

(2) 구원은 대치(代置: substitution)를 통하여 이루어집니다. 죽임을 당한 유월절 어린 양의 피에 담긴 의미가 바로 그것이었습니다. 이스라엘 사람도 애굽 사람과 똑같이 죄인들이었습니다. 멸망의 천사가 오게 되면, 그가 전권을 쥐고 있을 것이었습니다. 그렇습니다. 이스라엘 사람들의 집에도 반드시 들어가서 일을 처리해야 했을 것입니다. 그러나 이스라엘 사람들의 집 문설주에 피가 뿌려져 있다면, 그것이 무엇을 의미하겠습니까?

죄와 구원의 문제를 해결하기 위하여 어린 양을 취하고 칼을 들어 죽여 그 무죄한 짐승의 피를 흘릴 때에, 이스라엘 사람에게는 오직 한 가지 생각이 머릿속에 있었습니다: "나는 죄인이다. 내 집도 죄악되다. 하나님의 진노의 천사가 오늘 밤에 올 것이다. 그러나 나는 이 어린 양을 드려 나와 내 집을 대신하여 죽게 하리라." "나를 위하여", "나를 대신하여"가 바로 그의 마음에 있는 한 가지 생각이었습니다.

어린 양은 모형이었습니다: "어린 양은 하나님이 자기를 위하여 친히 준비하시리라"(창 22:8). 하나님께서 이 일을 행하셨습니다. 그가 친히 자기의 아들을 주시고 우리를 대신하여 죽게 하셨습니다. 이는 과연 경이(驚異) 중의 경이가 아닐 수 없습니다. 예수께서 죽으신 죽음이 바로 나의 죽음이 되었습니다. 그가 나의 죄를 지셨습니다. 이제 나는 죽을 필요가 없습니다. 하나님께서 준비하신 구원이 대치를 통하여 이루어지는 것입니다. 나의 대치자이신 예수께서 모든 것을 지불하셨습니다. 하나님의 율법에 진 나의 모든 빚을 그가 다 갚으셨고 나를 위해 모든 일을 행하신 것입니다. 그가 죄와 사망의 권세를 완전히 깨뜨리셨습니다. 그러므로 나는 이제 즉시 나의 모든 죄에서 무죄 방면되고 자유를 얻게 된 것입니다. 구원이 대치를 통하여 이루어지기 때문입니다.

(3) 구원은 피 뿌림을 수단으로 이루어집니다. 어린 양의 피를 문설주에 뿌려야 했습니다. 어린 양이 죽임을 당하고 그 피를 흘리는 것만으로는 안됩니다. 그 피가 반드시 개개인에게 적용되어야 하는 것입니다. 가장이 그 피를 취하여 자기 집의 문간에 뿌려야 했습니다. 그러므로 성경은 말씀하기를, 우리의 양심이 깨끗이 씻음을 받아야 하고, 우리 마음이 뿌림을 받아야 한다고 말씀합니다. "우리가 마음에 뿌림을 받아 악한 양심으로부터 벗어나고 몸은 맑은 물로 씻음을 받았으니 … 하나님께 나아가자"(히 10:22).

이 구원에서, 하나님과 사람이 서로 만납니다. 각자 자기가 담당한 일이 있습니다. 하나님은 어린 양을 준비하셨습니다. 자기의 독생자 말입니다. 하나님이 영원하신 성령으로 말미암아 그를 제물로 준비하신 것입니다. 그리고 그 피를 받아들이시기로 약속하셨고, 그 피로 말미암아 우리에게 의롭다

함과 깨끗이 씻음과 거룩하게 함의 역사를 베풀어 주십니다. 이 모든 것이 하나님께서 행하시는 일입니다. 우리의 일은 그 피를 믿는 것이요, 그 믿음 가운데서 우리 자신을 그 피 뿌림에 굴복시키는 것입니다. 그 결과는 확실하고도 영원합니다.

　(4) 구원은 믿음의 순종을 통해서 이루어집니다. 이스라엘 사람들로서는 멸망의 천사가 오리라는 것이나 문에 뿌린 피가 그들을 구원해 준다는 것은 지금까지 들어보지 못한 전혀 새로운 일이었습니다. 그러나 그것이 하나님의 말씀임을 믿었습니다. 그리고 그 믿음 가운데서 그는 명령받은 대로 행한 것입니다. 영원한 사망에서 구원받기를 사모하는 여러분들이 행하여야 할 것이 바로 이것입니다. 그 피를 믿는 믿음을 발휘하십시오. 하나님께서 그의 아들의 피가 여러분을 모든 죄에서 깨끗이 씻으리라고 말씀하시면 그것이 진리라고 확신하십시오. 그 피에 초자연적인 하늘의 능력이 있어서 하나님 앞에서 영원토록 죄를 덮고 제거하는 것입니다. 이를 하나님의 진리로 받아들이시고 거기에 거하십시오. 그리고 순종하시고, 또한 그런 놀라운 역사를 이루는 그 피를 여러분의 것으로 삼으십시오. 그 피가 여러분을 위하여 흘려졌다는 것을 인정하시고, 하나님 앞에서 여러분 자신을 낮추서서 성령께서 그 피의 역사를 여러분에게 적용시키사 여러분의 마음을 그 피로 깨끗이 씻으시도록 하십시오. 그 피가 여러분을 위해서 흘려졌다는 것을 그저 믿으십시오. 전능하신 하나님은 신실하서서 그 피를 위하여 여러분을 받아 주실 것입니다. 예수께서 그의 피로써 여러분을 씻으실 것이며, 깨끗이 씻는 역사를 여러분 속에서 이루시고 그 피만이 베풀어 줄 수 있는 그 기쁨과 능력을 여러분에게 전해 주실 것입니다.

(5) 그 피가 하나님의 심판에서 즉각적인 구원을 이루어 냅니다. 그 피가 그날 밤의 그 끔찍한 위험에서 이스라엘 백성들을 즉각적으로 완전히 구원하였습니다.

그 피로 뿌림을 받는 그 순간부터 여러분은 죄에서 자유를 얻게 되며 하나님의 심판이 여러분을 비껴가게 됩니다. 이 축복이 너무도 크고 너무도 놀라워서 사람들에게는 사실처럼 보이지를 않습니다. 우리는 스스로 나아지고 있다는 어떤 증표를 보기를 바랍니다. 하나님께서 우리를 받아 주셨다는 어떤 증거를 느끼기를 바랍니다. 그렇기 때문에 하나님께서 불의한 자들을 그렇게 즉각적으로 의롭다고 인정하실 수 있다는 것이 믿어지지 않습니다만, 그렇지가 않습니다. 그 피에 생명을 주는 신적인 능력이 있다는 것, 사람이 그 피를 믿는 즉시 모든 죄에서 깨끗이 씻음받는다는 것, 이것이야말로 바로 어린 양의 피를 통한 구속의 신적인 영광인 것입니다. 죄와 심판에서 구원받기를 원하는 여러분은 이 사실을 의지할 수가 있습니다. 그리스도의 피가 즉각적인 구속을 이루어 내는 것입니다. 그 피는 하나님의 아들의 순종의 증거로서 하나님께 말할 수 없이 보배롭기 때문에, 하나님께서는 그 아들을 위하여, 또한 그 아들을 기뻐하시는 것 때문에 즉시 여러분을 용서하시고 영접하십니다. 그 피를 신뢰하기만 하면 말입니다.

(6) 그 피는 새 삶의 시작입니다. 무교절이 유월절과 아주 밀접하게 관련되어 있었다는 것을 잘 아실 것입니다. 누룩을 사용하는 경우는 과거에 반죽한 묵은 밀가루 반죽에서 취하여야 했습니다. 누룩의 작용은 부패의 과정입니다. 이스라엘은 유월절 기간과 그 이후 칠일 동안 누룩 없이 구운 무교병을 사용해야 했습니다. 이는 그들이 더 이상 애굽의 묵은 누룩과 관계가 없다는 하나의 증거였습니다. 모든 것이 전적으로 새로워져야 했던 것입니다. 그리

스도의 피를 뿌리는 것은 전적으로 새로운 삶이 시작되는 것입니다. 그 피와 그리스도의 영은 서로 분리되지를 않습니다. 그 피로 말미암아 하나님께 가까이 나아갈 때에, 죄인은 성령으로 말미암아 새로워지고 거룩하게 되는 것입니다. 그 피가 하나님을 섬기는 삶의 시작이요 또한 보증인 것입니다.

(7) 그 피가 하나님의 사랑과 인도하심에 대하여 확신을 주었습니다. 이스라엘은 피를 문설주에 뿌림으로써 멸망의 천사의 능력에서 구원받았고, 동시에 바로의 권세에서 구원받았습니다. 홍해와 바로의 군대의 추격과 광야가 아직 남아 있었습니다만, 하나님께서 그 모든 일을 책임지신다는 것을 그 피가 보증해 주었던 것입니다.

그리스도의 피는 여러분에게 하나님의 사랑과 인도하심과 보호하심을 함께 나누게 해 줍니다. 오, 이것을 깨닫기만 해도 얼마나 좋을까요! 자기 아들의 피를 준비하셨고 또한 그 피 때문에 여러분을 영접하신 그 하나님께서 여러분의 하나님이 되셨다는 사실 말입니다. 여러분을 위하여 자기 아들을 주신 그분께서 하물며 그와 함께 모든 것을 값 없이 주시지 않겠습니까? 이것이야말로 그 피의 축복이요 능력입니다. 그 피가 여러분을 하나님과의 영원한 언약 속으로 인도합니다. 그가 여러분의 인도자가 되시고 여러분의 분깃이 되시는 것입니다.

(8) 그 피는 완전한 구속의 보증입니다. 그 피로 말미암아 이스라엘을 애굽에서 구원하여 내신 그 하나님은 그들을 가나안에 들어가게 하시기까지 만족하지 않으셨습니다. 하나님께서는 여러분에게 그리스도의 피만이 아니라 살아 계신 그리스도 자신을 주십니다. 그가 언제나 살아 계시기 때문에, 그는 끝까지 구원하실 수 있습니다. 여러분의 삶의 매순간마다 그가 여러분

을 보살피실 것입니다. 그가 모든 연약함과 모든 필요를 채우실 것입니다. 그가 이 땅의 삶 가운데서 여러분을 인도하셔서 하나님의 사랑의 충만한 복락에 이르게 하실 것입니다. 그가 친히 여러분이 영원한 영광에 이를 것에 대한 보증이 되어 주십니다.

그의 피가, 아버지 하나님과 그리스도께서 필요한 모든 것을 행하실 것이요 또한 여러분 속에서 처음부터 마지막까지 그들의 일을 완전히 마치시기까지 절대로 여러분을 버리지 않으시리라는 부인할 수 없는 영원한 증거입니다. 구속의 모든 복락과 모든 영광이 그 보배로운 피에 안전하게 근거를 두고 있는 것입니다. 오, 여러분 지금까지 그 피의 역사에 속하지 않았습니까? 바라건대, 하나님의 어린 양의 피 속에 있는 구원을 찾으십시오. 여러분의 구속을 완전히 확신하기까지 쉬지 마십시오.

3. 그 피로 말미암아 복을 얻을 수 있다

문설주에 피를 뿌려 놓았을 때 이스라엘 사람은 자기가 안전하다는 것을 알고 있었습니다. 하나님께서 그에게 보호의 약속을 주셨었고, 그는 하나님을 신뢰하는 가운데 멸망의 천사의 끔찍한 방문을 기다릴 수 있었습니다. 그는 주위의 거리에서 터져나오는 큰 부르짖음 소리를 평안한 마음으로 들을 수가 있었습니다. 그의 안전은 바로 하나님께 있었습니다. 그가 친히, "내가 피를 볼 때에 너희를 넘어가리라"고 말씀하셨기 때문입니다.

그렇다면, 하물며 우리가 이 땅의 어린 양의 피가 아니라 하늘로서 오신 하나님의 어린 양의 피를 뿌렸다면, 얼마나 더 우리의 구원을 확신할 수 있겠습니까? 본서를 읽는 여러분, 제가 여러분에게 묻는 질문에 답을 해 보시기를 바랍니다: 여러분께는 과연 이 확신이 있습니까? 과연 진노의 날에 그 피의 보호 아래 진실로 피할 수 있으십니까? 그 피로 말미암아 구속함을 받았다는 확신이 여러분에게 있습니까? 그렇지 못하다면, 속히 지체하지 말고 이 축복을 받으십시오. 끔찍한 위험이 앞에 놓여 있습니다. 그러나 구속은 너무나도 영광스럽습니다. 모든 조건들이 은혜로 충만해 있습니다. 그 어떠한 것도 여러분이 그 은혜 속에 동참하는 것을 막지 못하도록 하셔야 합니다. 이 점을 분명히 하셔야 합니다. 그렇지 않으면 영혼에 안식을 누릴 수가 없을 것입니다.

이런 이야기가 있습니다. 유월절 밤에 머리가 희끗희끗한 사람이 맏아들의 집에 살고 있었는데, 그 자신도 그 아버지의 맏아들이었습니다. 그의 아들에게도 역시 또 맏아들이 있었습니다. 그러므로 그 집에 세 명의 맏아들이 있었던 셈인데, 멸망의 천사가 그 집 안으로 들어오기만 하면 그들 모두 죽을 수밖에 없는 사람들이었습니다. 그 날 저녁이 되자 그 사람은 자기들의 위험을 생각하고 불안해하며 말했습니다: "아들아, 명령받은 대로 모든 일을 제대로 행하였느냐?" 아들은 대답하기를, "예, 아버지 모든 것을 다 해 놓았습니다"라고 하였습니다. 얼마 동안 아버지는 만족해하는 듯했습니다만 다시 물었습니다: "확실하냐? 피를 문설주에 발라 놓았느냐?" 다시 아들은 대답했습니다: "예, 아버지, 모든 것을 명령에 따라서 정확히 해 놓았습니다." 밤이 깊어갈수록 아버지는 불안해했습니다. 그리고 마지막으로 이렇게 외쳤습니다: "내 아들아, 나를 데리고 밖으로 나가다오. 내 눈으로 직접 보고 싶구나. 그래야 마음이 놓일 것 같애." 아들은 아버지를 모시고 문설주에 피를 바른 현장으로 갔습니다. 아버지는 "이제야 안심이 되는구나! 오 하나님 감사합니다! 이제 내가 안전하다는 것을 분명히 알겠습니다"라고 했답니다.

독자 여러분, 과연 "하나님 감사합니다. 이제 내가 안전하다는 것을 분명히 알겠습니다. 그 피가 나를 위해 흘려졌고 내게 뿌려졌다는 것을 알겠습니다"라고 말할 수 있겠습니까? 그렇지 못하다면, 여러분 간곡히 당부합니다

만, 하나님의 심판이 끔찍하게 두렵고 확실하다는 사실을 믿으시고 오늘 당
장 하나님의 말씀대로 속히 서둘러 행하시기 바랍니다. 여러분의 죄에서 돌
아서십시오. 그리고 그 피를 신뢰하십시오. 오! 정말 바랍니다. 여러분이 지
금까지 지은 온갖 죄에다 하나님의 피를 멸시하고 거부하고 짓밟는 죄를 더
하지 마십시오. 하나님의 긍휼하심과 그의 아들의 놀라운 사랑으로 당부드
립니다. 다가올 진노에서 피하십시오. 그리스도의 피 아래에서 피난처를 찾
으십시오. 오직 그 피만이 구원할 수 있습니다.

　　여러분, 아무리 기도하고, 예배하고 일하고 애써도 아무런 소용이 없다는
것을 믿으십시오. 그러나 하나님은 말씀하십니다. "내가 피를 볼 때에 너희
를 넘어가리라"고 말입니다. 이 말씀이 여러분의 확신이 되도록 하십시오.
그가 여러분에게서 피를 보지 못하시면, 그는 여러분을 그냥 두지 않으실 것
입니다. 지금 오십시오. 오늘, 바로 이 사랑하는 구주께로 나아오십시오. 그
가 살아 계셔서 여러분을 그의 피로 깨끗이 씻으십니다. 그는 누구든 자기에
게 나아오는 자를 절대로 거절하지 않으시는 분이신 것입니다.

제 8 장
"피로 사서 하나님께 드리시고"

"합당하시도다 일찍 죽임을 당하사 각 족속과 방언과 백성과 나라 가운데에서
사람들을 피로 사서 하나님께 드리시고"

– 계 5:9

"샀다"— 이 말이 무슨 뜻인지는 누구나 다 압니다. 거래가 오늘날 우리의 삶에 큰 자리를 차지하고 있습니다. 우리 모두 늘상 사고 파는 일에 가담하고 있기 때문에, 그런 거래의 개념은 누구나 다 이해하고 있습니다. 파는 자의 권리가 전에는 내 것이 아니었으나 거래를 통해서 그 권리를 얻는 것입니다. 파는 자가 붙여 놓은 값이 지불되었습니다. 자기가 그것을 샀다는 것을 보증하는 약정서가 파는 자에게 주어졌습니다. 이런 모든 일은 너무나도 분명하게 날마다 수천 수만 가지 경우에서 이루어집니다. 그리하여 사회 생활의 큰 부분을 이루게 된 것입니다.

우리 본문의 말씀은 하늘의 찬양에서 취한 것입니다: "주께서 주의 피로 우리를 사서 하나님께 드리셨도다"라는 내용은, 이 땅의 상거래라는 거울을 통해서 "어린 양의 피"가 우리를 위해서 해 놓은 일을 보게 하며, 또한 이 사실이 무슨 의미가 있는지를 분명히 알도록 해 줍니다. "하나님의 어린 양"이신 우리 주 예수께서 우리에게 취하신 권리와, 또한 우리가 이제 하나님께 대하여 갖게 된 주장이, 우리가 그에게서 기대할 수 있는 바가, 그가 우리에게서 기대하시는 바가 — 이 모든 것들이 우리에게 분명해질 것입니다. 성령께서 우리를 가르치사 이런 비유적인 사실에 비추어 그 피에 관하여 가르쳐 주신다면, 새로운 기쁨이 가득한 하늘의 노래가 우리 마음속에서 우러나올 것입니다: "합당하시도다 일찍 죽임을 당하사 … 피로 사서 하나님께 드리시고."

다음의 사실들을 함께 살펴봅시다:

1. 그가 취하여 우리에게 주신 권리.
2. 그가 우리에게 주장하시는 권리.
3. 그가 우리를 기쁨으로 받아 주시리라는 사실.
4. 그가 우리를 보존하시고 보살피시리라는 확실성.

1. 그가 취하여 우리에게 주신 권리

"[우리를] 피로 사서 하나님께 드리시고." 이는 그가 우리를 위하여 취해 주신 권리를 시사해 줍니다. 창조주로서 주 예수께서는 모든 사람의 영혼에 대하여 권리를 갖고 계십니다. 그로 말미암아 하나님께서 사람들에게 생명을 부여하셨으므로 그들은 마땅히 그의 소유와 기업이 될 것이었습니다. 이 땅의 그 어떠한 작가가 자기 작품에 대해 권리를 가진 것보다도 예수께서 우리에 대해 더 큰 권리를 가지셨습니다. 우리가 그의 것입니다.

"한 사람이 정말 자기의 것인 어떤 물건을 남에게 강제로 빼앗겼다가 스스로 도로 사서 자기의 것으로 원상복귀시켜야 하는 예가 사람들 사이에 왕왕 있습니다. 사람들이 자기 피를 흘려서 땅과 자유를 다시 사는 경우도 허다했습니다. 그런 일이 있고 나면, 그 땅과 자유의 값어치가 얼마나 더 커지겠습니까?"

이처럼 하나님의 아들께서도 사탄의 권세에서 우리를 속량하셨습니다. 창조 시에 하나님은 사람을 자기 아들의 다스림 아래 두셨습니다. 그런데 사람은 사탄의 유혹에 굴복하여 하나님께로부터 타락하였고, 그리하여 그 유혹자 사탄의 권세에 전적으로 매여서 그의 종이 되었습니다. 하나님의 율법은 죄를 금하고 형벌을 가하는 것이었습니다. 사람이 죄를 짓자, 이 율법이 사탄에게 권위를 씌워 주었습니다. 하나님께서는 말씀하시기를, "네가 먹는 날에는" 사망의 권세 안으로 떨어지리라고 하셨습니다. 하나님께서 친히 사람을 포기하셔서서 사탄의 종이 되게 하셨고, 사람은 사탄의 감옥에 갇힌 처지가 되었습니다. 사람으로서는 속량물 이외에는 구속받을 가능성이 전혀 없었습니다. 곧, 갇힌 자들을 해방시키기 위하여, 율법이 의롭게 속량물로 요구하는 그 만큼의 값을 누군가가 지불해 줄 가능성이 전혀 없었다는 말입니다.

"구속"(redemption)이라는 단어를 잘 아실 것입니다. 전쟁 포로들이 노예가 되는 관습이 있던 과거 옛 시대에, 포로들의 친지나 통치자들이 매우 높은 값을 지불하고 그들을 노예의 상태에서 해방시켜 주는 예가 있었습니다. 곧, 예수 그리스도께서 자기 자신의 피를 값으로 지불하시고 사탄에게 매여 종 노릇 하던 우리들을 위하여 자유를 사셨다는 것입니다. 사탄이 우리의 원수로서 우리를 잡고 있었고, 또한 하나님의 율법이 우리를 정죄하는 상태에 있었는데, 예수께서 마땅한 값을 지불하셔서서 우리를 그 상태에서 해방시키신 것입니다.

값을 주고 산다거나 속량한다는 것은 언제나 다른 상대방을 위하여 매우 값진 어떤 것을 준다는 의미를 담고 있습니다. 우리의 영혼은 구속이 필요한 상태에 있었고, 율법은 속량금의 지불을 요구하고 있었습니다. 우리는 율법의 권세와 정죄 아래 있었습니다. 빚진 것을 갚기까지, 우리가 행한 잘못에 대한 보상이 ― 완전한 의(義)가 ― 이루어지기까지, 우리는 포로들로서 잡혀 있을 수밖에 없는 처지였습니다. 그런데 예수께서 오셔서 우리를 대신하여 자기 자신을 주셨습니다. 우리의 영혼을 위하여 자기의 영혼을 드리셨습니다. 사망의 형벌을, 사망의 저주를 우리를 대신하여 지셨습니다. 우리의 죄를 화목시키기 위하여 자기의 피를 흘리신 것입니다. 그 피가 우리를 구속하는 속량금이었습니다. 그가 우리의 생명을 위하여 자기 생명을 주셨고, 그의 피가 그에게 우리에 대한 영원한 권리를 준 것입니다. 그리하여 이제 하늘로서 우리에게 전해 오는 메시지는 이것입니다: "예수께서 그의 피로 우리를 사셨으니, 다른 누구도 아닌 오직 그만이 우리에게 권리를 갖고 계신다." 사탄도, 세상도, 우리 자신도, 우리에 대해서 권리가 없습니다. 오직 하나님의 아들이 그의 피로 값 주고 우리를 사셨습니다. 그러니 오직 그만이 우리에 대해서 권리가 있으십니다. 우리가 그에게 속하여 있는 것입니다.

오, 독자 여러분, 조용히 들으시고, 그 권리를 인정하십시오. 어쩌면 지금까지 이것을 전혀 몰랐을 수도 있고, 이에 대해서 한 번도 생각해 보지 않았을 수도 있습니다. 그러나 영원한 값이 여러분을 위해서 지불되었습니다. 이 세상 전체보다 더한 값이 — 하나님의 아들의 피가 — 지불되었다는 말입니다. 여러분은 이제 사탄의 권세에서 구속함을 받았습니다. 하나님께서 여러분이 이제 그의 아들의 소유임을 선포하십니다. 그리고 그 아들이 오늘 임하셔서 자기에게 속한 여러분을 소유로 취하십니다.

그는 여러분에게, "네가 내게 속하였다는 것을 아느냐? 나의 권리를 네가 인정하겠느냐?"라고 물으십니다. 그의 피도, 그의 사랑도, 심판주이신 하나님도, 채권자인 율법도, 형무소장인 사탄도 이에 모두 동의합니다. 자기의 피로써 여러분을 구속하신 주께서 여러분에 대한 권리를 소유하고 계십니다. 오, 여러분! "그렇습니다, 주님. 주께서, 오직 주께서만 내게 권리가 있으시다는 것을 제가 인정합니다"라는 답변이 마음속으로부터 우러나와야 하겠습니다.

2. 그가 우리에게 주장하시는 권리

"[우리를] 피로 사서 하나님께 드리시고." 이 말씀은 그리스도께서 우리에 대하여 주장하시는 권리를 상기시켜 줍니다. 사람이 어떤 것에 대해 권리를 가지고 있으면서도 그 권리를 행사하지 않을 수도 있습니다. 그것에 대해 권리 주장을 하지 않는 것입니다. 그러나 예수 그리스도는 그렇지 않습니다. 그는 우리에게 오셔서 우리 자신을 즉시 그에게 굴복시키라고 요구하십니다. 일상적인 상거래의 경우, 사는 사람은 자신이 값을 지불하고 산 물건이 자기에게 배달되도록 요구할 권리가 있습니다. 언제 어떻게 배달할 것이냐 하는 문제를 계약 시에 신중하게 명기해 놓습니다. 예수 그리스도께서는 그의 종들을 보내사 그 메시지가 전해지는 바로 그 시각 그 장소에서, 지체함 없이 그가 값을 주고 사신 그의 소유인 사람들에게 자기 자신들을 내어놓고 그에게 굴복할 것을 요구하시는 것입니다. 그 메시지가 오늘도 다시 여러분에게 옵니다. 그는 지금까지 여러분을 지배해 온 온갖 이질적인 권세에 대하여 작별을 고하고 주님 자신만의 소유가 되어야 한다고 요구하고 계시는 것입니다.

이질적인 권세 중에 가장 주를 이루는 것이 바로 **죄**입니다. 타락한 아담의 후손들로서, 우리는 도저히 저항할 수 없는 끔찍하고 무서운 죄의 권세 아래 있습니다. 그 권세는 우리의 본성의 가장 깊은 뿌리에까지 배어 있습니다. 우리에게 지극히 자연스러운 존재가 되었습니다. 우리의 본성 그 자체가 되어 버렸습니다. 하나님의 음성이나 양심의 음성을 들었다거나, 혹은 죄가 우리에게 행해 놓은 그 비참한 상황을 느꼈다거나, 선에 대한 어떤 갈망이 우리 속에서 일깨워졌다거나 하여 죄를 섬기는 일을 그만두고자 하는 경향이 아무리 강하게 일어난다 할지라도, 죄는 우리를 놓아 주기를 거부합니다. 죄의 종들로서 우리는, 우리를 매어 두고 있는 그 끈을 풀 능력이 없습니다.

그러나 그의 피로써 우리를 사신 예수께서 이제 우리 자신을 그에게 드리라고 우리를 부르고 계십니다. 우리가 죄 아래 팔린 신세라는 것을, 그리고 죄의 법이 언제나 우리를 포로로 잡아두고 있다는 것을 아무리 깊게 체험하고 있다 할지라도, 예수께서는 그 악독한 지배에서 우리를 구원하신다고 약속하시며 또한 그가 친히 우리에게 그를 주로 섬기고 따르는 능력을 베풀어 주시겠다고 약속하시는 것입니다. 그는 다만 우리의 마음의 선택을, 우리의 의지의 정직한 선언을 촉구하실 따름입니다. 우리가 주님의 권리를 인정하고, 우리 자신을 그에게 양도하기를 촉구하시는 것입니다. 죄의 권세를 깨뜨리는 일은 그가 친히 처리하실 것입니다.

우리에게 권리를 주장해 온 또 하나의 이질적인 권세는 바로 **세상**입니다. 세상의 여러 가지 필요와 사업들이 너무도 다양하고 너무도 절박하게 우리의 삶과 우리의 능력을 요구합니다. 그러나 세상이 우리에게 제시하는 약속이나 즐거움이나 유혹들이 너무도 그럴싸하게 포장되어 있고, 또한 무의식 중에 우리에게 크나큰 영향을 미치기 때문에 우리들 스스로는 그것들에 저항한다는 것이 도무지 불가능합니다. 게다가 함께 어울리는 사람들에게서 호의와 도움을 받고 있으므로, 오직 하나님만을 위해서 살기 위해서 우리 자신을 그들에게서 떼어 놓으면 그들의 불평과 질시가 이만저만하지 않기 때문에, 많은 사람들의 경우 그것이 또한 세상에 매여 종 노릇 하도록 부추깁니다. 세상이 그들을 지배하고 그들에게 순종을 요구합니다. 사탄은 이 세상의 통치자입니다. 그리고 세상을 통해서 그들에게 자기의 권능을 행사합니다. 그런데 예수 그리스도께서 사탄과 세상을 이기신 분으로 오셔서 우리더러 과연 누구를 섬기기를 원하는지 선택하라고 요구하십니다. 예수님이냐 아니면 그의 원수인 세상과 마귀냐고 물으시는 것입니다. 그는 이미 자기에게 속하여 있는 우리들에게 이것을 요구하시는 것입니다. 그는 자기의 피를,

자기가 얻으신 우리에 대한 권리를 지적하시면서 우리더러 이 권리를 인정하고 우리 자신을 그의 소유로서 온전히 그에게 드릴 것을 요구하시는 것입니다.

그런데 이보다 더 강하고, 그리스도와 더 이질적이고 그를 더 대적하는 또 하나의 권세가 있습니다. 그것은 바로 "자아"의 권세입니다. 죄가 바로 여기서 가장 무서운 황폐를 이루어 놓았습니다. 우리 자신의 의지대로 행하고, 우리 자신의 쾌락과 우리 자신의 명예를 추구하는 것이 우리 속에 너무나 깊게 뿌리박혀 있어서, 완전한 혁명이 없이는 절대로 그것이 바뀌어질 수가 없는 상태가 되어 버린 것입니다. 육체와 영혼, 생각과 상상, 성향과 사랑 — 이 모든 것이 자기를 기쁘게 하는 무서운 권세에 종 노릇 하고 있습니다. "자아"의 횡포 아래 매여 있는 것입니다. 그러므로 예수께서는 "자아"를 보좌 위에서 끌어내리고 정죄하여 죽이라고 요구하십니다. 모든 일에서 우리의 뜻이 아니라 주의 뜻이 최고가 되도록 하라고 요구하십니다. 다른 주인들에게 종 노릇 하던 일을 종식시키고 우리가 그의 값 주고 사신 소유로서 우리 자신을 그에게 온전히 드리라고 요구하시는 것입니다.

우리들 한 사람 한 사람이 모두 주님의 권리 주장을 처리할 수밖에 없습니다. "하나님의 어린 양"의 요구를 받아들일 수밖에 없습니다. 이를 어떻게 처리하느냐에 따라서 여러분의 삶이 영원 속에 있느냐, 아니면 그저 짧은 시간으로 비참하게 마감하느냐가 결정됩니다. 하늘로부터 우리에게 음성이 들립니다: "그가 합당하시도다. 그가 죽임을 당하셔서 그의 피로 우리를 사서 하나님께 드리셨도다."

오! 마음에 더 이상 주저함이 없이 그 신적인 피를 믿는 믿음으로 주님의 이러한 부르심에 대해 이렇게 응답하시기를 바랍니다: "오 주님! 과연 합당하시옵니다. 내가 여기 있사오니 주께서 값 주고 사신 나를 취하시옵소서.

나 자신을 주의 소유로 주게 드리옵니다."

3. 그가 우리를 기쁨으로 받아 주시리라는 사실

"[우리를] 피로 사서 하나님께 드리시고" — 이 말씀은 우리에게 그가 우리를 기쁨으로 영접하시리라는 보장을 해 줍니다. 죄인인 그 자신을 주께 드리라는 요구를 받고서 기꺼이 그렇게 하겠다고 선언하였다 할지라도, 안타깝게도 자기가 너무도 무가치한 존재여서 자기의 그런 의도가 받아들여지지 않으면 어떻게 하나 하는 두려움 때문에 고통을 받는 경우가 많습니다. 자기 스스로 너무 죄악되다고 느끼는 것입니다. 그토록 높으신 주께 자기 자신을 드리는 사람이라면 당연히 갖추어야 할 겸손이나 진지함이나 마음에서 느끼는 사랑 같은 것이 자기에게는 전혀 없다고 느껴서 주께서 즉시 완전하게 영원하게 자기를 받아 주시리라는 것을 도저히 믿을 수 없다는 그런 심정을 갖는 것입니다. 주님이 영접하시리라는 것을 이해할 수도 없고, 마음으로 느끼기는 더더욱 어렵습니다.

그런데 이러한 온갖 의문들에 대해서 이 말씀이 얼마나 영광스럽게 대답해 주는지 모릅니다. "[우리를] 피로 사서 하나님께 드리셨다"고 합니다. 무슨 물건이든 사람이 그것을 사게 되어 그 물건이 배달되면 그것을 확실히 소유한다는 것을 모르십니까? 여러분도 무슨 물건을 사 보신 적이 있지요? 그것을 위해서 돈을 지불하고 나서 그 물건이 손에 들어오거나 배달될 때에, 그것을 즉시 받아들이고 소유할 마음이 생기지 않던가요? 값을 비싸게 지불한 물건일수록, 여러분이 산 그 물건을 귀하게 소유하게 되는 것입니다.

혹시 이렇게 말할지 모르겠습니다. "그렇지만 어떤 물건을 살 때에 나는 그것이 무엇인지도 알고 그것이 내가 지불한 값에 합당한 가치가 있다는 것도 잘 압니다. 그렇지만 나의 경우는 마음이 죄악되고 내 속에 있는 모든 것이 완전히 다 죽어 있고 비참한 상태에 있으니, 나를 값 주고 산 분이 과연 나를 받아주시겠는가 하는 두려움이 있는 것이 당연한 일입니다. 나의 모습이 합당하지 못합니다. 어떤 물건을 샀는데 그것보다 못한 다른 물건이 배달되면, 나는 받아들이지 않을 것입니다. '이것은 내가 값을 지불하고 산 것이 아닙니다'라는 메시지와 함께 그 물건을 되돌려 보낼 것입니다."

예, 옳습니다. 하지만, 자기의 피로 값 주고 우리를 사신 주님은 그저 구매자들과는 전연 다르시다는 것을 생각해야 합니다. 그는 스스로 이미 우리가 나쁘다는 것을 알고 계신 상태에서 우리를 사셨습니다. 그리고 그는 우리를 나쁜 상태 그대로 받아 주시고, 사랑으로 우리를 선하게 만드시는 기쁨과 영광을 누리시는 것입니다. 이것이 얼마나 놀라운 일입니까! 하지만 사실입니다. 여러분이 나쁘면 나쁠수록, 여러분이 어쩔 수 없이 죄에 깊이 빠져 있을수록, 여러분은 그만큼 더 주님께서 받으시는 합당한 존재인 것입니다. 성경은 이렇게 말씀합니다: "그리스도께서 경건하지 않은 자를 위하여 죽으셨도다 … 우리가 아직 죄인 되었을 때에 그리스도께서 우리를 위하여 죽으심으로 하나님께서 우리에 대한 자기의 사랑을 확증하셨느니라"(롬 5:6, 8). 성경은 또한 주를 부인하는 자들을 위하여, 그를 판 자들을 위하여, 심지어 그를 거부한 자들을 위하여도, 그리스도의 피값이 지불되었다고 말씀합니다. 바라건대, 예수님과 원수 된 자요, 사탄의 합법적인 종이요, 죄 가운데서 완전히 죽어 있는 여러분을 위하여 예수께서 영원한 값을 지불하셨다는 것을 깨달으십시오. 주께서는 이런 상태 속에 있는 여러분들에게 오셔서 여러분 자신을 그에게 굴복시키기를 요구하십니다. 그리고 여러분의 그 모습 그대로 받으신다고 약속하십니다.

여러분, 간절히 부탁합니다. 더 이상 여러분의 주님이시요 구주이신 그리스도에게서 여러분 자신을 멀리하여 사탄에 매여 있지 않도록 하십시오. 바로 사탄이 여러분이 너무나 무가치하고 죄악되기 때문에 주님의 긍휼은 여러분에게는 해당되지 않는다고 여러분의 귀에 속삭입니다. 그러나 그것은 거짓말입니다. 지옥에서 나오는 거짓말입니다. 여러분은 과연 처음부터 끝까지 철저하게 무가치합니다. 그러나 주님이 받으실 수 없을 정도로 무가치한 것은 아닙니다. 주님의 긍휼하심은 오로지 무가치한 사람들을 위한 것이기 때문입니다. 이 주님을 섬길 마음이 없다면, 그의 사랑과 그의 피가 여러분의 눈에 아무런 가치도 없이 비친다면, 그렇게 공개적으로 말하십시오. 그리고 여러분 자신을 주님께 드리기를 거부하십시오.

그러나 여러분이 주께 속하여 있다는 것을 인정하는 마음이 있다면, 오, 여러분, 오십시오. 그리고 그가 여러분을 즉시 받아 주신다는 것을 믿으십시오. 그리고 모든 의심일랑 다음의 한 마디 말씀의 능력으로 떠나보내십시오: "[우리를] 피로 사서 하나님께 드리셨도다."

주 예수께서 여러분을 받아 주시기를 거부하신다는 것은 불가능한 일입니다. 그와 아버지 사이에 여러분에 관한 영원한 언약이 세워져 있습니다. 아버지께서는 의롭게 그에게 여러분에 대한 권리와 권세를 주셨습니다. 그리고 그리스도께서는 그 크신 속량금을 자기 피로써 지불하시고 여러분을 사탄의 횡포에서 자유롭게 하셨습니다. 그는 여러분을 향하여 자기에게 나아오라고 끊임없이 부르고 계셨습니다. 이제 다시금 여러분 자신을 자기에게 달라고 요청하고 계십니다. 그런데 그가 여러분을 받으시지 않으리라고 생각하다니 이 얼마나 어리석은 생각입니까? 그러니 더 이상 의심하지 마십시오. 아무런 느낌이 없고 모든 것이 차갑고 죽어 있는 것처럼 보인다 할지라도, 그 앞에 나아와 여러분 자신을 내어던지십시오. 그리고 그에게 말씀하십시오. 주께서 여러분을 사셨으니 이제 주께서 받아 주시기를 바라며 그에게 의지한다고 말입니다. 그가 반드시 그렇게 해 주실 것입니다.

4. 그가 우리를 보존하시고 보살피시리라는 확실성

"[우리를] 피로 사서 하나님께 드리시고." 이 말씀은 그가 우리를 보존하시고 보살피시리라는 확신을 갖게 해 줍니다. 무언가 가치 있는 것을, 예컨대 좋은 말(馬) 같은 것을 산 사람은 그것을 받아들일 뿐 아니라 그것을 보살피고 보호하고 가꿉니다. 그것을 사용하고 애지중지 보존합니다. 그리하여 그것의 가치를 극도로 활용하여 최고의 기쁨을 얻으려 하는 것입니다. 예수 그리스도께서 우리를 받아 주십니다만 — 이것이 얼마나 영광스러운 일인지 모릅니다만 — 그러나 그것은 시작에 불과합니다. 그는 자기 피로 값 주고 사신 다음 우리 속에서 그의 일을 완성시키시는 것입니다. 우리는 주님께 이 모든 것을 의지할 수 있습니다.

수많은 사람들이 자기를 굴복시켰다가 곤란을 느끼고 다시 넘어지고, 믿음이 연약한 자들이 언제나 걱정과 괴로움 속에 지내는 것은 바로 이 진리에 대한 확실한 안목이 결핍되어 있기 때문입니다. 세상의 일에서는 그렇게 잘 이해하면서도 그것을 영적인 사실에 적용하지를 않습니다. 사람이 높은 값을 주고 무언가를 사면 — 가령 말이나 양을 샀다고 합시다 — 그것을 사용하여 거기서 기쁨을 얻도록 그것을 잘 돌보고 가꾸는 것이 당연한 일 아니겠습니까? 마찬가지로 예수 그리스도께서도 친히 여러분을 보살피셔서 여러분에게서 그의 목적을 이루어가시는 것입니다.

어째서 이것을 이해하지 못한단 말입니까? 여러분 스스로는 시험을 물리칠 수도 없고, 곁길로 빠지지 않도록 막을 수도 없습니다. 여러분 스스로는 주님께 쓰임을 받기에 합당하도록 여러분 자신을 가꿀 수도 없습니다. 여러분 스스로는 모든 일에서 그의 뜻과 아버지의 뜻을 따라 행하기를 알도록 그렇게 자신을 이끌어갈 수도 없습니다. 여러분으로서는 불가능합니다. 그러나 주께서는 하실 수 있습니다. 그가 하실 것입니다. 그가 자기의 피로써 여러분을 사신 분이시니 말입니다.

형제 된 신자 여러분, 주 예수께서 여러분에 대해서 취하신 권리는 무한히 높고 무한히 넓고, 한계가 없기 때문에 그것을 그저 생각하기만 해도 거기에 응답하는 것이 됩니다. 내 몸의 모든 지체들 하나하나가 — 눈과 귀와 손과 발 등이 — 나의 명령대로 쓰임받도록 되기를 바라듯이, 주께서도 여러분을 그의 몸의 지체로 인정하셔서 여러분이 언제나 한순간도 끊어짐이 없이, 모든 능력과 기능을 동원하여 그의 명령대로 쓰임받기를 바라시는 것입니다. 여러분 스스로는 이를 행할 수 있기는커녕 생각조차 할 수가 없습니다. 그러니 여러분 스스로 그렇게 하겠다는 생각을 버리고, 날마다 여러분의 주님의 그 전능하신 보호하심과 통제하심에 여러분 자신을 맡기십시오.

말이나 양도 날마다 새롭게 주인에게서 보살핌을 받는다면, 하물며 하나님의 아들의 소유인 여러분들은 그에게서 얼마나 더한 보살핌을 받겠습니까? 그리스도는 여러분의 바깥에 계신 주인이 아니십니다. 그리고 그저 하늘 위에만 계신 주인도 아닙니다. 그는 여러분의 머리이십니다. 마치 첫째 아담이 그의 죄악된 본성으로 여러분 속에 살듯이, 그도 둘째 아담으로서 그의 거룩하신 본성을 지니시고 그의 성령으로 말미암아 여러분 속에서 살고 계십니다. 그러하신 그가 여러분에게 요청하시는 한 가지는 그를 신뢰하고 그를 기다리고 그를 의지하라는 것입니다. 우리 삶의 외적인 일들 가운데서 그의 보이지 않고 눈에 띄지 않는 보호하심과 온전하게 하심의 역사가 끝까지 이루어지는 것입니다. 우리가 이처럼 피로 값 주고 사신 예수님의 소유로 인정된다는 사실에 무슨 의미가 함축되어 있는지를 우리들 각자가 알아야 하겠습니다. 그 사실에는 다음과 같은 의미들이 있습니다:

(1) 그가 우리에 대하여 아주 높은 가치를 정해 놓으셨으므로, 그 어떠한

악이라도 우리에게 닥치지 않도록 하실 것이라는 의미가 담겨 있습니다. 그가 우리에게 그의 사랑을 드러내실 것입니다. 그의 일과 영광을 위하여 우리를 쓰실 것이요, 또한 우리를 그의 구원으로 장식하고 우리를 말할 수 없는 그의 기쁨으로 가득 채우는 것이 그의 바람이요 또한 기쁨인 것입니다. 이 사실을 묵상하고 여러분의 뇌리에 확고하게 심어 놓으시기를 바랍니다.

(2) 우리로서는 우리 자신을 그의 소유로 인정하고, 또한 이를 경건하게 고백함으로써 이 사실에 대한 의식으로 마음을 가득 채우는 일이 시급하다는 것입니다. 충성된 개(犬)가 주인을 졸졸 따라다니며 주인의 명령을 시행하듯이, 예수님이 여러분의 주인이시라는 사실이, 피로 값 주고 사신 그의 권리가 여러분을 사로잡아서 매순간마다 그것이 여러분의 생활의 지표가 되게 하며, 또한 그것이 여러분으로 하여금 주님을 항상 따르는 능력이 되도록 하시기를 바랍니다.

(3) 그를 향한 신뢰가 우리에게 배양되어야 하며, 그러한 신뢰가 우리의 영혼과 모든 생각을 완전히 지배하여 그것에 따라서 우리의 삶을 보내고 우리의 일을 행하여야 한다는 뜻이 담겨 있습니다. 소유물은 그 주인이 보존하고 보살핍니다. 나의 전능하신 하늘의 주인이신 예수께서 그의 피로 자기 자신을 위하여 나를 사셔서 "사랑스런 소유물"로 아끼시니, 그가 반드시 나를 보호하실 것이요, 그가 나를 사용하셔서 이루고자 하시는 그의 모든 의도에 합당하도록 나를 가꾸어 가실 것입니다.

"[주께서] 합당하시도다. 일찍 죽임을 당하시고 [우리를] 피로 사서 하나님께 드리시고." 오, 독자 여러분, 하늘의 이 노랫소리를 들으십시오. 이 노랫소리가 여러분의 마음속에서 울려나도록 하십시오. 이 노랫소리가 죽임

당하신 어린 양과 여러분의 관계에 대한 마음에서 우러나오는 고백이 되도록 하십시오. 그 피가 구원의 능력이요 하늘의 찬송의 주제라는 사실을 기억하십시오. 그 피가 우리를 예수께 묶어서 도저히 풀어지지 않도록 하는 능력이 된다는 사실을 기억하시기 바랍니다.

아직도 그리스도의 권리 주장을 인정하지 못한 사람은 오늘 당장 그렇게 하십시오. 그리고 이제 "주께서 합당하시도다 주의 피로 나를 사셨으니 나를 받으시리로다"라고 찬양하십시오.

이제 그리스도의 주장을 인정하신 분은 성령의 역사를 의지하고 자신을 버리시며, 마음의 모든 의심과 게으름을 제거하시고, 그리고 "하나님의 어린 양"을 위하여 전적으로 살 수 있는 능력을 누리시기 바랍니다.

이 신적인 경이로운 사실을 묵상하시고 하나님을 찬송하십시오. 하나님께서 그 아들의 피로 여러분을 사셨으니, 여러분의 삶이 변화되어 "주께서 합당하시도다 일찍 죽임을 당하시고 우리를 피로 사서 하나님께 드리셨도다"라는 찬양에 합당하게 되도록 해야 할 것입니다.

제 9 장
피 뿌림과 삼위일체 하나님

"예수 그리스도의 사도 베드로는 … 하나님 아버지의 미리 아심을 따라
성령이 거룩하게 하심으로 순종함과 예수 그리스도의 피 뿌림을 얻기 위하여
택하심을 받은 자들에게 편지하노니 은혜와 평강이 너희에게 더욱 많을지어다"
– 벧전 1:1, 2.

삼위(三位)가 하나이시라는 사실을 그저 교리의 문제만으로 여기고 그리스도인의 삶에는 별 관계가 없는 것으로 치부하는 경우가 많습니다.

그러나 신약 성경은 구속의 역사나 하나님의 생명에 대해 묘사할 때에 그런 시각으로 다루지를 않습니다. 서신서에서는 삼위 하나님께서 계속해서 함께 거명되며, 은혜의 활동에서 세 분이 함께 참여하시는 사실이 나타납니다. 하나님은 삼위일체이십니다. 그러나 그가 행하시는 모든 일에서, 그리고 언제나 삼위가 하나이십니다. 이 점은 우리가 자연에서 보는 것과 전적으로 일치합니다. 모든 것에서 삼위일체를 발견할 수 있습니다. 감추어진 내적 본질이 있고, 외적인 형태가 있고, 그리고 그 효과가 있습니다. 하나님께도 마찬가지입니다. 아버지는 영원한 존재이시요 — "나는 스스로 있는 자라" — 만물의 감추어져 있는 근원이시요, 모든 생명의 원천이십니다. 그 아들은 외적인 형식이시요 표현된 형상이시요 하나님의 계시이십니다. 성령은 신격을 실행하시는 능력이십니다. 감추어진 연합의 본질이 아들에게서 계시되고 알려지며, 또한 그것이 성령을 통하여 우리에게 전해지고 체험되는 것입니다. 이 모든 활동들 가운데서 삼위께서는 절대로 나뉘지 않으시는 하나이신 것입니다.

모든 것이 아버지께 속해 있으며, 모든 것이 아들 안에 있고, 모든 것이 성령으로 말미암는 것입니다.

본문 말씀에서 사도 베드로는 신자들에게 인사의 말씀을 하고 있는데, 여기서 우리는 구속받은 사람 각자가 삼위 하나님과 맺는 관계가 분명히 제시되고 있는 것을 보게 됩니다.

(1) 그들은 "하나님 아버지의 미리 아심을 따라" 선택되었습니다. 우리가 받은 구속의 근원이 하나님의 경륜 속에 있는 것입니다.

(2) 그들은 "성령의 거룩하게 하심으로" 택함을 받았습니다. 곧, 하나님의 경륜을 시행하는 일은 전적으로 성령으로 말미암는 것입니다. 그리고 거룩하게 하는 일과 신적인 거룩하심을 심어 주는 일이 바로 성령께서 행하시는 일입니다.

(3) 그들은 "순종함과 예수 그리스도의 피 뿌림"을 위하여 선택받았습니다. 곧, 하나님의 최종적인 목적은 사람을 회복시켜서 하늘에서와 마찬가지로 이 땅에서 하나님의 뜻을 행하고, 그 아들의 죽으심과 피에서 그렇게 영광스럽게 계시된 그 값없는 은혜의 영광을 드러내도록 하시는 데 있다는 사실입니다.

"예수 그리스도의 피 뿌림"이라는 표현이 취하고 있는 위치가 매우 놀랍습니다. 그 표현이 맨 나중에, 위대한 마지막 결론으로 언급되고 있습니다. 아버지의 미리 아심과, 성령의 거룩하게 하심에 따라서, 그리고 그리스도의 순종에 굴복하여 완성이 이루어진다는 것입니다.

그리스도의 피 뿌림의 위치와 구속에 있어서의 가치를 이해하도록 하기 위해서, 그것을 다음의 사실들에 비추어서 살펴보기로 합시다:

1. 삼위일체 하나님의 영광된 목적.

2. 그 목적을 이루는 강력한 능력.

3. 모든 것의 근원인 하나님의 경륜.

1. 삼위일체 하나님의 목적

그리스도인들이 "순종함과 예수 그리스도의 피 뿌림을 얻기 위하여 택하심을 입었다"고 말씀하고 있습니다. 거룩한 삼위일체에서 주 예수께서 차지하시는 위치는 "하나님의 독생자"로서 그가 취하신 이름으로 그 특징이 드러납니다. 그는 문자 그대로 과연 하나님 아버지께서 관계하시는 유일한 분이십니다. 아들로서 그는 하나님께서 피조 세계에서 역사하시도록 하시며, 또한 피조물로 하여금 하나님께 나아갈 수 있도록 하시는 중보자이십니다. 하나님은 감추어져 있어서 가까이 갈 수 없는 소멸하는 불과 같은 빛 속에 거하십니다. 그리스도는 빛 중의 빛이십니다. 우리가 하나님을 바라보고 그의 신성을 누릴 수 있는 빛 말입니다. 그러므로 하나님의 영원하신 선택에는 우리를 그리스도 안에서, 그리고 그를 통하여, 아버지 하나님께 나아가도록 하는 것보다 더 큰 목적이 있을 수 없는 것입니다.

그런데 죄로 인하여 사람으로서는 그리스도의 피 뿌림을 통하여 이루어지는 화목을 통하지 않고서는 다시는 하나님께 나아갈 수 없게 되었습니다. 성경은 그를 가리켜 "세상이 지은 바 되기 전에 죽임당하신 어린 양"이라고 말합니다. 우리가 그리스도의 피 뿌림을 얻기 위하여 택함을 입었다고 말씀하고 있습니다. 이 말씀은 곧, 하나님께서는 구원이 우리에게 가능해지는 유일한 길이, 하늘의 문이 우리를 위하여 열리는 데 필요한 유일한 일이, 그리고 그의 사랑의 모든 축복에 분깃을 얻도록 우리에게 권리와 합당한 상태를 마련해 주는 것이 바로 그리스도의 피 뿌림이라는 사실을 언제나 항상 인정하고 계신다는 뜻입니다.

그리고 더 나아가서, 그 피가 우리의 눈과 마음에 자리를 잡아서 그것이 또한 하나님의 눈과 마음에 자리를 잡게 되면, 우리는 그 피로 말미암아 그가 우리를 위하여 얻어 놓으신 축복들을 충만히 누리게 된다는 사실을 말씀하는 것입니다.

이 축복들이 무엇이냐 하는 것은 하나님의 말씀 속에 분명히 계시되어 있습니다. "전에 멀리 있던 너희가 그리스도의 피로 가까워졌느니라." "예수의 피를 힘입어 성소에 들어갈 담력을 얻었나니." "그가 자기 피로 말미암아 우리를 죄에서 깨끗하게 하시고." "하물며 그리스도의 피가 어찌 너희 양심으로 죽은 행실에서 깨끗하게 하고 살아 계신 하나님을 섬기게 못하겠느냐." "예수 그리스도의 피가 모든 죄에서 깨끗이 씻으시고."

이러한 많은 진술들은, 깨끗이 씻어서 하나님께 나아가기에 합당하게 되는 일은, 하나님과의 교제 속으로 들어가는 참되고 살아 있는 역사는, 우리 마음과 양심에 행해진 "피 뿌림"의 복된 효과라는 사실을 보여 줍니다. 영원의 깊음 속에서, 피 뿌림이야말로 그의 택한 자들을 구속하는 수단으로서 아버지의 말할 수 없는 선하신 기쁨의 대상이었습니다. 그렇다면, 그 피가 죄인에게 선한 기쁨과 즐거움이 되어 그가 그 피 속에서 생명과 구원을 찾을 때에 하나님의 마음과 죄인의 마음이 서로 만나, 그 어떠한 것도 깨뜨릴 수 없는 내적인 일치와 교제를 그 피 속에서 찾게 된다는 것이 분명하지 않겠습니까? 아버지께서는 그 피 뿌림을 얻도록 하기 위하여 우리를 택하셨습니다. 그리고 우리는 그 피 뿌림을 마음으로 받아들이고 우리의 구원 전체를 그 속에서 찾는 것입니다.

여기서 살펴보아야 할 단어가 또 하나 있습니다. 순종함과 예수 그리스도의 피 뿌림을 얻기 위하여 택함을 받았다고 말씀합니다. 여기서 은혜의 삶의 양면이 함께 놀라운 방식으로 뭉뚱그려져 있습니다. "피 뿌림"에서는 우리 **로부터** 기대하시는 바를 말씀합니다. 피조물로서는 하나님의 뜻 안에 있다는 것과 또한 하늘에서처럼 그의 뜻을 행한다는 것 이외의 다른 축복이 있을 수 없습니다. 한 마디로, 사람이 하나님의 뜻에서 돌아서서 자기 자신의 뜻을 행하게 된 것, 바로 이것이 타락이었습니다. 예수께서는 이 현실을 바꾸시기 위하여, 그리고 우리를 다시금 순종의 상태에 이르도록 하시기 위하여 오셨습니다. 그리고 하나님께서는 그가 자신의 영원하신 선택에 있어서 두 가지를 염두에 두고 계셨다는 것을 우리로 하여금 알게 하셨습니다. 곧, "순종함"과 "피 뿌림"이 바로 그것입니다. 하나님은 이 두 단어를 함께 묶어 놓으심으로써 순종과 피 뿌림이 불가분리의 관계로 연합되어 있다는 매우 중요한 교훈을 가르치고 계시는 것입니다. 예수 그리스도께도 마찬가지입니다. 그의 순종하심이 없었다면 그의 피를 흘리심은 아무런 가치도 없었을 것입니다. 피는 곧 생명입니다. 생명은 기질과 의지로 구성되어 있습니다. 예수님의 피의 능력은 전적으로 여기에 있습니다. 곧, 그가 자기 자신을 흠 없이 하나님께 드리사 그의 뜻을 행하셨고 자기 자신의 뜻을 철저하게 하나님의 뜻에 굴복시키셨다는 사실 말입니다. "[그가] 죽기까지 복종하셨으니 곧 십자가에 죽으심이라 **이러므로** 하나님께서 그를 지극히 높여." 예수님의 피를 받는 자는 그 피를 그의 생명으로 받을 뿐만 아니라, 하나님께 철저히 복종하는 그의 기질도 함께 받는 것입니다. "순종함"과 "피 뿌림"은 서로 불가분리의 관계로 함께 묶여 있는 것입니다. 그리스도께서 피 흘리실 때에 드러내신 그 기질이 반드시 그 피 뿌림을 받은 자들의 기질이 된다는 말입니다.

그 피의 혜택을 얻기를 바라는 자는 먼저 믿음의 순종에 자기 자신을 굴복시켜야 합니다. 그것이 그의 전 삶의 특징이 되어야 합니다. "그 피"가 계속해서, "죽기까지 하나님의 뜻을 행해야 한다"고 외친다는 사실을 이해해야 하는 것입니다. 예수님의 피의 능력을 진정으로 체험하는 사람은 반드시 그 능력을 순종의 삶을 통해서 드러내게 되어 있습니다. 하나님의 마음에서, 그리스도의 삶과 죽으심에서, 그리고 참된 그리스도인의 마음과 삶에서 이두 가지가 언제나 함께 있는 것입니다.

그런데 어째서 그 피의 평화와 깨끗이 씻음을 그렇게도 잘 누리지를 못하는가 하는 의문이 있다면, 그것은 하나님의 뜻에 순종하도록 아직 자신을 완전히 굴복시키지 못했기 때문일 가능성이 거의 확실합니다. 어떻게 하면 그피의 능력을 충만히 누릴 수 있겠느냐고 묻는다면, 그 대답은 이렇습니다: "여러분 스스로 하나님께 순종하리라고 결심하십시오. '나의 뜻은 아무것도 아니요 하나님의 뜻이 전부라'라는 말을 좌우명으로 삼으십시오. 여러분을 구속하신 주님의 피가 가르치는 것이 바로 이것입니다."

하나님께서 하나로 만드신 것을 나누려 하지 마십시오. 순종과 피 뿌림을 서로 나누지 말고 하나로 받아들이십시오. 그러면 충만한 축복을 누리게 될 것입니다. 영원 전부터 하나님은 순종함과 피 뿌림을 얻게 하기 위하여 여러분을 택하신 것입니다.

여러분이 이러한 요구에서 뒤로 움츠러들 수도 있을 것입니다. 그런 순종이 여러분의 한계를 넘어서는 것처럼 보일 수도 있고, 그 피 뿌림을 통해서 얻어지는 능력과 복락에 대해서 들으면서도 그것이 여러분의 한계를 넘어서서 도저히 실현하기 어려운 것으로 보일 수도 있습니다. 그러나 실망하지 말고 지금까지 나눈 말씀을 새기고 믿으시기를 바랍니다.

2. 그 목적을 이루는 강력한 능력

성령께서는 하나님의 위대한 능력이십니다. 거룩하신 삼위일체 안에서 그는 아버지와 아들에게서 나오십니다. 그는 그의 전능하면서도 감추어진 활동을 통해서 신적인 목적을 실행하십니다. 그는 아버지와 아들을 드러내시고 알게 하십니다. 신약 성경에서 "거룩한" 혹은 "성"(聖)이란 단어를 아버지나 아들에게보다는 그에게 더 자주 붙이고 있습니다. 거의 언제나 그를 가리켜 "성령"이라 부르는 것을 봅니다. 이는 바로 하나님의 내적인 존재로부터 거룩을 구속받은 백성에게 전달하시는 분이 바로 그분이시기 때문입니다. 성령의 거룩하심이 거하는 바로 그곳에 하나님의 생명이 계시는 것입니다. 성령께서 하나님의 생명을 부여하시는 곳, 바로 그곳에서 그가 하나님의 거룩하심을 부여하시고 유지시키십니다. 그리하여 그를 가리켜 "성결(聖潔)의 영" 혹은 "거룩하게 하시는 영"이라 부르는 것입니다. 그러므로 본문은 우리가 "성령의 거룩하게 하심으로 순종함과 예수 그리스도의 피 뿌림을 얻기 위하여 택하심을" 입었다고 말씀합니다. 그의 거룩하신 능력으로 우리를 살피시고 하나님의 목적을 우리 속에서 이루시는 일을 성령께서 담당하십니다. 우리가 성령의 거룩하게 하심으로 순종을 얻도록 택함을 받은 것입니다.

성령을 가리켜 성결과 순종의 영이라고 말씀합니다. 성결, 곧 거룩하게 함과 순종은 하나님의 목적 가운데서 항상 함께 움직입니다. 앞에서 언급한 난제, 곧 우리로서는 하나님께서 요구하시는 그런 순종을 드릴 능력이 없다는 것에 대한 한 가지 해결책을 여기서 보게 됩니다. 우리보다도 하나님께서 이 사실을 너무나 더 잘 아시기 때문에, 그가 친히 그 점에 대한 대책을 세워 놓으셨다는 것입니다. 하나님은 거룩하게 하시는 영을 우리에게 부어 주셔서 우리의 마음과 내적 본성을 새롭게 하시고 그의 거룩하신 하늘의 능력으로 우리를 가득 채워 주도록 하십니다. 그렇기 때문에 순종하는 일이 과연 우리에게 가능하게 되는 것입니다. 한 가지 필요한 일은 우리가 성령의 내주하심을 인정하고 신뢰하며 그의 인도하심을 따르는 것입니다.

그의 내적인 활동은 너무도 부드럽고 감추어져 있습니다. 그는 자신을 너무도 우리와 및 우리의 노력과 연합시키시기 때문에, 그가 이미 숨겨진 일꾼으로 계셔서 일하시는 데도 우리는 우리가 생각하고 뜻을 품은 것처럼 상상하게 됩니다. 이처럼 성령을 무시하기 때문에, 우리는 죄에 대하여 각성하거나 순종할 마음이 생길 때에도(이 두 가지 모두 성령의 내적 활동의 결과입니다) 그가 우리 속에서 온전하게 하시는 일을 할 수 있는 능력을 가지고 계신다는 것을 믿지 못하는 것입니다. 그러므로 순종하기를 진정으로 바라는 사람은 "하나님의 성령께서 내 속에 계시다"라는 신뢰에 찬 확신의 자세를 조용히 지속적으로 유지하도록 해야 합니다. 그리고 하나님 앞에 머리를 조아리고 기도해야 합니다. 그가 그의 영으로, 능력으로 속사람을 강건하게 하시기를 기도해야 하는 것입니다.

성령의 거룩하게 하심이 순종할 수 있는 능력을 우리에게 공급해 줍니다. 이를 통해서 우리는 피 뿌림의 의미를 깨닫고 피 뿌림으로 말미암아 베풀어지는 역사를 체험하게 되는 것입니다.

그 피에 대해서 그렇게 많이 배우고 듣고 생각하고 믿었는 데도 불구하고 그 능력을 별로 체험하지 못한다고 불평하는 하나님의 백성들이 그렇게 많은 이유가 바로 여기에 있습니다. 그런 현상은 놀랄 것이 못됩니다. 그렇게 배우고 듣고 생각하고 믿지만 그런 일이 대부분 머릿속의 이해력의 작용에 불과하기 때문입니다. 성령께 기도를 드릴 때에도, 그가 진리에 대하여 더욱 분명한 **생각들**을 주시기를 모두 기대합니다. 그러나 그렇게 해서는 안 됩니다. 바른 방법이 아닙니다. 성령께서는 마음속에 거하십니다. 바로 거기서 그가 그의 첫째가는 가장 큰 일을 행하시기를 바라시는 것입니다. 마음이 먼저 올바로 되어야만 그 다음에 이해력으로 진리를 붙들게 됩니다. 그저 정신적인 어떤 생각으로서만이 아니라 그의 그리스도인의 삶 속에서 그 진리를 보존하게 된다는 말입니다. 우리는 성령의 거룩하게 하심 가운데서 ― 그저 이해력의 활동 속에서가 아니라 ― 피 뿌림을 얻기 위하여 택함을 받은 것입니다.

예수님의 피의 능력을 알기를 바라는 사람은 누구나 성령과 피가 함께 증거한다는 사실을 기억해야 합니다. 성령께서 자유로이 오셔서 우리 가운데, 또한 우리 각 사람 속에 거하시게 된 것은 피를 흘리심으로써, 하늘의 하나님 앞에서 그 피가 뿌려짐으로 말미암아 된 일입니다. 성령께서 신자의 마음 속에 보내심을 받은 것은, 그 피가 하늘에서 하나님께 역사하여 우리로 하여금 하나님께 자유로이 담대히 들어갈 수 있도록 만들어 놓은 그 영광스럽고 강력한 효과에 대하여 그들이 마음으로 확신하게 하기 위함이요, 또한 이제 그들의 분깃이 된 그 하늘의 생명의 복과 능력을 그들로 하여금 소유하고 나누게 하기 위함이었습니다.

최초의 오순절에 있었던 능력과 축복이 우리의 몫이요 우리의 기업입니다. 우리 자신의 힘으로 구원과 축복을 구하기를 그만두어야 하겠습니다. 구원과 축복은 오직 그 피로 말미암아 우리를 위해 주께서 사신 것입니다. 성령의 거룩하게 하시는 역사에 인도하심을 받아 그리스도의 피가 할 수 있는 모든 역사를 충만히 체험하는 자로서 살기 시작하기만 하면, 예전에는 불가능했던, 하나님께 가까이 있는 영원한 거처에 진정으로 들어가 그와 교제를 나누는 일이 반드시 우리의 현실이 될 것입니다. 양심을 피로 깨끗이 씻는다는 것이 무엇인지, 마음이 악한 양심에서 완전히 씻음받아서 하나님과의 지속적인 교류를 누릴 자유를 갖는다는 것이 무엇인지를 알아야 하는 것입니다. 우리가 그의 인도하심에 우리 자신을 내어 맡기면 순식간에 성령께서 우리를 하나님과의 관계 속으로 들어가게 하십니다. 그러면 우리는 하나님께로부터 모든 것을 다 기대할 수가 있게 됩니다.

지금까지 우리는 아들의 역사하심과 성령의 역사하심이 무엇인지를 각각 살펴보았습니다. 이제는 아버지께서 차지하고 계시는 위치를 살펴보기로 합시다.

3. 모든 것의 근원인 하나님의 경륜

베드로는 "하나님 아버지의 미리 아심을 따라 성령의 거룩하게 하심으로 순종함과 예수 그리스도의 피 뿌림을 얻기 위하여 택하심을 입은 자들"에게 편지하고 있습니다. 아버지의 경륜(counsel)이 모든 것의 근원이 됩니다. 구속의 역사에서도 그렇거니와 하나님의 신격 내에서도 그러합니다. 신격 내에서 아들은 아버지께로부터 나오시며, 성령은 아버지와 아들로부터 나오십니다. 구속의 경륜 전체가 오로지 "모든 일을 그 마음의 원대로 역사하시는 자의 뜻을 따라" 되는 것입니다(엡 1:11). 가장 큰 경륜에서부터 — 아들과 성령의 일을 질서 있게 정하는 일에서부터 — 가장 작은 경륜 — 하나님 나라의 역사에서 각 세대를 종결지으시고, 그 나라에 기업을 얻을 자들을 택하시는 일 — 에 이르기까지 모든 것이 아버지의 일인 것입니다. 성령의 거룩하게 하심, 순종, 그리고 피 뿌림이 택하심을 입은 자들의 몫이 되는 일은 바로 아버지 하나님의 미리 아심을 따라서 이루어지는 것입니다.

성경은 한 치의 모순도 없이 영원한 선택을 가르칩니다. 이 가르침에 대해서 강한 반대가 있는 것은 그것이 인간의 이해를 뛰어넘는 신적인 신비이기 때문입니다. 그 가르침이 불의한 **모습**을 취하고 있다는 것은 인정할 수 있습니다. 그 가르침이 이상스럽고 도저히 이해하기 끔찍한 결론들로 이끈다는 것도 부정하지 않습니다. 보좌에 앉으신 그분의 전지(全知)하심과 지혜가 있어야만 이를 이해할 수가 있을 것입니다. 우리가 그 보좌를 차지하고 인류의 영원한 운명에 대해서 우리가 판단을 내린다면 어떻게 되겠습니까? 그런 일이 있어서는 절대로 안 될 것입니다. 우리가 서야 할 자리는 보좌의 발등상 옆입니다. 거기서 우리는 깊고 깊은 경외심으로 하나님께 고개를 숙이고 있어야 합니다. 하나님께서 하시는 말씀을 그대로 믿고, 우리의 생각을 완전히 뛰어넘으시는 그분의 역사를 찬송하여야 마땅한 것입니다.

본문은 이러한 감추어진 신비에 대하여 이렇게 저렇게 추리하라고 촉구하지 않습니다. 오히려 우리가 신자들이라면 본문 가운데서 우리에게 계시된 내용을 즐겁게 받아들이고 그것을 실제로 사용하라고 촉구합니다. 그리고나서 이 진리는 우리더러 구원에 대한 우리의 기대가 과연 확실한 근거에 뿌리를 내리고 있는지를 특별히 주목하라고 촉구합니다. 피 뿌림과 거기에 수반되는 순종, 그리고 이 두 가지가 우리를 충만히 통치하도록 역사하는 성령의 거룩하게 하심 ― 이 모든 것들이 하나님께로부터 말미암는 것입니다.

이 놀라운 경륜을 지금까지 생각하셨고 하늘에서 이루어진 피 뿌림과 성령을 보내심으로 그 경륜을 영광스럽게 진행시켜 오신 그분이시니, 여러분의 영혼 속에서도 그와 똑같이 확실하고도 영광스럽게 그 경륜을 이루어 가실 것입니다. 여러분은 이 사실을 온전한 신뢰를 갖고서 당연한 것으로 받아들일 수가 있습니다. 여러분 자신을 하나님 앞에 내어 놓고, 모든 일이 그에게서 나오며 그로부터 말미암으며 그에게로 돌아간다는 것을 인정하고, 오직 그에게만 모든 기대를 걸도록 이끌림을 받는 것 ― 바로 이것이 예정 교리를 올바로 사용하는 것입니다.

형제된 신자 여러분, 하나님 앞에 자리를 잡고, 깊은 경외와 온전한 의지(依支) 가운데서 그를 바라봅시다. 이제 하나님께서 그리스도 안에서 성령으로 말미암아 자기 자신을 계시하셨으니 이제 여러분이 이 계시를 통해서 배운 내용을 사용하여 여러분 스스로 구원을 이루어 갈 수가 있게 되었다는 식으로 상상해서는 안 됩니다. 그런 일은 생각도 하지 마십시오! 하나님께서 여러분 속에서 일하셔서 여러분으로 하여금 뜻을 갖고 행하게 하셔야만 비로소 여러분이 구원을 이루어 갈 수가 있는 것입니다. 하나님께서 성령으로 여러분 속에서 역사하셔야만 합니다. 그리고 그로 말미암아 그리스도를 여러분 속에 드러내셔야만 하는 것입니다. 하나님께 영광을 돌립시다. 그리고 하나님을 온전히 의지하는 것을 믿음의 삶의 지표로 삼도록 합시다.

하나님께서 여러분 속에서 모든 일을 다 행하시지 않는다면, 모든 것이 허사가 되고 맙니다. 여러분 자신에게서 그 어떠한 것이라도 기대하게 되면, 결국 아무것도 얻지 못하고 말 것입니다. 그러나 모든 것을 하나님께로부터 기대하면, 하나님께서 여러분 속에서 모든 일을 행하실 것입니다. 오직 하나님께로부터만 기대를 갖기를 바랍니다.

이 사실을 지금까지 순종에 관해서 묵상해 온 모든 내용에다 적용시키십시오. 순종함을 얻기 위하여 택하심을 받았다고 말씀합니다. 그렇다면, 순종이 필수적이라는 사실이 얼마나 확실합니까? 순종이 가능하다는 것이, 그 순종에 하나님의 구원이 있다는 것이 얼마나 분명합니까? 하나님의 아들은 죽기까지 순종하셨습니다. 그러나 그것은 "아들은 그 스스로는 아무 일도 할 수 없음이라"는 그의 말씀 때문이었습니다. 그는 자기 자신을 아버지께 의탁하셨습니다. 그리하여 아버지 안에서 모든 일을 행하신 것입니다. 하나님의 뜻을 행하고자 하는 열심이 있을 때마다, 여러분 자신의 연약함 때문에 두려운 마음이 생길 때마다 여러분을 택하셔서 순종하게 하시는 그분께로 모든 관심을 집중시키시기 바랍니다. "순종함을 얻기 위하여 예정되었다"는 이 사실이 여러분에게 순종할 수 있다는 확신을 줄 것입니다. 하나님께서 친히 여러분 속에서 그의 목적을 이루실 것입니다. 그 앞에서 무(無)가 되십시오. 그가 전부가 되실 것입니다.

이 사실을 특별히 예수 그리스도의 복된 "피 뿌림"에 적용하십시오. 바로 이 때문에 본문을 택하게 된 것입니다. 날마다 "내가 어린 양의 영원하고 보배롭고 신적인 피 뿌림을 받았다"는 분명한 의식을 갖고 하루하루를 살기를 바라는 커다란 갈망이 여러분에게 있습니다. 그렇지 않습니까? 그 피의 온갖 복된 효능들을 마음에 사모하고 있습니다. 구속, 죄 용서, 평화, 깨끗이 씻음, 거룩하게 함, 하나님께 나아감, 기쁨, 승리 — 이 모든 것들이 그리스도의 피 뿌림으로 말미암아 오는 것입니다. 두려움을 옆으로 제쳐 놓으십시오.

여러분은 예수 그리스도의 피 뿌림을 얻도록 하나님의 택하심을 받았습니다. 하나님께서 하나님으로서 그런 일을 여러분에게 부여하시리라는 사실을 굳게 의지하여야 합니다. 계속해서 영혼의 인내 속에서 그를 바라시고 신뢰를 갖고 그것을 기대하십시오. 그가 그의 뜻의 경륜에 따라서 모든 일을 이루십니다. 그가 친히 그 일을 여러분 속에서 반드시 이루실 것입니다.

이 사실을 또한 성령의 거룩하게 하심에 적용하십시오. 그는 중간과 끝을 함께 잇는 연결 고리가 되십니다. 하나님의 영원하신 목적과 순종의 삶과 피 뿌림을 함께 이어주는 능력이십니다. 여러분은 과연 이것을 충만한 축복을 기업으로 받기 위하여 바라고 기다려야 할 것으로 느끼십니까? 성령을 주시며, 성령을 통하여 일하시고, 성령으로 여러분을 충만하게 하시는 분이 하나님 자신이라는 것을 깨달으십시오.

"성령의 거룩하게 하심"으로 여러분을 택하신 하나님께서 어떻게 그의 목적을 이루시는 데 필수적인 것을 여러분에게 결핍되도록 허락하시겠습니까? 이에 대해서 확신을 가지십시오. 온전한 담대함으로 그것을 구하고 기대하십시오. 성령의 거룩하게 하심 안에서 사는 일이 가능합니다. 그 일이 영원 전부터 여러분을 위하여 그렇게 계획되었기 때문입니다.

피 뿌림은 삼위일체 하나님의 빛이요 계시입니다. 이것이 얼마나 놀랍고 영광스러운지 모릅니다. 아버지께서는 피 뿌림을 계획하셨고 그것을 얻도록 우리를 택하셨습니다. 아들은 그의 피를 흘리셨고, 순종하는 자에게 하늘로부터 그것을 부어 주십니다. 거룩하게 하시는 성령께서는 내주하시는 능력으로 그것을 우리의 것으로 만드시고, 아들이 우리를 위하여 얻어 놓으신 모든 축복들을 우리에게 베풀어 주십니다. 복되도다, 피 뿌림이여! 삼위일체 하나님의 계시여! 이것이 날마다 우리의 기쁨이요 생명이 되기를 바랍니다.

제 10 장
그의 피로 씻으심

"우리를 사랑하사 그의 피로 우리 죄에서 우리를 해방하시고(깨끗이 씻으시고) 그 아버지 하나님을 위하여 우리를 나라와(왕과) 제사장으로 삼으신 그에게 영광과 능력이 세세토록 있기를 원하노라 아멘"

– 계 1:5-6.

　　사도 요한은 밧모 섬에서 이상 중에 있을 때에 하늘 문이 열리는 것을 보았습니다. 그는 거듭되는 이상 가운데서 하나님의 영광과 어린 양의 영광과 구속받은 자들의 영광을 보았습니다. 그가 본 모든 것들 가운데 가장 놀라운 것은 네 생물들과 스물네 장로들과 천사들과 구속받은 자들과 온 피조 세계로 하여금 거듭거듭 황홀한 찬송 가운데서 엎드리도록 만드는 바로 그것 ─ 죽임을 당한 것 같이 보이는 어린 양이 보좌 가운데 있는 모습 ─ 이었습니다. 그리고 그가 이상 중에서 들은 말씀 가운데서 그에게 가장 깊은 감동을 준 것은 계속해서 반복되어 들리는 하늘의 어린 양의 피에 대한 언급이었습니다. 구속받은 자들의 찬양의 노래 속에서도 그는 "합당하시도다 … 죽임을 당하사 … [우리를] 피로 사서 하나님께 드리셨도다"라는 말을 들었습니다. 그리고 한 장로가 요한에게 질문을 던졌다가 그가 아무 대답을 못하자 그가 대답을 주었는데, 그 대답 가운데서도 이런 말씀을 들었습니다: "이는 큰 환난에서 나오는 자들인데 어린 양의 피에 그 옷을 씻어 희게 하였느니라."

　　요한은 자기가 보고 들은 바를 기록해 두라는 명령을 받았습니다. 그는 서신서에 나타나는 것과 비슷하게 인사말로 계시록을 시작하는데(계 1:4—6), 수신자들에게 "은혜와 평강이 너희에게 있기를 원하노라"고 말씀하면서 먼저, "이제도 계시고 전에도 계시고 장차 오실 이"를 언급하는데 이는 곧 영원하신 하나님이십니다. 그리고 이어서 성령을 언급합니다: "그 보좌 앞에 일곱 영." 그리고 이어서 "예수 그리스도로 말미암아"라는 말이 이어지는데, 요한은 자기가 본 대로 그를 가리켜 "죽은 자들 가운데서 먼저 나시고 땅의 임금들의 머리가 되신 분"으로 묘사하고 있습니다.

주님의 이름을 언급하면서 요한의 마음은 기쁨과 찬양으로 가득 찼고, 하늘에서 들리는 소리에 큰 감동을 받아 이렇게 외칩니다: "우리를 사랑하사 그의 피로 우리 죄에서 우리를 해방하시고 그 아버지 하나님을 위하여 우리를 나라와 제사장으로 삼으신 그에게 영광과 능력이 세세토록 있기를 원하노라 아멘."

그의 찬양의 핵심은 바로 그리스도의 피요, 또한 그 피에 씻음받았다는 사실입니다. 이 축복이 그에게 너무나도 영광스럽게 보였고, 게다가 그 축복이 샘솟아나게 만드는 사랑과, 그 축복으로 말미암아 이루어지는 구원이 함께 보여서, 그는 마음에서 솟아나오는 하늘의 열정을 주체하지 못하고 "그에게 영광과 능력이 세세토록 있기를 원하노라"라고 외친 것입니다.

우리는 지금까지 예수님의 피에 대하여 묵상을 계속해 왔습니다. 그런 우리에게 한 가지 어울리는 일이 있다면, 우리가 그 피의 영광과 능력에 대해서 무언가를 깨달았다는 증거가 있다면, 우리 역시 그 피를 생각할 때에 "그에게 영광과 능력이 세세토록 있기를 원하노라"라고 외치는 것이 바로 그것일 것입니다.

우리는 요한의 찬양의 노래를 살펴보려 합니다. 그가 보았던 것을 우리도 좀 보고, 그가 느꼈던 것을 우리도 좀 느끼고, 그를 감동시켰던 그 열정을 우리도 좀 받아 누리고, 그가 드린 찬미의 제사를 우리도 함께 드리도록 주께서 은혜를 주시기를 바랍니다. 이를 위하여 이 감사의 노래에서 피가 차지하는 위치에 주의를 기울이고, 거기에 다음과 같은 의미가 있다는 점을 함께 살펴보도록 합시다:

1. 그가 그의 피로 우리를 씻으셨다.
2. 그가 우리를 왕과 제사장들로 삼으셨다.
3. 그가 우리를 사랑하셨다.
4. 이 일들을 이루신 그에게 세세토록 영광을 돌리리라.

1. 그가 그의 피로 우리를 씻으셨다

"깨끗이 씻는다"는 단어가 무슨 뜻인지는 우리가 잘 알고 있습니다. 몸에 조금이라도 때가 묻으면 우리는 몸을 씻어서 깨끗하게 합니다. 의복도 깨끗이 세탁하여 얼룩이나 때를 제거합니다. 죄는, 하나님께서 우리가 그의 율법을 범한 것으로 인정하셔서 우리에게 그것에 대한 책임을 지우셨기 때문에 우리가 그것에 대하여 사면이나 용서를 받아야만 하는 그런 것만이 아닙니다. 죄는 우리의 영혼에 한 가지 효과를 냅니다. 그것은 우리를 오염시켜서 더럽게 만든다는 것입니다. 예수님의 피는 우리의 죄책에 대한 사면이나 용서 이상의 것을 우리를 위하여 확보하셨습니다. 이것이 그의 성령으로 말미암아 우리 마음에 강력하게 전해질 때에, 바로 그때에 그 피가 깨끗이 씻는 효능을 발휘합니다. 그리하여 우리가 하나님 보시기에 더럽다는 느낌에서 완전히 구원받는 능력을 의식하게 되고, 그리하여 그 더러움이 눈보다 희게 씻어졌다는 것을 아는 것입니다.

요한은 그의 첫 서신서에서 은혜의 역사의 이러한 이중적인 면을 말씀합니다. 그는 다음과 같이 기록하고 있습니다: "만일 우리가 우리 죄를 자백하면 그는 미쁘시고 의로우사 우리 죄를 사하시며 우리를 모든 불의에서 깨끗하게 하실 것이요"(요일 1:9). 이와 동일한 의미로 그 앞에서는 이렇게 말씀했습니다: "그가 빛 가운데 계신 것같이 우리가 빛 가운데 행하면" — 즉, 용서하시고 거룩하게 하시는 하나님의 사랑 안에서 행하면 — "우리가 서로 사귐이 있고 그 아들 예수의 피가 우리를 모든 죄에서 깨끗하게 하실 것이요"(요일 1:7). 이는 빛 가운데서, 하나님과의 사귐 가운데서 행하는 사람의 경우에 죄를 깨끗이 씻어내는 지속적이고도 방해받지 않는 역사가 있음을 말씀하는 것입니다.

이러한 깨끗이 씻는 역사가 과연 어디서 일어나며, 또한 깨끗이 씻겨지는 것이 과연 무엇일까요? 그것은 바로 마음입니다. 그 피의 이러한 효과는 바로 사람의 깊이 감추어진 내적 생명에서 체험되는 것입니다. 예수께서는 "하나님 나라가 너희 중에 있느니라"고 하셨습니다. 죄가 마음속에까지 관통하고 들어가서, 본성 전체가 죄로 가득 차게 되었습니다. 이 피 역시 마음속까지 뚫고 들어가야 합니다. 죄의 권세가 들어간 것만큼 깊이 들어가야 합니다. 내적인 존재가 피로 씻겨지도록 깊이 들어가야 합니다. 의복이나 기타 세탁물을 물로 세탁할 때에, 깨끗이 씻어주는 물의 힘이 얼룩에까지 깊이 배어들어가야 한다는 것을 우리는 잘 알고 있습니다. 그래야만 얼룩을 제거할 수가 있습니다.

이와 마찬가지로 예수님의 피도 우리의 가장 깊은 중심에까지 파고들어가야 합니다. 우리의 마음과 우리의 인격 전체에까지 그 피의 깨끗이 씻는 능력이 미쳐야 하는 것입니다. "그 피가 모든 죄에서 깨끗하게 하실 것이요." 죄가 닿는 곳이면 그 피도 역시 닿습니다. 죄가 다스리는 곳이면 그 피도 역시 거기서 다스립니다. 그러므로 온 마음 전체가 그 피로 말미암아 깨끗이 씻음받아야 하는 것입니다. 마음이 아무리 깊다 할지라도, 마음의 활동이 아무리 여러 갈래로 복잡하게 이루어진다 할지라도, 그 피도 그와 마찬가지로 놀랍게 파고들어서 그 효과를 내는 것입니다. 예수님의 피의 깨끗이 씻는 역사는 우리의 마음속에서 일어나는 것입니다.

"어린 양의 피에 그 옷을 씻어 희게 하였느니라"라고 말씀합니다(계 7:14).

그 입은 옷 차림새를 보아서 그 사람의 신분과 성격을 알 수 있는 경우가 많습니다. 왕의 의복은 왕의 신분의 표시입니다. 더럽고 찢어진 의복은 가난이나 단정하지 못한 성격의 표시입니다. "흰 옷"은 곧 거룩한 성격을 시사합니다. 그러므로 성경은 어린 양의 신부에 대해서 이렇게 말씀합니다: "그에게 빛나고 깨끗한 세마포 옷을 입도록 허락하셨으니 이 세마포는 성도들의 옳은 행실이로다"(계 19:8).

사데 교회에 주신 주 예수님의 메시지에는 이런 말씀이 있습니다: "그러나 사데에 그 옷을 더럽히지 아니한 자 몇 명이 네게 있어 흰 옷을 입고 나와 함께 다니리니 그들은 합당한 자인 연고라"(계 3:4).

마음에서 삶이 나오는 법입니다. 마음이 깨끗이 씻음을 받는 정도만큼 그 사람의 삶 전체가 깨끗이 씻겨지는 것이요, 내적으로나 외적으로 전인(全人)이 그 피의 능력으로 깨끗이 씻음받는 것입니다.

이 깨끗이 씻는 역사가 어떻게 효력을 발생합니까? 그것은 "그의 피로 우리를 우리 죄에서 깨끗이 씻으신" 우리 주 예수님으로 말미암아서입니다. 우리 주께서 우리 속에서 개별적으로 행하신 한 행동에서 깨끗이 씻는 역사가 시작됩니다. 그의 성령으로 말미암아 그가 진행하시는 그 일은 오직 그분만이 완성시키실 수 있습니다. 죄가 우리의 삶에 침입했습니다. 우리의 사고 능력이나 의지, 감정까지도 모두 죄의 권세 아래 들어갔습니다. 그리고 죄의 권세는 외부에서, 또는 간헐적으로 발휘되는 것이 아니라 우리 자신의 그런 여러 가지 기능들과 완전히 하나가 되어서 그것들 자체를 함께 죄악된 것으로 만들어 버리게끔 그렇게 발휘되었습니다. 그런데 죄가 침입해 있던 그 자리를 이제 성령께서 취하고 계십니다. "영은 생명이라"는 말씀대로 그가 우리 삶의 생명이 되십니다. 그로 말미암아 주 예수께서 우리 속에서 그의 일을 이루십니다. 또한 그로 말미암아 그 피가 그 깨끗이 씻는 능력을 끊임없이 발휘하는 것입니다.

우리 주님은 영원한 생명의 능력을 지니신 대제사장이십니다. 그러므로 하나님의 아들의 피의 깨끗이 씻는 능력이 끊임없이 우리에게 전해지는 것입니다. 우리가 날마다 우리 몸을 씻어서 깨끗이 하여 새로워지고 힘을 얻듯이, 주께서도 그를 신뢰하는 영혼에게 그의 피의 깨끗이 씻는 지속적인 효과를 누리도록 해 주시는 것입니다. 우리의 편에서 믿음으로 깨끗이 씻음을 받아들이고, 그 믿음을 통해서 죄 용서함을 받습니다만, 우리를 죄에서 씻으시는 분은 바로 주님 자신이십니다. 그 피의 신적인 능력과 계속적인 역사에 대한 영적인 안목을 지니게 되면 우리의 믿음이 더욱 커지고 강건해집니다.

이러한 안목을 통해서 믿음은 영적 깨달음을 얻고, 그리하여 그 피가 하늘의 지성소에서 무한한 효력을 발생한 것처럼 죄도 하나님 앞에서 완전히 최종적으로 속함을 받았다는 사실을 이해할 수 있게 됩니다. 그 피는 우리의 마음의 성전을 완전히 다 깨끗이 씻을 수 있을 만큼 큰 효능이 있는 것입니다. 큰 대제사장이신 주 예수께서 마음속에 사신다는 것을 믿음으로 바라봅니다. 예수께서 영원토록 효능을 보존하고 있는 그의 피로써 마음을 깨끗이 씻으시는 것입니다. 충만한 구원이 한 가지 사실 — 우리를 그의 피로 깨끗이 씻으신 예수님 자신이 우리의 **생명**이시라는 사실 — 에 있다는 것을 믿음으로 배우는 것입니다.

2. 그가 우리를 아버지께 왕과 제사장들로 삼으셨다

그의 피로 깨끗이 씻음을 받은 우리에게 왕과 제사장의 직분이 예비되어 있습니다. 여기서 그 피의 능력이 드러납니다. 그의 피로 말미암아 우리의 것이 되는 이 두 직분들이 서로 어떠한 영적 연관을 맺고 있는지에 대해서 올바로 깨닫기 위해서는, 주 예수님 자신의 체험에서 배워야 할 것입니다.

주님은 그의 피를 흘리시고나서야 비로소 제사장으로서 지성소에 들어가실 수 있으셨고, 또한 왕으로서 보좌 위에 오르실 수 있으셨습니다. 죄를 정복한 것은 그의 피였습니다. 그리고 그 피로 말미암아 제사장으로서 지성소에, 하나님의 임재 속에 들어가셨습니다. 그리고 그 피가 그에게 승리자로서 하나님의 영광 가운데서 왕으로 다스릴 권세를 부여한 것입니다. 그 피가 그런 신적인 능력을 보유하고 있는 것입니다.

그러면, 그 피가 우리와 접촉하여 우리가 믿음으로 그 충만한 능력을 깨닫게 되면, 그 피는 우리 속에도 제사장과 왕으로서 합당한 기질과 자격을 만들어 냅니다. 그 피로써 얻을 수 있는 것이 죄의 용서밖에는 없다고 생각하는 한, 우리는 왕 같은 제사장직이 무슨 의미인지를 깨달을 수도 없고, 그 직분을 가질 수도, 사모할 수도 없습니다. 그러나 성령께서 우리를 가르치사 그 피가 주 예수님 안에서 이루신 그 일을 우리 속에서도 이룰 수 있다는 사실을 믿도록 힘을 주시게 되면, 마음이 열려서 이 영광스러운 진리를 받아들이게 됩니다. 그 피가 왕 같은 제사장에로의 길을 열어 줍니다. 주 예수님의 경우에도 그러했으니, 우리에게도 마찬가지로 그런 것입니다.

일의 첫 머리에 조용히 서서 만족하기를 그치고, 이제는 완전을 향하여 전진합시다. 주 예수님 안에서 우리를 위하여 예비된 그 완전한 상태를 아는 지식에 이르도록 합시다. 그의 능력을 힘입어 지성소의 삶에 들어갑시다. 우리의 왕이시요 제사장이신 예수님의 생명 안에 있는 교제 속으로 들어갑시다.

그러면, 그가 그의 피로 우리를 깨끗이 씻으셨다면, 그가 우리를 하나님 곧 그의 아버지께 왕과 제사장으로 만드신다면, 그것이 무슨 뜻이겠습니까? "왕"이라는 칭호에 붙어 있는 주된 사상은 권위와 통치입니다. "제사장"이라는 칭호에는 순결과 하나님께 가까이 있다는 사상이 따라다닙니다. 예수님의 피가 우리를 제사장으로 만들어서 하나님의 임재와 사랑과 교제 속으로 우리를 들어가게 만들어 줍니다. 우리는 그의 피에 씻음받아서 이 일에 합당한 상태가 되어 있습니다. 예수께서 그의 성령으로, 자기 자신으로 충만하게 하시기 때문에 우리는 그의 안에서 제사장으로서 하나님께 진실로 가까이 나아갈 수가 있는 것입니다.

예수님의 피는 죄와 사망을 이기신 그의 승리의 능력을 지니고 있어서, 그것이 우리를 감동하여 그의 승리의 능력에 대한 의식이 우리에게서 생겨나게 하고, 또한 죄와 모든 원수에 대하여 승리하도록 능력을 베풀어 줍니다. 그가 우리를 왕으로 만들어 줍니다. 살아 계셔서 제사장적인 왕으로서 보좌에 좌정하여 계신 예수께서는 위로부터나 바깥으로부터 역사하셔서는 그의 충만한 능력을 우리 속에 드러내실 수가 없습니다. 오직 우리 속에 거하심을 통해서 역사하셔야만 그렇게 하실 수가 있습니다. 제사장이요 왕이신 그가 우리 속에 그의 거처(居處)를 취하실 때에, 그가 우리를 왕과 제사장으로 만드시는 것입니다.

여러분, 이 목적이 무엇인지 알고 싶지 않습니까? 그 대답은 멀리서 찾을 것이 아닙니다. 예수께서는 왜 제사장으로서 하늘 보좌에 좌정하여 계십니까? 사람을 복 주시고, 그리하여 하나님께서 사람에게 영광을 받으시도록 하기 위함입니다. 제사장으로서 예수님은 오직 다른 이들을 위해서, 그들을 하나님께로 나아가게 하기 위해서만 사십니다. 또한 왕으로서 예수님은 하나님의 나라를 우리 속에, 또한 우리를 통하여, 드러내시기 위해서만 사시는 것입니다. 그가 우리를 제사장으로 만드셔서 우리로 하여금 살아 계신 하나님을 섬기게 하십니다. 그리고 우리로 하여금 다른 이들을 그에게 가까이 나아가게 하도록 하십니다. 그의 성령으로 우리를 충만하게 하셔서 우리가 다른 이들에게 복이 되도록 하십니다.

그리스도의 피로 말미암는 제사장들로서 우리는 다른 이들을 위해서 삽니다. 그들을 위하여 기도하고, 그들 가운데서 힘써 일하며, 그들을 가르치고 그들을 하나님께로 인도하는 것입니다. 제사장이라는 것은 그저 게으르게 자기의 복을 구하는 그런 것이 아닙니다. 제사장이라는 것은 다른 사람들을 대신하여 하나님의 존전에 들어가는 압도적인 능력인 것입니다. 다른 사람들의 축복을 위하여 기도하고 그 축복을 받아 그들에게 나누어 주는 그런 능력인 것입니다. 그는 그 제사장직을 완성시키기 위하여 우리를 왕으로 만드십니다. 바로 이 때문에 권위의 사상이 그렇게 두드러지게 나타나는 것입니다. 예수께서는 우리에게 왕 같은 기질을 가득 채우십니다. 죄를 다스리고, 세상과 사람들을 다스리도록 힘을 주십니다. 모든 상황과 어려움 가운데서도, 모든 반대와 잔혹한 현실 속에서도, 자기 자신을 주께 드려서 주님으로 말미암아 왕이 된 그리스도인은 자기가 승리하신 주님과 하나이며, 또한 주님 안에서 그도 넉넉히 승리자가 된다는 가슴 벅찬 확신 속에서 사는 것입니다.

3. 그가 우리를 사랑하셨다

우리는 예수께서 그의 피로 우리를 씻으신 사실에 대해서, 그리고 그가 우리를 높이사 영광에 이르게 하셨다는 사실을 살펴보았습니다. 이제는 이 모든 것이 우리에게로 흘러나오는 샘의 근원으로 올라가 봅시다. 곧, 그가 우리를 사랑하셨다는 사실 말입니다. 하나님께서 우리에게 베풀어 주시는 구원을 진정으로 깨닫기를 바란다면 ─ 그것을 깨달아서 요한처럼 "그에게 영광이 있기를 원하노라"라고 목소리를 높여 찬양하게 되기를 바란다면 ─ 무엇보다 먼저 그 기원과 능력이 예수님의 사랑에 있다는 것을 깨달아야 할 것입니다. 사랑이야말로 구원의 가장 큰 영광입니다. 구원이 사랑이라는 근원에서 샘솟아나므로, 반드시 우리를 구원의 목적이요 본질인 사랑으로 인도하는 것입니다. 사랑은 언제나 인격적이고 상호적인 연관을 의미합니다. 이것이야말로 구원에 있어서 가장 놀라운 것입니다. 그리고 주 예수께서 그의 사랑과 그의 우정으로 우리를 존귀하게 하기를 원하신다는 것은 거의 믿기 어려운 놀라운 사실이 아닐 수 없습니다. 그는 우리를 그의 사랑하시는 자들로 보시고 우리와 교제하기를 원하십니다. 그리고 그의 신적인 사랑으로 우리 마음을 가득 채우고 만족하게 하기를 원하시는 것입니다.

이 사랑이 무엇인지를 특별히 사도 요한이 잘 가르쳐 줍니다. 요한복음에서 그는 주 예수 그리스도께서 아버지께서 그를 사랑하시는 것 같이 그도 우리를 사랑하신다고 말씀하셨다는 것을 가르쳐 줍니다. 우리 주님은 본성과 생명에 있어서 아버지와 하나이셨습니다. 우리로서는 그 연합이 어떤 것인지에 대해서 어떤 생각을 갖기가 어렵습니다. 그러나 이 연합이 드러나는 사랑이 우리로 하여금 조금이나마 그것을 이해하도록 도와주는 것입니다.

아버지께서는 사랑 안에서 자기 자신을 아들에게 전달하시고 그에게서 기쁨과 생명을 누리십니다. 그는 아들에게 자신이 가지신 모든 것을 부여하시며, 주고 받는 생명 속에서 그와 교제를 유지하십니다. 아버지께서는 아들을 떠나서는 생명도 기쁨도 즐거움도 없으십니다. 그것이 바로 예수께서 그의 소유된 우리를 사랑하시는 사랑인 것입니다. 그는 그들을 위하여 자기 자신을 주셨고, 자기 자신을 베푸시고, 그들 안에 사십니다. 그들을 떠나서는 그 어떠한 생명도 바라지 않으십니다. 그의 사랑이 처음 시작될 때부터, 그들을 불쌍히 여기시고 그들을 동정하시는 가운데 그는 선한 기쁨과 교제의 사랑을 그들에게 전해 주셨습니다. 그들이 그 안에 거하고 그가 그들 안에 거하는 연합을 염두에 두시고 그렇게 하신 것입니다. 그의 소원과 안식이 그들에게 있었고, 그들은 "모든 성도와 함께 지식에 넘치는 그리스도의 사랑을 알도록" 배웠습니다(엡 3:18). 오직 성령께서 영혼을 그 사랑 안으로 인도하실 수 있습니다. "우리에게 주신 성령으로 말미암아 하나님의 사랑이 우리 마음에 부은 바 됨이니"(롬 5:5).

하나님의 사랑은 초자연적인 하늘의 능력입니다. 우리는 그것을 생각의 문제로 만들기도 하고, 그리하여 우리 마음에 무언가 감동을 일으킨다는 뜻으로 받아들이기도 하지만, 그러나 하늘로부터 그 사랑에 정말 참여한다는 것은 그야말로 신적인 문제여서 오직 성령으로 말미암아 인도함받고 가르침을 받도록 온유함과 전심으로 자기를 드리는 사람 이외에는 그 누구도 그것을 알 수가 없는 것입니다.

성경은 하나님의 사랑이 그리스도께서 마음속에 거하시는 결과라는 사실을 분명하게 선언하고 있습니다. 주님과의 내적인 교제가 어느 정도 기쁨이 되고 매일의 체험이 될 때에 비로소 "너희가 내 사랑 안에 거하라"고 하신 주님의 말씀의 의미를 알 수가 있습니다. "우리를 사랑하사 그의 피로 우리 죄에서 우리를 깨끗이 씻으시고 그 아버지 하나님을 위하여 우리를 왕과 제사장으로 삼으신 그에게."

예수께서 사람으로서 우리를 위해 고난을 당하시고 죽으시고, 우리를 위해서 그의 피를 흘리셨을 때의 그의 모습을 생각해 봅시다. 그가 그 피의 의미와 하늘의 능력을 우리 속에 드러내시도록 허용합시다. 그러면 그의 모든 역사 가운데서 가장 영광된 사실이 바로 그의 영원하고 끊임없는 사랑을 우리에게 주신 사실이라는 것을 그가 친히 가르쳐 주실 것입니다. 그가 우리를 어디로 데려가시는지를 생각해 봅시다. 그는 그의 왕 같은 제사장직과 그 영광에 충만히 참여하는 상태로 우리를 데리고 가시는 것입니다. 그는 우리를 전적으로 그와 하나가 되게 만들어 주는 그 사랑을, 또한 우리 마음속에 영원토록 살아 있을 그 사랑을, 미리 맛보고 누리도록 해 주시는 것입니다. 그러므로 예수님에 대한 우리의 생각은 처음부터 마지막까지 그가 우리를 사랑하셨다는 데 집중되는 것입니다.

4. 그에게 영광과 능력이 세세토록 있기를 원하노라

이 찬양의 노래는 대개 하나님께 적용됩니다만, 우리 주 예수 그리스도께서도 하나님이시니, 이 노래가 그에게도 적용됩니다. 그러므로 여기서 그가 우리의 구속자로서 경배를 받고 계신 것입니다. 이제 그리스도의 피에 대한 묵상을 종결짓는 마당에, 이 찬양의 노래야말로 우리에게 있어야 마땅한 적절한 우리의 느낌의 표현일 것입니다: "그에게 영광과 능력이 세세토록 있기를 원하노라." 이 노래는 구속을 몸소 체험하는 기쁨을 충만히 누리는 사람에게서 나온 것입니다.

요한은 주님의 사랑을 충만히 누리는 가운데 사는 자로서, 자기가 그의 피로 씻음받았다는 사실을 마음으로 알고 느끼는 자로서, 그리고 예수께서 자기를 왕이요 제사장으로 만드셨다는 것을 몸소 체험한 자로서 이 노래를 기록하고 있습니다. 그의 감사는 "말할 수 없는 즐거움과 충만한 영광"으로 즐거워하는 자의 감사입니다. 하늘로부터 들려온 노래로 인하여 그에게 그런 기쁨이 생겨난 것입니다. 이 사실을 우리 마음에 새기도록 합시다. 예수님의 사랑과 우리를 깨끗이 씻으시는 그의 피의 능력과 그가 우리에게 베푸시는 왕 같은 제사장으로서의 삶을 생생하게 체험하는 것 이외에는 그 어떠한 것도, 이러한 가슴 벅찬 마음에서 우러나오는 깊은 감사의 찬송에 진정으로 참여하게 만들 수가 없는 것입니다.

예수님께 영광과 능력을 진정으로 돌리려면, 내 마음이 내적으로 그 영광과 능력으로 가득 차 있어야 합니다. 마음에 가득한 것이 말로 나오는 법입니다. 오순절의 사건에서 이것이 얼마나 잘 드러나고 있습니까? 백이십 명의 무리를 움직여 주님을 찬송하고 영광을 돌리도록 만든 것이 과연 무엇이었습니까? 주 예수님의 영광이시요 능력이신 성령께서 그들에게 강림하신 것 때문이었습니다. 그리고 그들이 그 영광과 능력으로 가득 찼기 때문에 그들의 마음에서 그를 향한 찬송이 울려 퍼졌고, 그들에게서 축복이 다른 이들에게로 흘러넘친 것입니다.

그의 사랑을 영혼에 베풀어 주시고, 그 자신의 피로 씻는 효과를 이루시고, 그런 자를 그의 왕 같은 제사장직에 세우는 것이야말로 예수님의 영광이요 능력입니다. 그렇게 되면 "그에게 영광과 능력이 세세토록 있기를 원하노라"라는 찬송이 마음에서 당연히 우러나오게 되어 있는 것입니다.

지금까지 우리를 따라서 예수님의 피의 영광과 능력이 무엇인지를 하나님의 말씀을 통해서 발견해 오신 여러분, 여러분의 삶과 날마다의 생활이 "그에게 영광과 능력이 세세토록 있기를 원하노라"라는 찬송과 경배의 자세로 가득 차야 하지 않겠습니까?

이것은 가능합니다. 예수께서 친히 사랑과, 피와, 왕 같은 제사장의 삼중의 축복의 중심이시기 때문입니다. 예수께서 친히 그의 성령으로 말미암아 우리에게 그 축복을 드러내시므로, 우리는 끊임없이 이 모든 축복들을 누릴 것입니다.

우리의 지식이 가능한 한, 그의 사랑을 기억할 때마다 "그에게 영광이 있기를 원하노라"라고 외칩시다. 우리가 드리는 찬송이 너무도 약하고 너무도 희소하다는 깨달음과, 그리고 그 찬송에 하늘의 기쁨의 자세가 별로 없다는 깨달음이 있을 때마다, 겉으로 흘러넘칠 정도로 우리 마음이 그런 축복으로 충만하게 되기를 힘쓰게 된다면, 정말로 큰 도움이 될 것입니다.

그렇습니다. 얼마든지 가능합니다. 예수께서 살아 계시고, 그가 우리를 사랑하사 그의 피로 친히 우리를 깨끗이 씻으셨습니다. 그가 우리 속에 내주하심으로 우리에게 왕과 제사장의 기질을 베푸시는 것입니다.

가능합니다. "그에게 영광과 능력이 있기를 원하노라"라는 감사로 표현되는 그런 체험을 우리의 삶 속에 가득 채우실 것이기 때문입니다.

형제 여러분, 언젠가는 어린 양의 피에 옷을 깨끗이 씻고서 "우리를 피로 사서 하나님께 드리신 주께서 합당하시도다"라고 하며 끊임없이 찬송하는 그 무수한 무리들 가운데서 다시 만나기를 소망합니다. "우리를 사랑하사 그의 피로 우리 죄에서 우리를 깨끗이 씻으시고 그 아버지 하나님을 위하여 우리를 왕과 제사장으로 삼으신 그에게 영광과 능력이 세세토록 있기를 원하노라 아멘"— 이 노래에 동참하는 것으로 그 놀라운 영광을 예비하는 우리의 작업으로 삼도록 하여야 하겠습니다.

● **독자 여러분들께 알립니다!**
'**CH북스**'는 기존 '**크리스천다이제스트**'의 영문명 앞 2글자와
도서를 의미하는 '**북스**'를 결합한 출판사의 새로운 이름입니다.

세계기독교고전 29
예수의 보혈의 능력

1판 1쇄 발행 2017년 9월 20일
1판 3쇄 발행 2024년 3월 19일

지은이 앤드류 머레이
옮긴이 원광연
발행인 박명곤 **CEO** 박지성 **CFO** 김영은
기획편집1팀 채대광, 김준원, 이승미, 이상지
기획편집2팀 박일귀, 이은빈, 강민형, 이지은
디자인팀 구경표, 구혜민, 임지선
마케팅팀 임우열, 김은지, 이호, 최고은

펴낸곳 CH북스
출판등록 제406-1999-000038호
전화 070-4917-2074 **팩스** 0303-3444-2136
주소 서울시 강서구 마곡중앙6로 40, 장흥빌딩 10층
홈페이지 www.hdjisung.com **이메일** support@hdjisung.com
제작처 영신사

© CH북스 2017

"크리스천의 영적 성장을 돕는 고전"
세계기독교고전 목록